U0447031

高质量发展建设共同富裕示范区研究丛书
中国社会科学院组织编写

# 金融发展和共同富裕
## 理论与实证

张晓晶　李广子　张珩　著

中国社会科学出版社

## 图书在版编目（CIP）数据

金融发展和共同富裕：理论与实证/张晓晶，李广子，张珩著. --北京：中国社会科学出版社，2024.10
（高质量发展建设共同富裕示范区研究丛书）
ISBN 978-7-5227-2688-5

Ⅰ.①金… Ⅱ.①张… ②李… ③张… Ⅲ.①金融业—经济发展—影响—共同富裕—研究—中国 Ⅳ.①F124.7

中国国家版本馆 CIP 数据核字（2023）第 195155 号

| 出版人 | 赵剑英 |
|---|---|
| 责任编辑 | 王 衡 |
| 责任校对 | 朱妍洁 |
| 责任印制 | 王 超 |

| 出　版 | 中国社会科学出版社 |
|---|---|
| 社　址 | 北京鼓楼西大街甲 158 号 |
| 邮　编 | 100720 |
| 网　址 | http://www.csspw.cn |
| 发行部 | 010-84083685 |
| 门市部 | 010-84029450 |
| 经　销 | 新华书店及其他书店 |
| 印　刷 | 北京君升印刷有限公司 |
| 装　订 | 廊坊市广阳区广增装订厂 |
| 版　次 | 2024 年 10 月第 1 版 |
| 印　次 | 2024 年 10 月第 1 次印刷 |
| 开　本 | 710×1000　1/16 |
| 印　张 | 15.75 |
| 字　数 | 212 千字 |
| 定　价 | 85.00 元 |

凡购买中国社会科学出版社图书，如有质量问题请与本社营销中心联系调换
电话：010-84083683
版权所有　侵权必究

# 总　　序

2021年，在迎来建党百年华诞的历史性时刻，党中央对推进共同富裕作出了分阶段推进的重要部署。其中意义非同小可的一条：浙江被明确为全国首个高质量发展建设共同富裕示范区，要在推进以人为核心的现代化、实现全体人民全面发展和社会全面进步的伟大变革中发挥先行和示范作用。于浙江而言，这既是党中央赋予的重大政治责任和光荣历史使命，也是前所未有的重大发展机遇。浙江发展注入了新的强劲动力！

理论是实践的先导，高质量发展建设共同富裕示范区离不开理论创新。基于理论先行的工作思路，2021年5月，中共浙江省委与中国社会科学院联合启动了"浙江省高质量发展建设共同富裕示范区研究"重大课题研究工作。

两年多来，课题组在深入调查、潜心研究的基础上，形成了由13部著作组成、约260万字篇幅的课题成果——"高质量发展建设共同富裕示范区研究丛书"。这套丛书不仅全景式展现了浙江深入学习习近平总书记关于共同富裕的重要论述精神，扎实落实《中共中央　国务院关于支持浙江高质量发展建设共同富裕示范区的意见》的工作实践，而且展现了浙江在全域共富、绿色共富、对外开放、金融发展、产业体系、数字经济、公共服务、养老保障等共同富裕不同方面的特点和基础，也展现了浙江围绕示范区建设边学边谋边干、经济社会高质量发展取得的一系列新突破。

由 13 部著作组成的这套丛书，各有各的侧重点。其中，李雪松等著的《浙江共同富裕研究：基础、监测与路径》，从共同富裕的科学内涵出发，分析了浙江高质量发展建设共同富裕示范区的基础条件，提出了共同富裕的指标体系和目标标准。魏后凯、年猛、王瑜等著的《迈向全域共富的浙江探索》，从城乡协调、区域协调和乡村振兴角度，阐述了浙江打造城乡区域协调发展引领区的经验做法。张永生、庄贵阳、郑艳等著的《浙江绿色共富：理念、路径与案例》，由"绿水青山就是金山银山"发展理念在浙江诞生的历程入手，系统阐述了浙江践行绿色发展道路、打造美丽浙江，实现生态经济和生态富民的生动实践。姚枝仲等著的《高水平对外开放推动共同富裕的浙江实践》，重点阐述了浙江在高水平开放推动自主创新、建设具有国际竞争力的现代产业体系、提升经济循环效率、实施开放的人才政策、促进城乡和区域协调发展、发展文化产业和丰富人民精神文化生活、实现生态文明和绿色发展等方面的成效。王震等著的《基本公共服务均等化与高质量发展的浙江实践》，从公共财政、公共教育、医疗卫生、养老服务、住房保障等若干角度阐述了浙江公共服务高质量发展和均等化，进而构建激励相容的公共服务治理模式的前行轨迹。张翼等著的《共同富裕与养老保障体系建设的浙江探索》，在系统分析浙江人口老龄化的现状与前景的同时，阐述了浙江养老保障体系建设的总体情况。张晓晶、李广子、张珩著的《金融发展和共同富裕：理论与实证》，剖析了金融发展和共同富裕的关系，阐述了浙江金融发展支持共同富裕的主要经验做法，梳理了金融发展支持共同富裕的政策发力点。张树华、陈承新等著的《党建引领建设共同富裕示范区的浙江探索》，重点阐述了浙江坚持和加强党的全面领导，凝聚全社会共同奋斗推进共同富裕示范区建设的突出特色。冯颜利等著的《精神生活共同富裕的浙江探索》，阐述了浙江在探索精神生活共同富裕、公共文化服务优质均衡发展等方面的突出成绩。黄群慧、邓曲恒等著的《以现代化产业体系建设推进共同富裕的浙江探索》,在分析现代化产业体系对共同富裕的促进作用基础上,阐述了浙江产业体系相对完备、实体经济发展强劲对于推进共同富裕的重要保障作用。都阳等著的《人口老龄化背景下高质量就业与共同富裕的浙江探索》,从分析人口老龄化背景下浙江就业发展的态势入手,梳理了浙江促进高质量就业面临的挑战和路径举措。夏杰长、刘奕等著的《数字经济和服务业高质量发展的浙江探索》,聚焦浙江数字经济和服务业高质量发展,系统探究了浙江数字经济和服务业高质量发展促进共同富裕的机理逻辑、现实探索和困难挑战等问题。汪德华、鲁建坤等著的《共同富裕与财税政策体系构建的浙江探索》,围绕财税体制和财税政策,阐述了浙江在资金直达基层、"钱随人走"制度改革、市县财政收入激励奖补机制、"一事一议"财政奖补体制等方面取得的重要进展。

应当说,"高质量发展建设共同富裕示范区研究丛书"的撰写,也是中国社会科学院建设中国特色新型智库、发挥智库作用的一次重要探索。中国社会科学院始终坚持学术研究与对策研究相结合,理论研究服务于党中央和国家的需要。作为为党中央和国家决策服务的思想库,只有回应时代的呼唤,认真研究解决重大理论和现实问题,才能真正把握住历史脉络,找到发展规律,真正履行使命,推动理论创新。

中国社会科学院和浙江省有着长期良好的合作传统和合作基础,这套丛书是中国社会科学院和浙江省合作研究的又一结晶。在此前的两次合作研究中,2007年"浙江经验与中国发展——科学发展观与和谐社会建设在浙江"(6卷本)和2014年"中国梦与浙江实践"系列丛书,产生了广泛而深远的社会影响。

中共浙江省委始终高度重视此项工作,省委主要领导多次作出批示,对课题研究提供了大力支持。中国社会科学院抽调了12个研究所(院)的研究骨干组成13个子课题组,多次深入浙江省实地调研。调研期间,合作双方克服新冠疫情带来的种种困难,其间的线上线下交流讨论、会议沟通不计其数。在此，我们要向付出辛勤劳动的各位课题组专家表示衷心感谢！

  站在新的更高历史起点上，让我们继续奋力前行，不断谱写高质量发展建设共同富裕示范区浙江实践、共同富裕全国实践的新篇章。

"高质量发展建设共同富裕
示范区研究丛书"课题组
2024年1月3日

# 前　　言

党的二十大报告指出，"中国式现代化是全体人民共同富裕的现代化。共同富裕是中国特色社会主义的本质要求"。① 到 2035 年要实现"全体人民共同富裕取得更为明显的实质性进展"。② 这些赋予了新时代金融发展的使命担当。探讨金融发展对共同富裕的影响，是坚持以人民为中心的发展思想、在高质量发展中促进共同富裕的题中应有之义，也是本书写作的初衷。

本书试图从多角度全景式展现金融发展和共同富裕的关系。一是将理论分析与实证研究相结合。本书在对金融发展影响财富积累和财富分配进行理论分析的基础上，通过大样本数据对金融发展与共同富裕的关系进行了实证检验，从定性和定量角度得出更为全面的分析结论。二是将点和面的分析相结合。2021 年 6 月印发的《中共中央　国务院关于支持浙江高质量发展建设共同富裕示范区的意见》，提出支持浙江高质量发展建设共同富裕示范区。针对这一意见，本书在对中国金融发展促进共同富裕的一般性情况进行分析的同时，结合浙江省建设共同富裕示范区的实践，基于实地调研所获取的一手资料，对浙江省金融发展支持共同富裕的主要经验进行了总结。全书共分为八章，各章具体内容如下：

---

① 习近平：《高举中国特色社会主义伟大旗帜　为全面建设社会主义现代化国家而团结奋斗——在中国共产党第二十次全国代表大会上的报告》，人民出版社 2022 年版，第 22 页。

② 习近平：《高举中国特色社会主义伟大旗帜　为全面建设社会主义现代化国家而团结奋斗——在中国共产党第二十次全国代表大会上的报告》，人民出版社 2022 年版，第 24 页。

第一章从微观与宏观两个视角，深入剖析金融发展对财富积累和财富分配的影响机制。从财富积累角度看，金融发展会对人力资本、工资、资产、资本收益率等因素产生影响，由此影响个人财富积累；同时，金融业发展本身即是财富积累的一部分，且金融发展可以通过促进经济增长积累财富。从财富分配角度看，首先，信贷市场不完善带来人力资本积累的差异，同时，资产（财富）差距会加大收入差距；其次，金融深度和金融化、金融包容性、金融稳定性等都会产生明显的分配效应，进而影响财富分配。

第二章讲述了金融发展与共同富裕的"中国故事"，对中国传统金融发展、普惠金融、数字金融、收入和财富分配的特征事实和变化趋势进行分析。研究发现，金融压抑与金融赶超（以及金融化）并存既是中国金融发展的"特色"，也是影响收入分配和财富分配不均的重要驱动因素；尽管发展普惠金融和数字金融是当前缓解减缓农村贫困、促进中小企业发展的主要金融驱动力，但在监管未能及时跟上的情况下，数字金融也会产生"异化"，并导致普惠金融的"普而不惠"问题。

第三章分析了不同类型的金融发展与收入差距之间的关系。研究表明：单纯依赖于信贷投放的金融发展，或者着眼于提高金融业本身创造价值能力的金融发展会加大城乡收入差距，而数字普惠金融发展能够有效缓解城乡收入差距，且这种影响是非线性的；其次，单纯依赖于信贷投放的金融发展，或者着眼于提高金融业增加值本身的金融发展会加大居民收入的波动性，而数字普惠金融发展则在一定程度上有助于减少居民收入的波动性。本章从缩小城乡收入差距角度验证了数字普惠金融相对于其他金融发展的积极作用。

第四章从不同维度分析了浙江省发展建设共同富裕示范区的经济基础。一方面，浙江省建设共同富裕示范区具有明显优势。包括区域经济保持较快增长，人均GDP达到高收入国家门槛，产业结构合理，区域发展较为均衡，市场化程度较高，民营经济发达，市场主体活跃，科技创新走在全国前列，教育水平良好，人口素质保持在较高水平，传统金融业和数字普惠金融业发展较快等；另一方面，浙江省仍然面临一定程度的发展不平衡问题，对建设共同富裕示范区提出了更高的要求。包括区域发展不平衡、城乡发展不平衡等；同时，随着人均收入水平的提高，未来一个时期浙江省所面临的收入分配问题可能会更加突出。此外，本章还结合问卷调查数据对浙江省普惠金融发展现状进行了分析。

第五章概括了浙江金融发展支持共同富裕的主要经验。本章首先对浙江省落实《中共中央 国务院关于支持浙江高质量发展建设共同富裕示范区的意见》所采取的金融支持措施进行了梳理，在此基础上对浙江金融发展支持共同富裕的主要经验进行了总结。包括以金融手段支持经济高质量发展、发挥金融在缩小收入差距方面的作用、通过金融发展助推基本公共服务均等化、发展绿色金融支持生态文明建设、深度推进金融融合社会治理等。

第六章展开了浙江金融发展影响共同富裕的实证检验。主要基于由中国银行业协会、中国社会科学院金融研究所、广东二十一世纪环球经济报社 2022 年联合开展的"银行业普惠金融服务有效性需求"调研数据，从储蓄、信贷和保险三个方面对当前浙江省城乡居民金融排斥情况进行分析。进一步，通过构建指标度量金融排斥程度，分析浙江省城乡居民储蓄排斥、信贷排斥和保险排斥受到哪些因素影响。

第七章梳理了金融发展支持共同富裕中存在的主要问题。包括金融支持创新力度不够、居民获取财产性收入渠道不畅、金融发展普惠程度有待提升、金融支持房地产长效机制尚不成熟、金融支持公共服务均等化存在短板、慈善金融发展较为滞后、金融科技的作用需要加强等。

第八章分析了金融发展支持共同富裕的着力点。围绕金融发展促进共同富裕中的关键环节，从七个方面归纳出金融发展支持共同富裕的着力点。包括规范财富积累机制、健全资本市场功能、完善农村土地制度、提高金融普惠程度、促进房地产业健康发展、支持教育薄弱环节、大力发展慈善金融等。

需要指出的是，金融发展影响共同富裕的机制与效果颇为复杂，而浙江共同富裕先行示范区的建设也还是进行时，因此，很多的实证分析，包括概括和总结，也都是探索性的、阶段性的，会随着实践的向前推进而不断发展。

张晓晶

2024 年 5 月

# 目　录

第一章　金融发展支持共同富裕的理论逻辑 ·············· 1
　　第一节　金融发展与财富积累 ························· 1
　　第二节　金融发展与财富分配 ························· 3

第二章　金融发展与共同富裕的"中国故事" ············ 16
　　第一节　传统金融发展与共同富裕 ··················· 16
　　第二节　普惠金融与共同富裕 ························ 27
　　第三节　数字金融与共同富裕 ························ 31
　　第四节　本章小结 ···································· 45

第三章　金融发展与收入差距 ··························· 46
　　第一节　中国金融发展与城乡收入差距的特征 ········ 48
　　第二节　不同金融发展影响共同富裕的理论机制 ······ 54
　　第三节　实证研究设计 ······························· 59
　　第四节　实证结果 ···································· 62
　　第五节　关于金融发展与地区差距、城乡差距的讨论 ··· 78
　　第六节　结语与政策建议 ····························· 79

第四章　浙江省建设共同富裕示范区的经济基础 ········ 81
　　第一节　经济发展 ···································· 81

| 第二节 | 金融发展 | 101 |
| --- | --- | --- |
| 第三节 | 普惠金融发展 | 106 |
| 第四节 | 本章小结 | 126 |

## 第五章　浙江金融发展支持共同富裕的主要经验 128

| 第一节 | 党的领导是金融发展促进共同富裕的根本保障 | 128 |
| --- | --- | --- |
| 第二节 | 以金融手段支持经济高质量发展 | 134 |
| 第三节 | 发挥金融在缩小差距方面的作用 | 140 |
| 第四节 | 金融发展助推基本公共服务均等化 | 148 |
| 第五节 | 发展绿色金融支持生态文明建设 | 154 |
| 第六节 | 深度推进金融融合社会治理 | 156 |

## 第六章　浙江金融发展影响共同富裕的实证检验
　　——基于居民金融排斥视角 160

| 第一节 | 资料来源与样本描述 | 160 |
| --- | --- | --- |
| 第二节 | 城乡居民金融排斥的维度分析 | 162 |
| 第三节 | 城乡居民金融排斥的程度分析 | 165 |
| 第四节 | 影响城乡居民金融排斥的因素选取与说明 | 169 |
| 第五节 | 影响城乡居民金融排斥的模型构建 | 176 |
| 第六节 | 影响城乡居民金融排斥的实证结果分析 | 177 |
| 第七节 | 本章小结 | 194 |

## 第七章　金融发展支持共同富裕中存在的问题 196

| 第一节 | 金融支持创新力度不够 | 196 |
| --- | --- | --- |
| 第二节 | 居民获取财产性收入渠道不畅 | 199 |
| 第三节 | 金融发展普惠程度有待提升 | 201 |
| 第四节 | 金融支持房地产长效机制尚不成熟 | 204 |
| 第五节 | 金融支持公共服务均等化存在短板 | 207 |

第六节　慈善金融发展较为滞后 ………………………… 209
第七节　金融科技的作用需要加强 ……………………… 212

**第八章　金融发展支持共同富裕的着力点** ………………… 215
第一节　规范财富积累机制 ……………………………… 215
第二节　健全资本市场功能 ……………………………… 217
第三节　完善农村土地制度 ……………………………… 218
第四节　提高金融普惠程度 ……………………………… 220
第五节　促进房地产业健康发展 ………………………… 223
第六节　支持教育薄弱环节 ……………………………… 225
第七节　大力发展慈善金融 ……………………………… 226

**参考文献** …………………………………………………… 228

**后　记** ……………………………………………………… 236

# 第一章　金融发展支持共同富裕的理论逻辑

共同富裕是中国特色社会主义的本质要求，也是一个长期的历史过程。党的二十大报告指出，中国式现代化是全体人民共同富裕的现代化，实现全体人民共同富裕是中国式现代化的一项本质要求。① 在发展路径上，党的二十大报告指出，到2035年要实现"全体人民共同富裕取得更为明显的实质性进展"这一宏伟目标。② 党的二十大擘画的宏伟蓝图赋予了新时代金融发展的使命担当。探讨金融发展对共同富裕的作用机制，是坚持以人民为中心的发展思想，在高质量发展中促进共同富裕的题中应有之义。本章通过微观视角与宏观视角的考察，深入剖析金融发展对财富积累和财富分配的影响机制。

## 第一节　金融发展与财富积累

共同富裕可以分解为"富裕"与"共享"两个维度。金融发展可以在促进财富积累、提高富裕程度方面发挥重要作用。

---

① 习近平：《高举中国特色社会主义伟大旗帜　为全面建设社会主义现代化国家而团结奋斗——在中国共产党第二十次全国代表大会上的报告》，人民出版社2022年版，第22—24页。

② 习近平：《高举中国特色社会主义伟人旗帜　为全面建设社会主义现代化国家而团结奋斗——在中国共产党第二十次全国代表大会上的报告》，人民出版社2022年版，第24页。

从微观个体角度看，个人收入一般有两个来源：一是通过人力资本获得工资，二是通过拥有资产获得资本收益。上述两方面来源又可以进一步分解为人力资本、工资、资产、资本收益四个要素，而金融发展对上述四个要素均会产生影响，由此增加个人财富。具体来看，金融发展可以通过以下四种路径增加个人财富。一是促进人力资本积累。假定存在一个完善的信贷市场，高能力者一般都会获得好的教育，而无论其父母是否富有，人力资本主要取决于个人能力。这样，教育资源的分配就会实现社会有效配置——由于能力回归均值，个人可以通过借贷来资助教育，从而促进人力资本积累。二是提高平均工资水平。金融具有重要的资源配置功能，能够提高经济资源配置效率，进而促进经济总量和社会总财富的增长。当社会总财富的增速高于劳动力的增速时，社会平均工资水平将会提高。三是将不能创造收益的资源转化为可以创造收益的资产。一方面，当金融发展水平较低时，个人所掌握的很多资源无法通过金融市场进行变现和交易，不能形成具有创造收益能力的资产，因此也无法获得收益；另一方面，金融市场的发展将为这些资源提供交易场所，从而形成创造收益的能力。换言之，金融市场可以把那些不能创造收益的资源转化为可以创造收益的资产。以现金为例，当现金没有进入金融体系时，它只是持有人所拥有的一种资源；只有当现金进入金融体系时，才成为一种具备创造收益能力的资产。四是提高资产平均收益水平。与前文的逻辑类似，资产的平均收益水平也取决于一定时期内经济总量的增长。从经济整体角度看，经济增长反映了一定时期内社会总资产所产生的增值部分，因此也决定了该时期资产的平均收益。由于金融业通过优化资源配置效率促进经济增长，资产平均收益水平因此得到提高。

从宏观角度看，金融发展至少可以通过以下两种路径促进财富积累。首先，金融业发展本身即是财富积累的一部分。从中国的情况看，金融业增加值是GDP中的重要组成部分，且近年来对GDP的贡献不断增加。中国金融业增加值从2001年的0.52万亿元增加到2022年的9.68万亿元,后者是前者的18.6倍;金融业增加值在GDP中的比重从2001年的4.69%上升到2022年的8.0%。其次,金融发展通过促进经济增长积累财富。如果把金融体系简单分为银行体系和资本市场两大类的话,其对经济增长的影响可以概括如下:从银行体系看,银行可以通过多种渠道促进经济增长,包括利用信息优势选择最优项目以提高资源配置效率、发挥债权人的监督功能帮助债务人降低代理成本、将短期资金转化为长期资金为长期投资提供资金支持等。从资本市场角度看,其促进经济增长的渠道包括:降低资产的交易风险和交易成本以使汇集资源进行大额投资,通过提供价格信号引导资源配置到回报率更高的投资项目,引入外部市场约束对企业管理者进行有效监督等。

## 第二节　金融发展与财富分配

### 一　微观视角

金融影响不平等的机制有很多,本节从微观个体出发展开讨论。

就个人来说,收入一般有两个来源:一是通过人力资本获得工资,二是通过拥有资产获得资本收益。即:

$$y(i, t) = h(i, t)w(i, t) + a(i, t)r(i, t) \qquad (1-1)$$

其中,$y(i, t)$为收入,$h(i, t)$为人力资本,$w(i, t)$为工资,$a(i, t)$为资产,$r(i, t)$为资产收益。资产的引入,可以更充分地反映金融的影响。

(一)信贷市场不完善带来人力资本积累的差异

假定存在一个完善的信贷市场,高能力者一般都会获得好的教育,而无论其父母是否富有。从而人力资本$h(i, t)$就只是个人能力$e(i, t)$的函数。这样,教育资源的分配就会实现社会有效配置——由于能力回归均值,个人可以通过借贷来资助教育,初始的代际财富差距也就不会持续。①但现实世界中，由于信贷市场不完善（如并不是所有想上学的学生都能获得相应的贷款），受教育年限就受到父辈财富的制约。结果是，人力资本积累 $h(i, t)$ 不仅与个人能力 $e(i, t)$ 有关，也和父辈财富 $a(i, t-1)$ 有关。即：

$$h(i, t) = h[e(i, t) + a(i, t-1)] \qquad (1-2)$$

这里隐含的机制是：信贷市场的完善，将有利于缓解因为父辈财富不平等而带来的个人在人力资本积累方面的差距。人力资本积累特别是教育方面的平等，实际上讲的是机会平等。而父辈财富（意味着你出生在什么样的家庭）往往是影响机会平等的重要因素。这里探讨信贷市场完善一定程度上能突破父辈财富的制约，促进人人享有相对平等的教育机会，是金融有利于减少不平等的重要机制。从这个角度讲，加强对教育体系的金融支持以实现教育公平对于促进共同富裕是非常重要的。

（二）资产（财富）差距会加大收入差距

接下来探讨个人拥有资产带来资产收益，即（1-1）式中的 $a(i, t)r(i, t)$ 项。一方面，资产差距来自收入差距的积累（包括对父辈财富的继承）；另一方面，资产差距也会进一步拉大收入差距。首先，有无资产决定了有无资产收益。除了工资收入，资产收益也是个体分享经济发展成果的重要体现，而没有资产就使得他们无法分享增长所带来的资产增值收益。从实际中看，住房是大多数个人或家庭持有或拟持有的最主要资产。因此，房地产市场的发展以及房屋价格的变动会对个人或家庭财富产生重要影响。其次，资产的差距（$a$ 的大小）其实在很大程度上也决定了资产收益率 $r$。例如，与高回报投资（包括高回报创业活动）相关的最低投资要求或固定成本，意味着更富有的个人可以获得更高的回报，即 $\partial r[a(i, t), t]/\partial a(i, t) >$ 0，这会使得不平等永久化。资产差距因为金融的影响（作用于资产收

---

① Demirguc-Kunt, A., and R. Levine, "Finance and Inequality: Theory and Evidence", World Bank Policy Research Working Paper, 2009, 4967.

益率 $r$)会被进一步放大,并导致收入差距扩大。

(三)资产贫困陷阱

针对收入贫困,Oliver 和 Shapiro[1] 最早提出资产贫困概念。Haveman 和 Wolff[2] 发展了这一概念。他们认为,如果一个家庭或个人拥有的财富类资源不足以满足他们的"一定时期"的"基本需要",那么这样的家庭或个人就可以界定为"资产贫困"(asset poverty)。前面提到,资产分配的不平等会加剧收入分配的不平等。特别是,在一个不发达的金融市场上,资金供给与需求机制形成一个怪圈:越是资产贫困者,越是不能积累资产进行投资,他们仅有的储蓄会成为资产富裕者投资的资金来源。这样,贫穷会成为贫穷的原因,形成"资产贫困陷阱"这样的恶性循环。此外,资产贫困者还被体制所排斥,不能分享现行制度的好处。由于穷人没有资产,政府有关家庭资产积累的规定,对房屋资产、退休金和遗产的税收优惠、激励和补贴政策不可能惠及穷人。例如,用于支持房屋所有和退休养老金的税收支出,正在充分和直接地使至少 2/3 的美国家庭受益。相反,非房屋所有者和没有福利的受雇者则没有参与到这些制度化资产积累的主要形式之中。[3]

以上这一简约的分析框架,揭示出金融在持续不平等理论中起着核心作用。金融市场摩擦(信贷市场不完善)和金融嫌贫爱富的本性(如准入门槛的设置),影响到财富、人力资本积累和投资机会的代际传递,而这反过来又决定了不平等的持续性。

---

[1] Oliver, M, and T. Shapiro, *Black Wealth/White Wealth*, New York: Routledge Press, 1997.

[2] Haveman, R., and E. Wolff, "The Concept and Measurement of Asset Poverty: Levels, Trends and Composition for the U.S., 1983-2001", *Journal of Economic Inequality*, 2004, 2, 145-169.

[3] [美] 迈克尔·谢若登:《资产与穷人:一项新的美国福利政策》,高鉴国译,商务印书馆 2005 年版。

## 二 宏观视角

第一节关于金融如何影响收入不平等的讨论主要是微观的、静态的，同时也是高度简化的。本节从宏观、动态视角进一步讨论金融发展与收入分配的关系，充分展示在一系列金融制度与政策安排下金融发展影响不平等的复杂性，而大量的实证分析也使二者的作用机制从模型走向现实。

在展开本节讨论之前，首先需要对金融发展做出界定。毕竟，当一些人在说金融有利（或不利）于缓解收入不平等时，他们所说的金融可能并不是一回事。这里，我们借鉴国际货币基金组织的方法，把金融发展概括为三个层次的内容：金融深度（及金融化）、金融包容性，以及金融稳定性。[1]

### （一）金融深度、金融化及其分配效应

金融深度（financial depth）包含两个维度：一是金融部门规模占总体经济规模的比重，一般由银行信贷占 GDP 的比重、市场资本化（股票市值）水平、债券市场规模，以及衍生工具规模等构成；二是金融市场的深度，一般是指金融工具（产品）最初开价与最后成交价之间的差额大小。金融深度衡量金融发展处在某个水平。相较而言，金融化是一个过程。它是指"金融动机、金融市场、金融参与者和金融机构在国内外经济运行中的作用越来越大"。[2] 金融化不同于金融深度，也不同于金融深化（financial deepening）。金融深化刻画的是一个经济体通过减少管制、推进市场化，摆脱金融压抑的束缚，带来金融发展，这往往发生在一个落后经济体中；而金融化，并非简单的金融深度的提高，而是指越过了适度区间，金融发展过

---

[1] Čihák, M., and R. Sahay, "Finance and Inequality", IMF Discussion Note, 2020, SDN/20/01.

[2] Epstein, G. A., "Introduction: Financialization and the World Economy", In *Financialization and the World Economy*, the US: Edward Elgar Publishing, 2015, 3-16.

度了,这往往发生在成熟市场经济体中(但也不排除一些发展中国家的"金融早熟")。

(1)全球范围内的"金融化"事实

20世纪七八十年代以来的金融自由化、金融全球化,大大推进了经济的金融化发展,体现在银行业去管制化、金融业集中、机构投资者规模和范围的扩大、股东价值运动以及新自由主义政策模型的主导等方方面面,全球金融资产与债务急剧扩大。

金融稳定委员会(Financial Stability Board,FSB)的报告显示,截至2020年年底,全球金融资产规模(包含中央银行、存款类机构、非银行金融中介、公共金融机构等)已经达到468.7亿美元,而2004年的时候还远不到200亿美元(见图1-1)。

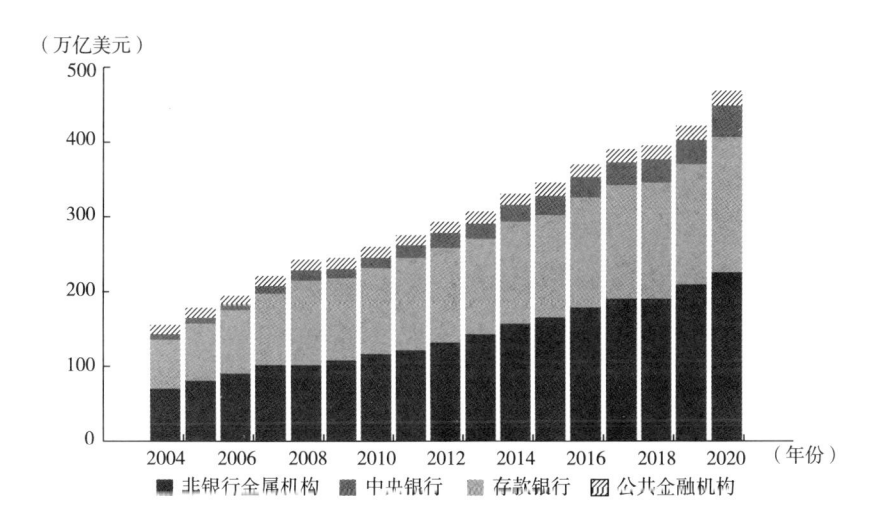

**图1-1 全球金融资产与结构**

资料来源:Financial Stability Board (FSB), "Global Monitoring Report on Non-Bank Financial Intermediation", 16 December, 2021。

根据资产负债表,经济体中的每笔债务一般都有对应的资产,因此,我们也可以从债务角度来观察全球的金融化发展。国际金融协会（IIF）的数据显示，全球债务（包括金融部门的负债）在2000年年底还只有84.4万亿美元，而到了2021年第二季度已经攀升到接近300万亿（296万亿）美元。

更长时段的数据显示（见图1-2），1950—2011年，无论是新兴市场经济体，还是发达经济体，国内私人部门信贷占GDP的比重都在不断上升，其中发达经济体尤甚。新兴经济体私人信贷占比，由1950年的不到20%上升到2011年的50%左右；发达经济体由不到60%上升到2011年的160%。若将数据更新到2020年年底，①则新兴经济体私人信贷上升到149.9%，发达经济体上升到178.1%。加入政府部门与金融部门之后，新兴经济体与发达经济体的杠杆率更进一步攀升到250.4%和426.1%；换言之，私人信贷分别是GDP的2.50倍和4.26倍。

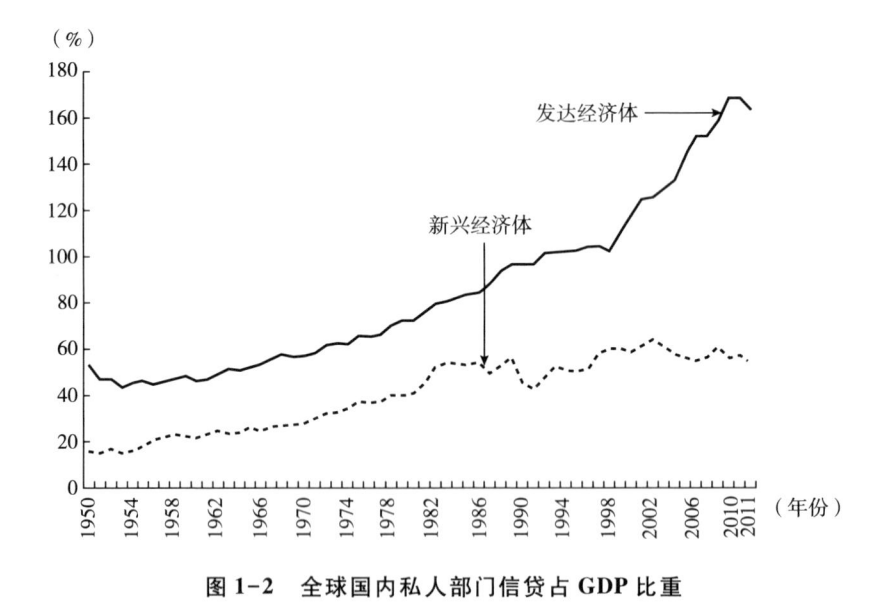

**图1-2 全球国内私人部门信贷占GDP比重**

资料来源：Reinhart, C. M., V. R. Reinhart, and K. S. Rogoff, "Public Debt Overhangs: Advanced-Economy Episodes Since 1800", *Journal of Economic Perspectives*, 2012, 26 (3), 69-86。

---

① 资料来源于国际金融协会（IIF）。

## 第一章 金融发展支持共同富裕的理论逻辑

**(2) 金融化带来的分配效应**

金融化带来强烈的分配效应：金融从业者工资与金融业利润大幅提高、食利性收入快速攀升以及劳动收入份额下降。

第一，金融从业者工资与金融业利润大幅提高、国民收入（财富）向金融部门转移。近年来，在全球范围内，特别是发达经济体中，金融行业平均工资远远高于社会平均水平，且差距一直在扩大。Philippon 和 Reshef 测算了美国金融业的超额工资（见图1-3）。所谓超额工资，就是高出基准工资的部分。图1-3表明，大萧条之前，特别是20世纪20年代末到30年代初，超额工资上升非常快，高于基准工资40%以上。之后较快地回落，第二次世界大战以后一直到70年代末，大体上是一个回落的过程，到1980年前后甚至已经低于基准工资了。但此后，随着金融自由化的推进，这个超额部分越来越高，到2005年，已经高于51%。超额工资反映出随着金融化，金融从业者获得了更高的工资收入，从而加剧了不平等。

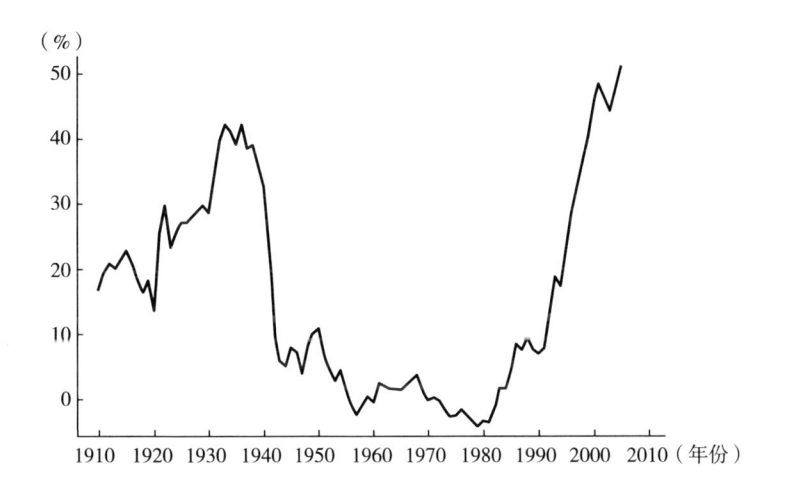

**图1-3 美国金融从业者超额相对工资**

资料来源：Philippon, T., and A. Reshef, "Wages and Human Capital in the U. S. Finance Industry: 1909-2006", *Quarterly Journal of Economics*, 2012, 127 (4), 1551-1609。

金融业利润占国内利润的比重也大幅提升。还是以美国为例，1948年金融业利润占比不到10%，之后有所上升，在20世纪70年代初达到一个高点，但也不到20%，之后回落，80年代初已经低于10%。自80年代中期开始，金融业利润占比大幅攀升，到2003年达到一个高点，超过40%（见图1-4）。在2008年国际金融危机的高峰时期，金融部门的利润大幅下跌，但很快又回升了。

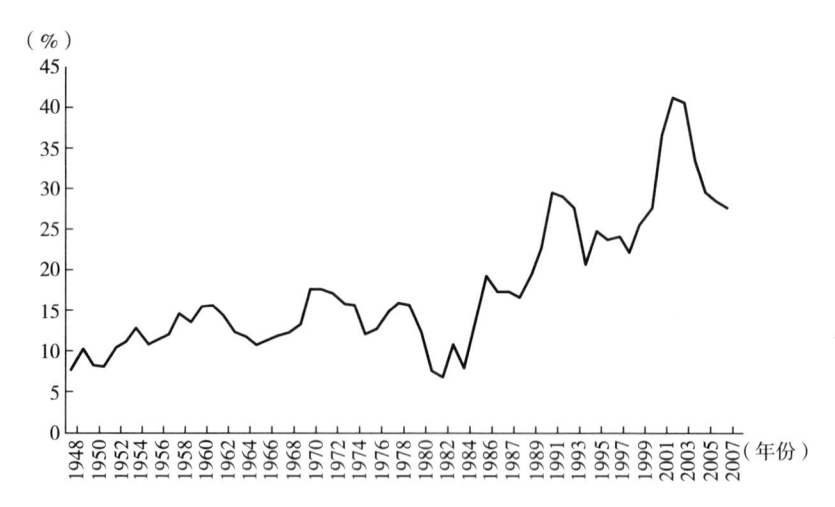

**图1-4　美国金融业利润（不包括美联储）占国内利润的比重**

资料来源：www.federalreserve.gov/。

金融业的超额工资与超额利润，造成国民收入（财富）向金融部门的转移。相关估算显示，这一转移规模是巨大的。1995—2015年，英国金融业超额工资与超额利润合计达到6800亿英镑，占到2015年英国GDP的37.1%。1990—2005年，美国超额工资与超额利润达到3.68万亿美元。[1] 进一步的估算显示，自1980年以来，5.8万亿—6.6万亿美元被转移到金融部门。[2]

第二，食利性收入快速攀升，挤压了实体经济部门收入。食利性

---

[1] Baker, A., G. Epstein, and J. Montecino, "The UK's Finance Curse? Costs and Processes", Sheffield Political Economy Research Institute, 2018.

[2] 唐纳德·托马斯科维奇-迪维、林庚厚、刘沆：《收入不平等、经济租金和美国经济的金融化》，《政治经济学报》2015年第2期。

收入（rentier income，也译作食利者收入）一般是指来自金融资产的收入。[①] 金融化发展推动了食利性收入占比的上升。表 1-1 显示了从 20 世纪 60 年代到 90 年代末，美国、荷兰、英国、日本和德国的食利性收入份额的变化。

尽管不同经济体食利性收入份额在以上考察的 40 年中呈现出不同的变化态势，但仍然有如下几个发现：首先，总体上，食利性收入份额处在一个逐步上升的态势。金融自由化大发展的 20 世纪八九十年代，恰恰是食利性收入份额占比很高的年代，此后有所回落，但幅度并不是很大。其次，荷兰从经济规模上只能算一个小国，但金融化程度非常高，体现出小国大金融的特点。最后，以 20 世纪 90 年代为基准，各国食利性收入份额占比的排序从高到低依次是美国、荷兰、英国、日本、德国。这在一定程度上反映出一国金融发展的特点，基本上仍然是美英、日德两个阵营：美英以市场为主导，金融化的特点非常明显；而日德以银行为主导，金融化程度就没有那么高。

表 1-1　　　　　不含资本利得的食利性收入份额　　　（10 年平均,%）

|  | 20 世纪 60 年代 | 20 世纪 70 年代 | 20 世纪 80 年代 | 20 世纪 90 年代 |
| --- | --- | --- | --- | --- |
| 美国 | 14.81 | 22.47 | 38.26 | 33.49 |
| 荷兰 | — | 13.47 | 18.69 | 20.97 |
| 英国 | 3.97 | 6.33 | 10.85 | 14.16 |
| 日本 | 9.00 | 12.30 | 14.27 | 11.22 |
| 德国 | 2.98 | 5.02 | 7.83 | 7.43 |

资料来源：Power, D., G. Epstein, and M. Abrena, "Trends in the Rentier Income Share in OECD Countries, 1960-2000", Political Economy Research Insititute, Working Paper Series, Number 58a, 2003。

第三，劳动收入份额下降。在宏观的国民收入分配中，劳动报酬

---

① 所谓的食利者收入实际上包含了实物资本带来的收入。

与资本报酬所占份额,取决于劳动与资本在社会中的权力。《资本论》《21世纪资本论》都在强调资本的权力(即资本在社会中特别是在分配中占据主导地位)。"资本又回来了",导致资本收入份额占比上升,而劳动收入份额下降,从而打破了所谓的"卡尔多事实":[①]各种生产要素收入在国民收入中所占份额大体上稳定不变。

尽管由于计量的原因(如对资本折旧的处理、住房、自我雇佣、无形资产以及企业主拿的是资本收入而非劳动收入等),关于劳动份额占国民收入比重下降的程度存在争议,但总体上,这一下降是真实的且非常显著却是基本共识。[②] 图1-5展示了21世纪初以来美国劳动份额的较快下降。

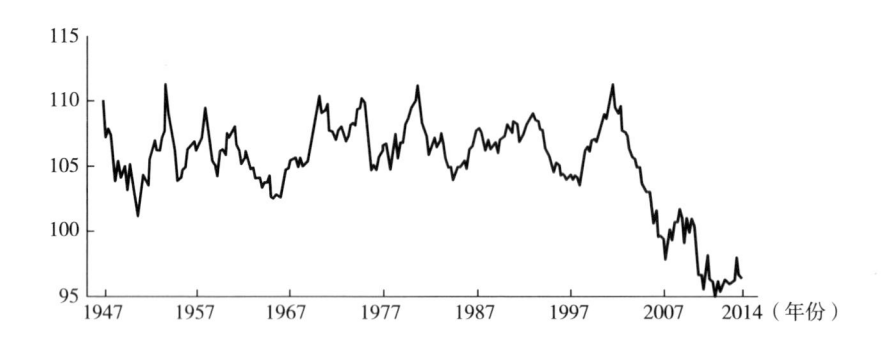

**图1-5 美国工人的收入份额下降**

注:非金融企业部门劳动份额指数 2009=100。

资料来源:Summers, L. H., "Demand Side Secular Stagnation", *American Economic Review*, 2015, 105 (5), 60-65。

劳动收入份额下降与全球化以及技术变革(如自动化)等都有关系,但金融化显然也难辞其咎。此前讨论的金融业高工资、高利

---

[①] Kaldor, N., "Capital Accumulation and Economic Growth", in F. A. Lutz and D. C. Hague, eds., *The Theory of Capital*, St. Martins Press, 1961, 177-222.

[②] Autor, D., D. Dorn, L. Katz, et al., "The Fall of the Labor Share and the Rise of Superstar Firms", *Quarterly Journal of Economics*, 2020, 135 (2), 645-709.

润转移了国民收入,食利性收入占比提高凸显了金融资产在获取收入中的重要性,这些都抑制了劳动收入份额的提高。研究表明,1970—2008年,金融化可以解释劳动收入份额下降的一半以上。[1]

(二) 金融包容性及其阴暗面

金融的准入门槛是导致低收入群体或小微企业无法获得金融服务的重要原因。所谓的金融包容性(financial inclusion),就是提高金融服务的覆盖面(或渗透率),特别是能够抵达低收入人群和小微企业,帮助他们克服因为没有账户、缺少抵押等而无法获得信贷及其他金融服务的困难。全球范围内普惠金融的发展正是金融包容性提升的重要体现。金融包容性需要相应的制度安排和政策导向,也可借由技术(特别是金融科技)助推而得到快速发展。

理论表明,信息不对称和交易成本等金融市场缺陷限制了穷人获得正规金融服务的机会,从而阻碍了他们摆脱贫困。一方面,随着金融发展,尤其是金融科技的运用(如移动金融服务),最有可能将无银行账户的群体纳入正规金融体系;另一方面,金融科技利用大数据等优势,缓解信息不对称问题,从而减少对抵押物的依赖,让更多的穷人获得信贷机会。原则上,更多基于还款能力而不是抵押品的贷款是金融体系发达的标志。但在实践中,即便是发达国家的金融体系,仍然主要依赖于抵押贷款。当前,由于金融科技的发达,信息不对称问题得到缓解,贷款可以突破抵押物的限制,金融包容性得以提高。抵押问题本质上是信任问题,金融科技显然不能完全解决信任问题,而制度才可能是根本的信用保障。

一般来说,金融包容性的提升给予穷人更多的机会(无论是积累人力资本,还是从事创业),从而有利于缩小收入分配差距。但经验分析展现了其中的复杂性。一个金融深度较低的国家(如处在全球分布的第25百分位)成功地将金融包容性从第25百分位提高到

---

[1] Tomaskovic-Devey, D., and K. Lin, "Financialization and U. S. Income Inequality 1970-2008", *American Journal of Sociology*, 2013, 118 (5), 1284-1329.

第75百分位，可以预期其不平等性将显著下降（基尼系数下降约9个百分点）。这意味着，一个经济体处在中低水平的金融深度时，金融包容性提高（体现为信贷扩张）会减少不平等；但对于金融深度已经很高的经济体（如发达经济体）而言，信贷扩张会导致不平等加剧。[1]

金融包容性具有积极作用毋庸置疑，但也要关注其阴暗面。其一，金融包容性将大量低收入群体变成债务人，他们往往沦为金融波动（危机）的牺牲品。美国次贷危机就是非常典型的案例。随着更多低收入人群开始负债，居民部门杠杆率不断攀升，信贷大幅增长推升了资产价格（如住房价格、股票价格），这使得拥有更多房产和股票的人财富增长更多，进一步加大了收入差距。其二，金融包容性意在金融普惠，但有时候是普而不惠，甚至会出现掠夺性信贷（predatory lending）。金融机构和大科技公司可以通过大数据、机器学习等来进行差别定价、歧视定价，在愿出高价者那里获利更多，从而充分挤压消费者剩余的空间，给部分群体带来更高的信贷成本。

### （三）金融稳定性与不平等

金融稳定性也是衡量金融发展的一个重要方面。而金融不稳定（如金融波动或金融周期繁荣—萧条的更替）往往会加剧不平等。

一方面，金融周期上行或使不平等加剧。政府利用税收资金为金融机构提供隐性担保，在金融机构遭遇危机时慷慨解囊，调用大量财政资金救助金融机构，隐性财政担保的存在使金融机构肆无忌惮地投资高风险项目，显著提高了金融部门利润。虽然金融从业者收入骤增，但这是以其他社会成员来承担财政担保成本为代价的，纳税人并不能从金融机构的冒险活动里获得收益，如此一来，收入不平等随之上升。

另一方面，金融周期下行也或使不平等加剧。金融繁荣之后往往

---

[1] Čihák, M., and R. Sahay, "Finance and Inequality", IMF Discussion Note, 2020, SDN/20/01.

伴随金融危机，其特征是资产价格下跌、不良贷款增加、资本缓冲减少或耗尽等。这种困境会反馈到实体经济中：当资产价格下跌时，脆弱的金融公司被迫减少债务，从而导致资产价格、就业和经济增长进一步下降。当金融机构更多地减少对小公司和穷人（风险较高，抵押品较少）的贷款和其他金融服务时，就会破坏机会均等，从而导致不平等加剧。而且，在金融周期下行甚至出现金融危机的时候，相关政策刺激或救助措施会进一步加剧不平等。一方面，危机爆发后，一些"金融大鳄"因为大而不能倒而受到救助，犯下严重决策错误的高管们甚至不会减薪，而这花的都是纳税人的钱，显然是不公平的。另一方面，为应对危机而出台的非常规货币政策，促进了资产价格的上涨，使得拥有更多资产的富裕家庭受益，也会扩大收入不平等。

# 第二章　金融发展与共同富裕的"中国故事"

中华人民共和国成立以来，中国经济体制经历了由计划经济向社会主义市场经济转变的过程，相应地传统金融、普惠金融和数字金融也经历了由中华人民共和国成立初期的政府统一调配逐渐向市场在配置中起基础性作用演进。鉴于此，本章从历史视角针对传统金融发展与共同富裕、普惠金融与共同富裕、数字金融与共同富裕的特征事实和变化过程进行分析，以剖析其存在的不足，进而为从金融视角推动和完善共同富裕做足准备。

## 第一节　传统金融发展与共同富裕

中华人民共和国的成立和社会主义基本制度的确立，是中国历史上最深刻最伟大的社会变革，是中国今后一切进步和发展的基础，为走向富强、实现中华民族伟大复兴的中国梦奠定了根本的政治前提和制度基础。中华人民共和国成立以来，特别是改革开放以来，中国经历了"从几乎没有个人财富"到"个人财富的高速积累与显著分化"的过程。[①] 这个过程中，个人财富的"高速积累"与"显著分化"与中国金融发展的"压抑"与"赶超"并存，并立体呈现出金融发展与共同富裕的"中国故事"。

---

① 赵人伟：《经济转型与民生》，商务印书馆2021年版。

## 一　收入与财富呈现"前所未有"的增长

频繁的战争，既抑制了增长，也破坏了财富。中华人民共和国成立之初，国内建设一穷二白、百废待兴。一方面，农业农村凋敝。中华人民共和国成立前，中国的农业生产遭到极大破坏，1949年年底全国主要农产品产量同抗日战争前最高年份比较，粮食下降24.5%，棉花下降47.7%。另一方面，工业化水平很低。重工业不仅比重低，而且产业结构非常落后，1936年机械工业产值只占工业总产值的8.8%，其中机器制造工业仅占2.2%，并且主要集中在华东和东北，1952年国民经济恢复结束时，机械工业仍然很薄弱，其产值只占工业总产值的10.6%，并且布局也不平衡，高技术含量的产品很少。

在国民收入方面，中华人民共和国成立之初，中国1952年的国内生产总值为679.1亿元，与世界发达国家相比，还相当落后，只相当于同期美国国民收入的7.5%，苏联的31.6%，英国的53.8%，法国的63.9%，联邦德国的81.3%，但是超过日本14.7%。1978年，中国国内生产总值增长到3678.70亿元，2021年突破百万亿元大关，并增长到114.37万亿元，年均实际增长率为11.70%，远高于同期世界经济2.9%左右的年均增长速度（见图2-1）。进一步来看，中华人民共和国成立之初的人均国内生产总值与其他国家差距就更大。中国1952年的人均国内生产总值仅为119元，只相当于美国的2.3%，苏联的10.3%，英国的5.2%，法国的4.7%，联邦德国的6.9%，日本的22.2%。2021年人均国内生产总值增长到8.10万元，超过1万美元，接近高收入国家门槛（见图2-2）。

在国民财富方面，根据中国社会科学院国家资产负债表研究中心（CNBS）的估算，2019年中国的全社会净财富达到675.5万亿元，人均社会净财富为48.2万元；其中居民部门财富为512.6万亿元，人均居民财富达到36.6万元。改革开放以来，人均居民财富的变化

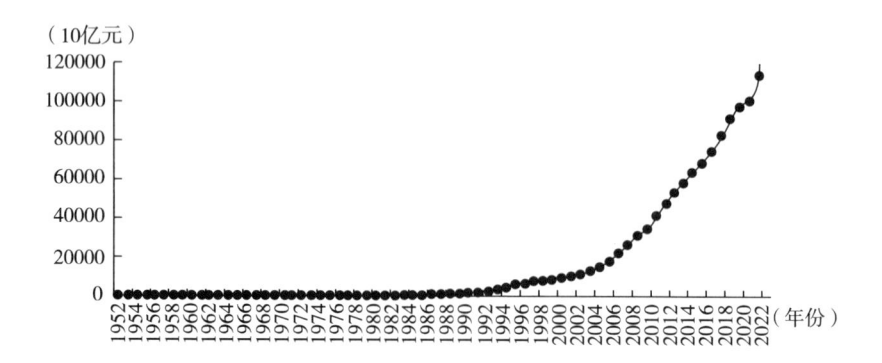

18  金融发展和共同富裕：理论与实证

图 2-1　中华人民共和国成立以来的国内生产总值变化趋势

资料来源：Wind 数据库。

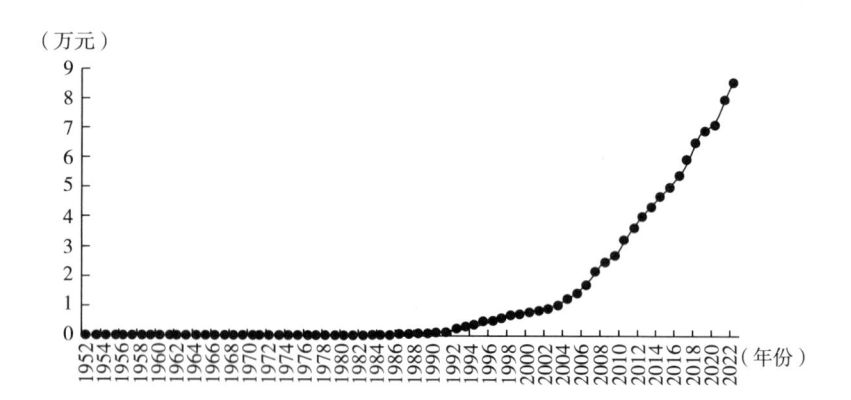

图 2-2　中华人民共和国成立以来的国内人均生产总值变化趋势

资料来源：Wind 数据库。

引人瞩目。图 2-3 显示，1978 年中国人均居民财富还不到 400 元，邓小平同志南方谈话之后，1992 年中国人均居民财富跨过 4000 元，1995 年人均居民财富突破 1 万元大关，2009 年人均居民财富突破 10 万元，2019 年人均居民财富达到 36.6 万元。从人均居民财富的增长趋势来看，1978—1989 年，中国人均居民财富的年均复合增长率为 19.8%；1990—1999 年，人均居民财富的年均复合增长率为 25.7%；2000—2009 年，人均居民财富的年均复合增长率为 18.9%；2010—

2019年，人均居民财富的年均复合增长率为13.3%。其中，20世纪90年代的人均居民财富增速最快。2010年以来，随着经济逐步进入新常态，中国人均居民财富增速有所放缓。但总体上来看，改革开放以来的中国居民财富在历史上呈现出"前所未有"的增长态势。[①]

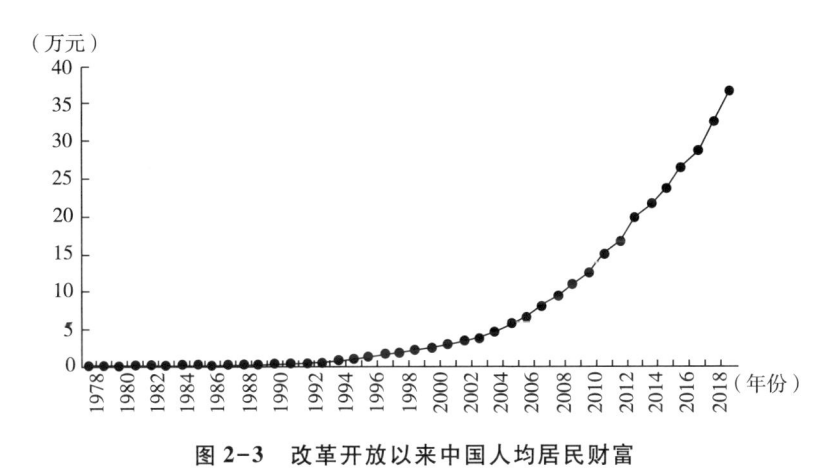

图 2-3 改革开放以来中国人均居民财富

资料来源：中国社会科学院国家资产负债表研究中心（CNBS）；Wind 数据库。

## 二 收入与财富的分化

国民收入与财富的快速增长，彻底改变了中华人民共和国成立以来贫穷落后的面貌。而2020年全面建成小康社会完成第一个百年目标，也彰显出包容性发展与共同富裕所取得的成就。党的十八大以来，党中央把逐步实现全体人民共同富裕摆在更加重要的位置上，采取有力措施保障和改善民生，打赢脱贫攻坚战，全面建成小康社会，为促进共同富裕创造了良好条件。总体上来看，中国的收入与财富分配差距仍然较大，实现共同富裕任重道远。

在收入分配方面，国家统计局的数据显示（见图2-4），2003年以来，中国居民人均可支配收入基尼系数基本呈现上升态势，2008年达到峰值0.491；2008—2015年居民人均可支配收入基尼系数出

---

① 张晓晶：《金融发展与共同富裕：一个研究框架》，《经济学动态》2021年第12期。

现回落，并且于 2015 年达到最低点 0.462，这表明收入差距有所收敛；2015 年之后居民人均可支配收入基尼系数又有小幅度回升，2020 年达到 0.468，超过国际警戒线 0.4 的标准。

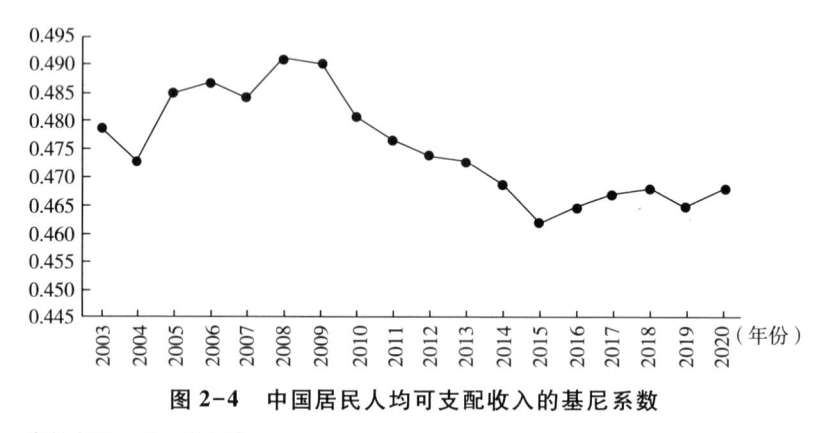

图 2-4　中国居民人均可支配收入的基尼系数

资料来源：Wind 数据库。

在财富分配方面，从国际角度来看，财富分配的基尼系数高于收入分配的基尼系数已是常态。瑞士信贷《全球财富报告 2021》显示，中国财富基尼系数从 2000 年的 0.599 持续上升至 2015 年的 0.711，随后有所缓和，降至 2019 年的 0.697，但 2020 年在新冠疫情冲击下再度上升至 0.704。罗楚亮和陈国强基于住户调查数据（CHIP2013 和 CEPS2012、CFPS2016），计算得出中国居民财产基尼系数分别高达 0.619 和 0.736。他们进一步通过富豪榜数据补充部分缺失的高收入人群，所得的财产基尼系数进一步提高，甚至达到 0.8 左右。[①] Wan 等通过四轮中国家庭金融调查（CHFS）发现，在中国居民财富差距扩大的驱动因素中，房产差距是最大的解释因子，能够解释财富不平等的七成左右；并且随着时间推移，房产差距对居民财富不平等的解释力还在增大。[②] 就全国来说，2011 年住房对居民财富不平

---

[①] 罗楚亮、陈国强：《富豪榜与居民财产不平等估算修正》，《经济学（季刊）》2021 年第 1 期。

[②] Wan, G., C. Wang, and Y. Wu, "What Drove Housing Wealth Inequality in China?", *China & World Economy*, 2021, 29 (1), 32-60.

等的贡献率为71.86%，2017年上升到75.49%；城镇地区这一比例从2011年的74%上升到2017年的76.57%，农村地区这一比例从58.48%上升至64.09%。此外，基于"世界不平等数据库"（World Inequality Database）提供的关于中国等五大经济体顶端10%人群财富分布数据（见图2-5），1978—1995年，中国前10%人群的财富份额一直保持在0.4084的水平上；1996—2003年，中国前10%人群的财富份额从0.43上升至0.4903，但仍不足各类人群合计的50%，明显低于同期的美国、法国、英国、俄罗斯和韩国等发达国家，也低于南非和印度等发展中国家；2004年之后中国的财富分配从一个相对较为平等的水平进入快速上升阶段，一跃从0.5061上升至2021年的0.6780，并分别于2007年和2008年超过英国、法国等侧重于社会公平与福利的欧洲国家，2012年开始向俄罗斯、美国的水平接近。[①]

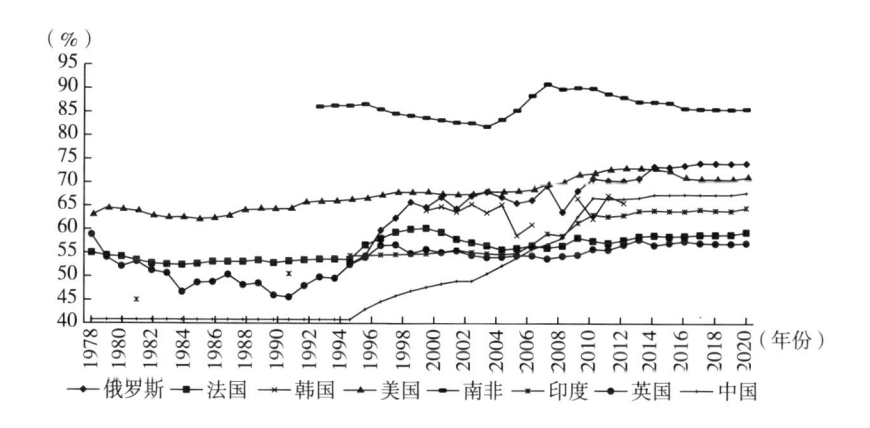

图2-5 不同国家前10%人群的财富份额

资料来源：Wind数据库。

---

① 作为参照，中国人民银行调查统计司城镇居民家庭资产负债调查课题组的数据显示，最高10%家庭的总资产占比为47.5%。

### 三 金融与不平等：金融压抑与金融赶超的双重影响

中国金融发展的逻辑内嵌于中国经济发展的大逻辑之中，后者的核心在于经济赶超。实现赶超要完成转型与发展的双重任务。正是在"双重任务"的框架中，形成了一系列具有中国特色的金融制度与政策安排，导致金融压抑与金融赶超的并存。一般而言，金融压抑会制约金融赶超；但在中国，金融压抑却成了金融赶超的"催化剂"。理解这一悖论的关键在于：金融压抑会导致金融发展的单一化，并形成政府主导的正规体系与非正规体系的"二元"结构；而金融创新特别是借助金融科技带来的创新能打破这样的二元格局，促进非正规体系（如影子银行）的发展，还能推进新金融业态（如大科技公司进入金融业）发展。金融赶超可以看作是金融压抑以及各类金融规制的一种突破，这一赶超主要借助了两股力量：一是金融科技的发展，二是金融监管的包容，这是观察中国金融发展的新视角。

（一）金融压抑及其分配效应

"金融压抑"是指中央政府对利率、汇率、资金配置、大型金融机构和跨境资本流动等采取的不同形式和不同程度的干预。从新古典经济学的角度来看，金融压抑是一种扭曲，会使资源配置偏离最优状态。例如，金融压抑会扭曲风险定价，降低金融资源配置效率，遏制金融发展，从而不利于经济增长与金融稳定。不过，如果将金融压抑置于中国经济赶超的大背景下，就会获得新的认识。研究表明，在金融市场还不成熟、工业化资金需求十分旺盛的早期发展阶段，适度的金融压抑是一种"良性扭曲"，其在动员资源和推动经济增长方面发挥着重要作用。[①] 但随着中国逐步迈入高收入经济体，金融压抑则会产生扭曲，因此逐步取消金融压抑、纠正金融扭曲是金融供给侧结构性改革的重要任务。

---

① 张晓晶、李成、李育：《扭曲、赶超与可持续增长：对政府与市场关系的重新审视》，《经济研究》2018年第1期。

从发展型政府角度，金融压抑是为了实现经济赶超，因此其更关注增长目标而忽略由此产生的分配效应问题。发展中国家的金融抑制会使资金价格扭曲并形成信贷配给现象，导致个体和企业融资渠道不通畅，获得的信贷成本与机会不公平，进而使收入分配差距扩大。在这种情况下，金融抑制就会形成这样一种恶性循环：经济落后—金融发展落后—资金短缺—金融抑制—信贷配给—信贷可得性不平等—收入分配不均。中国存在明显的金融抑制现象，主要表现为利率、汇率的管制，信贷配给以及金融机构的设立限制等。中央和地方政府通过金融管制在各部门之间直接分配租金，进而影响整个社会的收入分配状况。当实际贷款利率低于均衡利率水平时，金融市场中的信贷需求就会大于信贷供给，为了得到更高的利润，金融机构可能会产生信贷歧视，并通过信贷配给或选择性信贷政策使国有经济、重化工业、城市和大企业等相对优势比较明显的群体获得较多较优质的金融产品和服务，而使非国有经济、农村或偏远地区以及中小微企业等相对弱势的群体获得较少的金融产品和服务，这种不平衡与不协调的信贷配给结果进一步加剧了收入和财富的不平等。进一步而言，金融压抑政策以及相应的制度与政策安排，也会侵蚀居民财产性收入。金融抑制不仅表现在官方利率长期远远低于市场利率，而且表现在国有银行的垄断地位和门槛准入方面。对存款利率上限的管制，虽然会在一定程度上降低国企的投资成本、使中国银行业的不良贷款率恢复至正常水平，但扭曲的资本价格误导投资、使居民储蓄存款收益大幅下降。金融抑制政策形成了一种居民补贴企业和地方政府的财富分配机制，即居民财产性收入受到侵蚀，企业和地方融资平台却得到"补贴"。

（二）金融赶超及其分配效应

"金融赶超"是指金融业规模的快速扩张以及金融科技的"弯道超车"。之所以被界定为赶超，是因为金融的相关指标可能已经超过当前中国发展相适应或相匹配的水平（如以人均国民收入来衡量）。

中国的金融赶超主要（但不限于）表现为：宏观杠杆率攀升，金融业增加值偏高，金融科技跻身全球第一方阵。这三个方面都有着不同程度的分配效应。

在宏观杠杆率方面，2008年国际金融危机爆发之前，中国的宏观杠杆率缓慢上升，2003—2008年的杠杆率轻微下降，甚至还出现了自发的"去杠杆"现象。2008年国际金融危机爆发之后，宏观杠杆率出现了一个急速攀升的过程。在中央"去杠杆"政策的作用下，宏观杠杆率在2017年年底达到241.2%的高点，之后保持相对平稳态势。但随着新冠疫情的冲击，宏观杠杆率又再度攀升，2021年年底达到263.80%（见图2-6）。正如前述分析，宏观杠杆率的攀升为资产规模大幅扩张创造了有利条件，推进了金融化。在此过程中，房价大幅上涨导致财富差距与收入差距的拉大是金融化带来的最为明显的分配效应。而居民杠杆率（以住房抵押贷款为主）的不断攀升也进一步佐证了该观点。

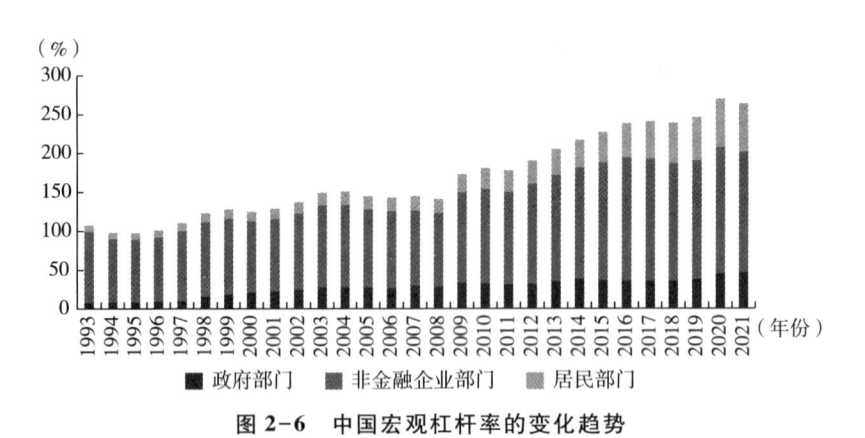

**图2-6 中国宏观杠杆率的变化趋势**

资料来源：Wind数据库。

在金融业增加值方面，关于金融与收入分配的讨论中，金融业增加值与国民收入的比值一直是一个重要的衡量指标。图2-7显示，1980年以来，日本和德国的金融业增加值占GDP比重较为平稳甚至还略有下降（除了2000—2007年的全球化繁荣时期有所上升），英

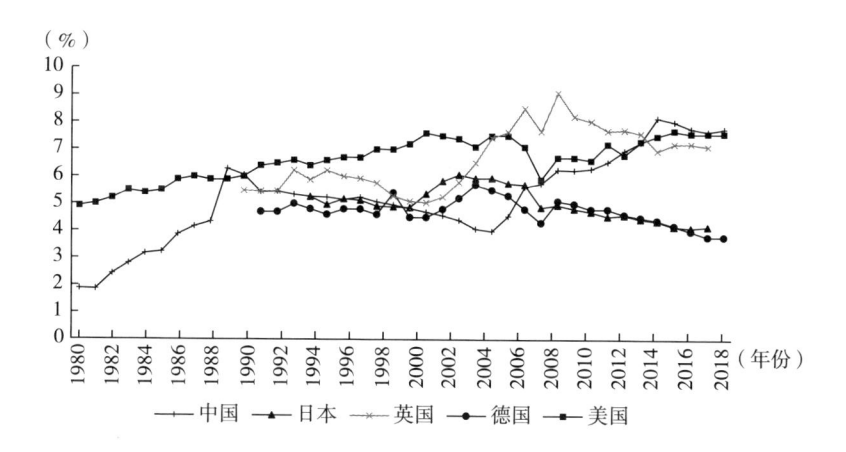

**图 2-7　各国金融业增加值与国民收入比值的变化趋势**

资料来源：各国统计当局，国家资产负债表研究中心（CNBS）。

国自 2000 年以来有大幅跃升，2008 年国际金融危机以后有所回落；美国一直处于高位，2008 年经历短期回落以后仍趋于上升。2005 年以来，中国金融业增加值占比急剧攀升，2015 年达到 8.4% 的峰值，超过英国和美国。虽然关于中国金融业增加值的估算存在很多争议（如核算方法不同、涵盖范围不同等），但中国金融业增加值偏高却是不争的事实。金融业增加值一度超过英国和美国，反映出中国金融的赶超发展以及金融化趋势。金融业增加值是金融业提供服务所产生的增值，它在很大程度上是实体经济获取金融服务所付出的成本。图 2-8 的国家统计局数据显示，中国金融业增加值占比的偏高甚至是畸高，说明经济出现"脱实向虚"且国民收入和财富分配向金融业倾斜。

（三）金融科技跻身全球第一方阵

近年来，人工智能（A）、大数据（B）、云计算（C）、分布式记账（D）和电子商务（E）等新兴技术逐渐与金融业务深度融合，加速了金融创新的进程，并催生出移动支付、网络信贷、智能投资顾问等新金融业态。根据 H2 Ventures 和毕马威联合发布的 2022 年全球金融科技 100 强榜单中，中国的蚂蚁金服、京东数科、度小满金融和

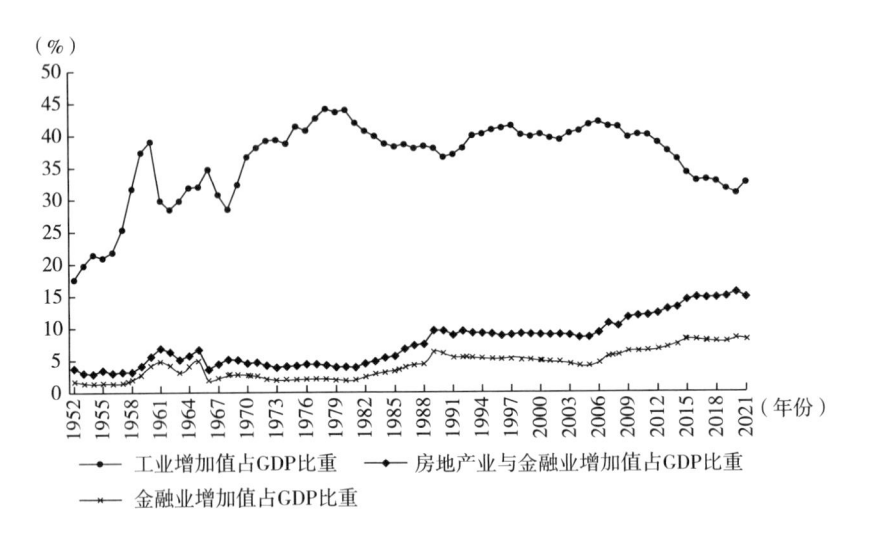

图 2-8 中国经济的"脱实向虚"

资料来源：Wind 数据库。

陆金所在全球前 12 强中占了 4 个席位。在英国 Z/Yen 和中国深圳综合开发研究院发布的 2019 年全球金融中心指数报告中，北京、上海、广州、深圳和香港也占据了全球十大金融科技中心的半壁江山。另外，中国的移动支付也在全球比较有影响力。目前，中国有近 10 亿互联网用户，为金融科技运用奠定了基础。2019 年年末，87%的中国消费者使用金融科技，2020 年年末，全球前 20 大平台公司中，中资企业已占据五席。在大型科技公司推动下，中国移动支付快速发展，目前普及率已达 86.4%。[1] 金融科技信贷和大型科技信贷的最大市场是中国，其中大科技公司贷款在 2018 年和 2019 年分别为 3630 亿美元和 5160 亿美元；相较而言，排在第二位的美国，其相关信贷规模却要小很多。中国金融科技在全球处于相对领先的地位。与一些发达经济体不同，中国大科技公司介入金融的程度要更为深入。金融科技在提高金融服务实体经济效能方面发挥着非常积极的

---

[1] 易纲：《中国大型科技公司监管实践——在国际清算银行（BIS）监管大型科技公司国际会议上的讲话》，中国人民银行官网，2021 年 10 月 7 日。

作用。同时，金融科技也是一柄双刃剑。在监管未能及时跟上的情况下，金融科技现出了"异化"，导致普惠金融"普而不惠"问题。例如，在对个人和小微企业的联合贷款中，90%以上的资金来源于银行业，金融科技公司利用导客引流优势，直接收取的费用占客户融资综合成本的1/3左右，加上代销或其他过度增信产品等收取的费用，往往高达客户融资综合成本的2/3。[①]

## 第二节 普惠金融与共同富裕

### 一 普惠金融的发展历程

从发展历程来看，普惠金融主要立足于减缓农村贫困、提升失业人口生活水平和促进中小企业发展，经历了公益性小额信贷、发展性微型金融和综合性普惠金融三个发展阶段。事实上，普惠金融最早起源于15世纪的小额信贷业务。当时，为了提高贫困人员生存能力、遏制高利贷的发展，意大利的一些慈善机构开创了小额贷款业务，为贫困人员提供贷款并满足资金需求。随着小额贷款业务的发展，爱尔兰于18世纪又推出了"贷款基金"业务。该业务是以社会捐赠的资金作为信贷资金定向发放给收入低、生存能力差的群体。尽管这种金融形式很快被淘汰，但其思想一直沿用至今。随着经济金融的不断变化，小额信贷已不能满足低收入家庭的需求，于是微型金融便油然产生。与小额信贷不同，微型金融除了要为低收入家庭提供小额信贷，还要提供储蓄、汇兑等其他业务，以此满足低收入家庭的多元化需求。微型金融的快速发展，在一定程度上促进了普惠金融的产生。作为中小型金融机构代表，中国农村信用社自产生以来一直为农村弱势群体和小微企业提供储蓄、汇兑和贷款等基础性金融服务，对满足农业经济主体的金融需求、促进农村经济发

---

[①] 《银保监会：金融科技公司侵害消费者权益的乱象值得高度关注》，新华社客户端，2020年11月3日。

展等发挥着重要作用。随着生活水平的提高，微型金融机构发现传统的储蓄、汇兑和信贷业务不能从根本上解决低收入水平的金融能力，加之一些慈善机构、政府和非营利组织等也挤入该领域与微型金融机构进行竞争，这不仅对金融市场供需结构产生了影响，也加剧了穷人债务危机的产生。鉴于此，联合国和世界银行于2005年首次提出"普惠金融"一词后，中国小额信贷联盟在当年就首次引用了该概念，于是"普惠金融"开始受到中国社会各界人士的关注。随着普惠金融理念的不断深入，党中央开始重视普惠金融工作。例如，党的十八届三中全会通过的《中共中央关于全面深化改革若干重大问题的决定》首次将"发展普惠金融"作为完善中国金融市场体系的重要内容，并出台制定了一系列政策措施支持普惠金融发展。2016年1月，国务院又颁布了《推进普惠金融发展规划（2016—2020年）》，并明确定义了普惠金融的内涵，即普惠金融是指立足机会平等要求和商业可持续原则，以可负担的成本为有金融服务需求的社会各阶层和群体提供适当的、有效的金融服务，小微企业、农民、城镇低收入人群、贫困人群和残疾人、老年人等特殊群体是中国当前和未来普惠金融的重点服务对象。从这一点来看，普惠金融所体现的金融公平的理念与国家2021年提出的"实现共同富裕"所体现的社会公平的理念高度一致，因此，发展好传统的普惠金融对于中国扎实推进实现共同富裕至关重要。

### 二 普惠金融发展现状

在国家政策的支持下，大型商业银行、全国性股份制银行纷纷设立普惠金融事业部，将服务重心下沉，并重点支持小微企业和农村弱势群体的金融服务，以此开展普惠金融工作，于是中国普惠金融得到了快速发展。中国社会科学院金融研究所的研究显示（见图2-9），尽管中国普惠金融发展水平仍然较低，但2007—2020年一直稳步提升，从0.1864上升至0.2763，其年均值为0.2257，年均值增长率为 3.55%。事实上，中国普惠金融的稳步提升主要表现在普惠群体的金融服务可得性方面。根据中国人民银行发布的《中国普惠金融指标分析报告（2020年）》显示，截至 2020 年年底，全国人均拥有 8.83 个银行账户，人均持有 6.34 张银行卡；使用电子支付的成年人比例为 89.16%，其中农村地区使用电子支付的成年人比例为 82.72%；全国人均个人消费贷款余额为 3.51 万元，其中不含住房贷款的个人消费贷款余额 1.07 万元；普惠小微贷款余额 15.1 万亿元，支持小微经营主体 3228 万户；2020 年有 46.33% 的成年人购买投资理财产品，农村地区该比例为 33.03%；移动支付业务 1232.20 亿笔，金额 432.16 万亿元，同比分别增长 21.48% 和 24.50%。

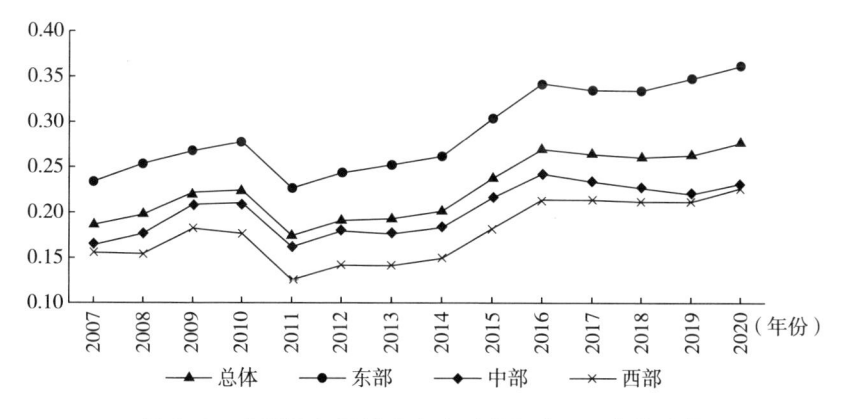

**图 2-9　中国及各区域普惠金融发展水平及变化趋势**

资料来源：张晓晶主编：《中国金融报告 2021：稳字当头擘画金融发展》，中国社会科学出版社 2021 年版。

另外，从国际视角来看，中国普惠金融发展在国际上处于领先水平。根据世界银行数据显示（见表 2-1），2017 年中国的银行账户拥有率（80.23%）、银行卡保有率（借记卡、贷记卡持有率分别为 66.75% 和 20.82%）均高于世界平均水平和"金砖国家"。从其他方面来看，中国来自正规金融机构的贷款比率（8.61%）还未达到世界平均水平（10.82%），更多的是利用熟人社会关系进行借贷，正规信贷的可得性依然偏低，并且在农村地区表现得更为明显。这说明虽然中国亲友之间的资金支持力度有所增强，但城乡之间金融不平衡、不充分矛盾依然存在。从支付方式来看，手机支付方式是中国的主流，2017年中国城镇和农村的手机支付率分别为60.87%和56.30%，分别是2014年的1.59倍和1.86倍，均高于世界平均水平和"金砖国家"，这主要得益于近年来中国金融科技的快速发展和运用。

表2-1　　　　　　　　不同国家或地区15岁以上人群
普惠金融指标情况（2017年）　　　　　　　（%）

| 经济体 | 中国 | 世界平均 | OECD成员国 | 金砖国家 |
| --- | --- | --- | --- | --- |
| 正规金融机构账户拥有率 | 80.23 | 68.52 | 94.68 | 73.72 |
| 正规金融机构账户拥有率（农村） | 77.70 | 65.99 | 94.36 | 73.65 |
| 借记卡持有比率 | 66.75 | 47.69 | 84.17 | 45.69 |
| 借记卡持有比率（农村） | 62.80 | 41.89 | 83.70 | 43.27 |
| 贷记卡持有比率 | 20.82 | 18.39 | 56.78 | 14.75 |
| 贷记卡持有比率（农村） | 17.09 | 13.97 | 53.11 | 13.95 |
| 过去一年有过贷款的比率 | 44.71 | 47.48 | 65.48 | 44.20 |
| 过去一年有过贷款的比率（农村） | 44.74 | 45.91 | 61.87 | 44.19 |
| 向金融机构贷款的比率 | 8.61 | 10.82 | 19.92 | 9.60 |
| 向金融机构贷款的比率（农村） | 8.88 | 10.38 | 19.22 | 9.71 |
| 向亲友贷款的比率 | 28.33 | 25.80 | 12.76 | 26.65 |
| 向亲友贷款的比率（农村） | 31.30 | 27.69 | 12.77 | 26.46 |
| 手机支付比率 | 60.87 | 45.08 | 89.21 | 42.64 |
| 手机支付比率（农村） | 56.30 | 39.60 | 88.04 | 40.16 |

资料来源：根据世界银行数据整理。

## 第三节　数字金融与共同富裕

数字金融是科技与金融的结合,因此在讨论该部分内容时,我们分别从科技发展和数字金融两个角度进行。

### 一　科技发展与共同富裕

科技是科学技术的简称,是技术发展到一定阶段才出现的。技术作为知识的生产力,可以与其他要素结合并转化为变革社会的现实生产力。人类技术的发展史表明,技术的发展路线并不是连续的线性函数,而是突进式、跨越式的。随着第三次科技革命的快速发展,科技创新转化为社会生产力的速度明显加快,并日益成为经济社会发展的决定性力量。事实上,中国的科技创新并非一蹴而就,其伟大复兴经历了从几乎为零到方兴未艾的过程,这其中,科技与经济之间的关系也在不断调整和变化。自中华人民共和国成立以来,党和国家非常重视科技创新,出台了一系列政策措施推动科技创新发展。不可否认的是,科技创新在提高生产力、推进社会经济发展和实现共同富裕等方面产生了一定的促进效应。

（一）科技创新受到"前所未有"的重视

从发展历程来看,中国科技创新一开始就受到国家领导人的重视,迈向科技强国之路实现了直线式的高速增长。中华人民共和国成立之初,全球科技创新正经历着一场以电子计算机等为主要内容的科技革命。当时在科学技术几乎为零的情况下,党中央将工作重心从过去的阶级斗争革命转移到技术革命,并提出走"自力更生"为主的科技发展战略,同时调动一些社会力量和财政资金来支持技术革新,以此形成与发达经济体不同的科技体制。[1] 这一时期,尽管

---

[1] 朱效民：《科技体制改革的"体"与"用"——兼谈科技体制改革的一点思路》,《自然辩证法研究》2012 年第 7 期。

科技创新与经济发展之间没有必然联系,但其形成的自上而下调配、统一管理的垂直管理模式仍为后续科技创新的发展奠定了良好的基础。改革开放初期,以信息技术为核心的全球现代技术革命进入白热化阶段。为迎接世界科技革命的挑战,党中央深刻阐述了科技与经济的关系,并创造性提出"科学技术是一生产力"的重要论断,同时还明确提出"经济建设要依靠科学技术、科学技术要面向经济建设"的战略,并出台制订了"863"计划、火炬计划、星火计划、科技攻关计划等一系列高科技发展计划和产业支持政策,以此促进科技体制改革与经济体制改革相互融合。自此,中国科技事业迎来新的"春天"。[①] 20 世纪 90 年代,世界信息技术带动经济社会发展进入新时期,中国也确定了走社会主义市场经济道路。于是,党中央集体把握第三次科技革命的信息化本质,并提出"科技进步是经济发展的决定性因素"的重要论断。另外,为了将科学技术更好地融入社会主义经济建设之中,党中央还提出"科教兴国"战略,并先后出台了各种财税、金融和产业等政策来帮助实现科技成果转化为现实生产力。自此,产学研结合、产业与区域创新环境建设等开始受到关注。

21 世纪以来,党中央把推进自主创新、建设创新型国家作为推进社会主义经济建设的一项重大战略决策。在此阶段,为了有效解决中国科技发展和经济建设"两张皮"的问题,党中央先后出台了各种财税、金融和政府采购等政策来支持科研机构、大学和企业等科技主体发展,以此推进科技创新政策体系建设,这为推动中国科技创新事业走向新的发展阶段奠定了基础。党的十八大以来,党中央提出了"创新、协调、绿色、开放、共享"的新发展理念,并将科技创新作为国家发展全局的核心位置来引领社会发展。于是,中国科技创新的地位得到进一步提升,开始从科技与经济结合的"跟着走"转变为科技创新引领社会发展的"领着走"。经过多年努力,

---

[①] 王宏伟、李平:《深化科技体制改革与创新驱动发展》,《求是学刊》2015 年第 5 期。

中国科技创新事业一直保持高速增长发展态势，并于2020年迈入全球"创新型国家"序列之内，这足以体现出党和国家对科技创新对提振中国经济发展、推进实现共同富裕长期向好的信心和毅力。

（二）科技创新发展的特征事实

（1）科技投入快速增长，但投入结构有待优化

为推动科技创新事业取得新成就，国家长期稳定投入财政资金。从财政科技投入总量来看（见图2-10），1985年以来，中国财政科技拨款急剧攀升，从102.59亿元增长到2019年的10717.4亿元，年均增长率为14.86%（考虑价格因素），其分别约为美国和日本的0.5倍和2倍，稳居世界第二。从投入结构来看，中央财政科技拨款在逐年减少，而地方财政科技拨款在逐年增加。2019年，地方财政科技拨款已超过6500亿元，成为推动中国科技创新事业的主要力量。从投入强度（用财政科技拨款与公共财政支出的比值表示）来看，其主要呈现"U"形变化趋势，即科教兴国战略实施之前，财政科技投入强度大幅度下降，从1985年的5.12%下降到2000年的3.62%，而科教兴国战略实施以来，财政科技投入强度呈现出稳中有升的态势，从2000年的3.62%上升至4.49%。进一步从全球视角来看（见图2-11），在中国实施科教兴国战略之前，其R&D投入强度处于绝对落后地位，但实施科教兴国战略之后，中国追赶加快，目前R&D投入强度已明显领先于新兴经济国家，并先后超过意大利（2003年）、英国（2010年）和加拿大（2012年）等发达国家。尽管中国R&D投入强度已实现历史新高，但与日本、德国和美国等全球科技强国3%以上的水平相比，仍存在明显差距，说明科技发展创新之路依然任重道远。

在分析科技创新时，基础研究是一个重要的衡量指标，其决定了中国能否跻身世界科技强国。图2-12显示，尽管中国在基础研究方面的R&D经费内部绝对支出从1995年的18.06亿元增长至2019年的1335.57亿元，但其占比基本保持在4.5%—6.1%的水平，说明中

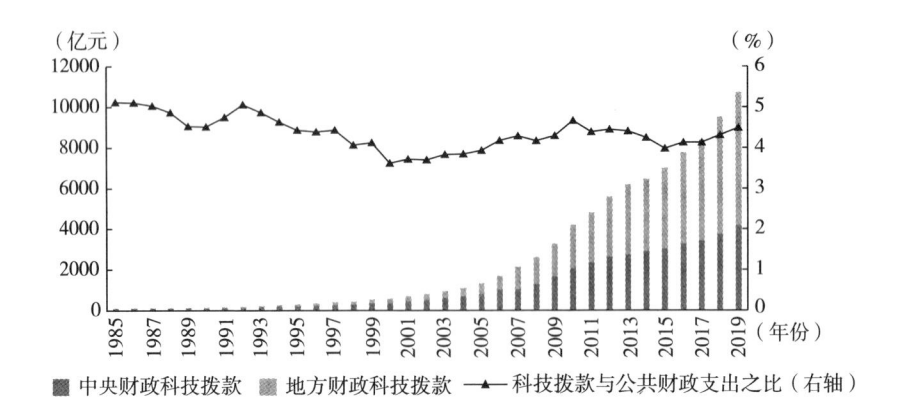

**图 2-10　中国财政科技投入总量和投入强度变化趋势**

资料来源：历年《中国科技统计年鉴》。

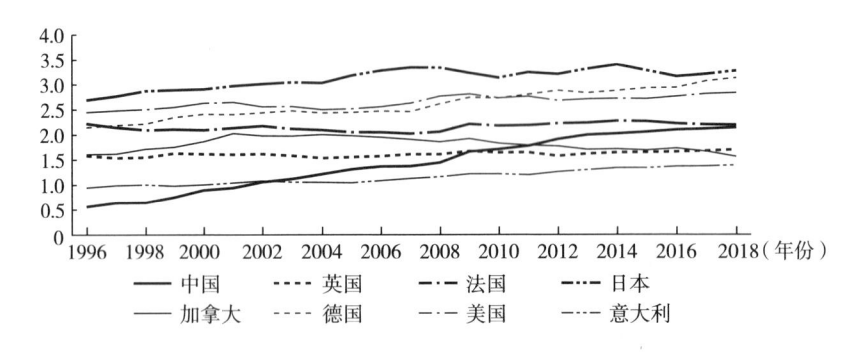

**图 2-11　与发达经济体 R&D 投入强度比较趋势**

资料来源：世界银行 WDI 数据库。

国基础研究经费投入很低，与日本、德国和美国等全球科技强国还存在较大差距。另外，中国试验发展占 R&D 经费支出的比重呈现上升趋势，而应用研究投入占 R&D 经费支出的比重却呈现下降趋势。从这个结果看，中国科技创新更多停留在试验开发阶段，难以面向市场，这也意味着中国科技创新成果转化能力还有较大提升空间。另外，从表 2-2 的科技资金来源来看，自 1995 年以来，企业一直是中国最主要的科技活动单位，其 R&D 资金投入比重一跃从 44.57% 直线上升为 2019 年的 76.42%，这与中国实行的是以企业为主体的研发经费投入体制有关；而研究与开发机构的R&D资金投入比重在逐年下降，从1995年的49.54%下降至2019年的13.91%，这可能与国家提倡的研究机构企业化、面向市场的改制有关。另外，需要注意的是，高等院校的R&D资金投入比重较低，2019年仅为8.11%，这说明中国对基础研究的研发投入明显不足，与国家提出的发展基础研究、提升高校科研水平的战略目标相背离。进一步从不同部门看，政府将更多的资金用于研究与开发机构在基础领域、公共领域、重大科技项目的方面的研发活动，而企业将更多用于自身的技术和产品等研发活动。表2-2显示，截至2019年年底，政府用于支持研究与开发机构研发活动的资金高达83.82%，而企业用于支持自身研发活动的资金超过95%，这说明自筹资金是企业开展科技创新活动的最主要资金。但是，需要注意的是，中国科技创新对国外资金依赖程度较低，2019年仅为5%左右。事实上，在当前新一轮科技革命与产业变革的孕育背景下，国外在一些基本领域方面具有较好的研发技术和研发经验，如果适当开放并选择一批有质量的技术进行吸收和再创造，可能对于解决中国科技创新活动中存在的"卡脖子"技术能起到很大帮助。

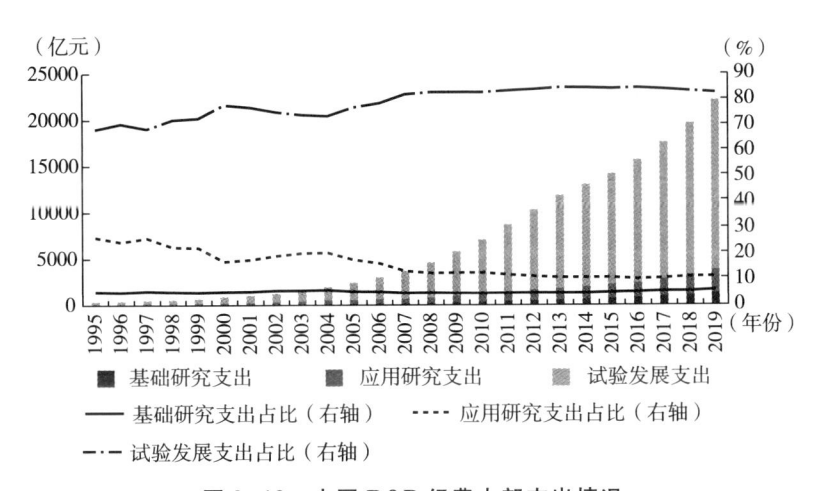

图2-12 中国R&D经费内部支出情况

资料来源：历年《中国科技统计年鉴》。

表 2-2　按资金来源及投入部门划分中国科技财力资源投入情况　　（％）

| 年份 | 资金投入部门 | R&D 投入占总R&D 投入比重 | 政府资金 | 企业资金 | 银行资金 | 国外资金 | 其他资金 |
|---|---|---|---|---|---|---|---|
| 1995 | 企业 | 44.57 | 6.34 | 71.48 | 16.95 | 0 | 5.23 |
|  | 研究与开发机构 | 49.54 | 36.48 | 48.98 | 8.31 | 0 | 6.23 |
|  | 高等学校 | 4.98 | 43.59 | 49.64 | 0 | 0 | 6.77 |
| 2000 | 企业 | 39.32 | 4.68 | 80.66 | 10.54 | 0 | — |
|  | 研究与开发机构 | 24.06 | 67.47 | 6.72 | 0 | 0 | 1.94 |
|  | 高等学校 | 7.11 | 58.44 | 33.25 | 0 | 0 | — |
| 2006 | 企业 | 71.08 | 3.68 | 94.93 | 0 | 0.37 | 1.02 |
|  | 研究与开发机构 | 18.89 | 84.82 | 3.05 | 0 | 0.46 | 11.65 |
|  | 高等学校 | 9.22 | 54.73 | 36.56 | 0 | 1.37 | 7.33 |
| 2011 | 企业 | 75.74 | 4.38 | 92.99 | 0 | 1.59 | 1.04 |
|  | 研究与开发机构 | 15.04 | 84.65 | 3.05 | 0 | 0.37 | 11.92 |
|  | 高等学校 | 7.93 | 58.80 | 35.26 | 0 | 0.87 | 5.05 |
| 2015 | 企业 | 76.79 | 4.26 | 93.72 | 0 | 0.87 | 1.15 |
|  | 研究与开发机构 | 15.08 | 84.38 | 3.06 | 0 | 0.23 | 12.33 |
|  | 高等学校 | 7.05 | 63.82 | 30.19 | 0 | 0.53 | 5.47 |
| 2019 | 企业 | 76.42 | 3.83 | 96.07 | 0 | 0.07 | 0.02 |
|  | 研究与开发机构 | 13.91 | 83.82 | 3.85 | 0 | 0.16 | 12.16 |
|  | 高等学校 | 8.11 | 58.36 | 26.21 | 0 | 0.35 | 15.08 |

资料来源：历年《中国科技统计年鉴》。

（2）科技创新人力资源结构有待优化

人才是科技创新的第一源泉。中国科技统计年鉴数据显示（见图 2-13），自 1992 年以来，中国通过实行"科教兴国""建设国际高水平大学"和"人才强国"等战略，不断快速积累科技人力资源。截至 2019 年，中国 R&D 人员全时当量已达 380.08 万人/年，是 1992 年 67.43 万人/年的 7.12 倍。从研究类型来看，中国在试验发展研究的人力资源投入表现得非常明显，其以年均 8.97% 的速度增长，且其在 R&D 人员全时当量的比重一直飙升至 2019 年的 79.02%；基础研究的人力资源投入存在明显短板，其在 R&D 人员全时当量的比重基本维持在 10%左右；应用研究的人力资源投入也表现出较为一致的趋势，即虽然其总量有所增加，但其在 R&D 人员全时当量的比重却下降明显，且 1992—2019 年平均下降 2.98%。从这个结果来看，中国要进一步提升科技人员地位，促进科技人力资源的优化配置。进一步从国际视角来看，中国的科技人力资源积累其并没有像财政科技资源那样呈现出明显领跑和赶超的趋势，与世界主要发达经济体还存在明显的差距。从世界银行 WDI 数据库数据来看（见图 2-14），截至 2017 年年底，中国的科技研发人员数量为 12.24 万人，仅为日本、德国和美国等全球科技强国的 0.23 倍、0.24 倍和 0.27 倍。

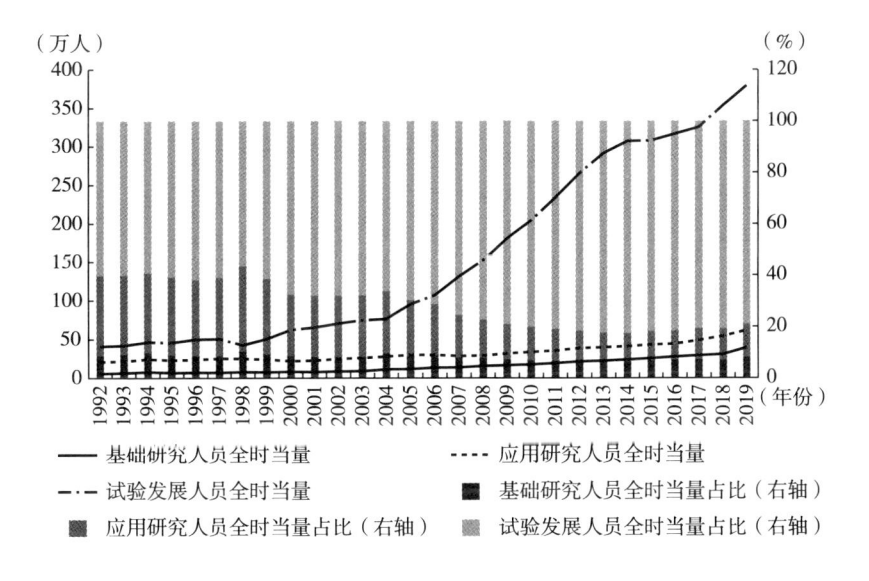

**图 2-13 中国 R&D 人员全时当量变化趋势**

资料来源：历年《中国科技统计年鉴》。

（3）科技产出效果明显，但对经济增长的贡献远远不足

随着科技创新快速发展，中国科研实力不断提升，产出效果也快

速增长。首先，从表 2-3 的发表科技论文情况来看，截至 2020 年年底，中国科技论文总体产出持续增长，共计发表科技论文 193947 篇；在国外共发表 77414 篇，其中，在国际顶尖期刊发表论文数量排名世界第二，上升 2 位；高被引论文、热点论文数量排名继续保持世界第二。从这点来看，中国科技的"软实力"增长迅猛。其次，从专利数量来看，2009 年以来，特别是在鼓励"大众创业、万众创新"后，中国专利申请数量呈现指数型增长，创新创业社会氛围不断优化，先后超越其他主要经济体，成为全球第一大专利申请国。截至 2020 年年底，中国专利申请数为 74601 件，发明专利数为 57477 件。

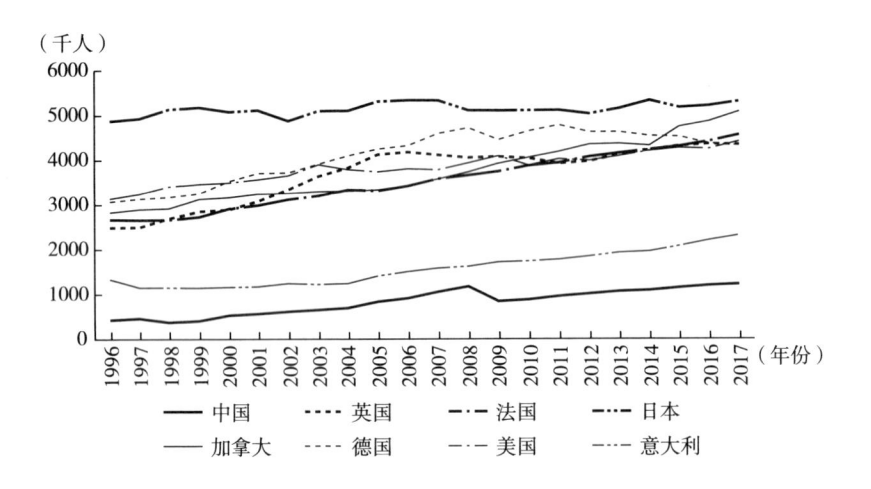

图 2-14 与发达经济体 R&D 人员投入比较趋势

资料来源：世界银行 WDI 数据库。

表 2-3 中国发表科技论文和专利申请数情况

| 年份 | 发表科技论文（篇） | 其中：国外发表（篇） | 专利申请数（件） | 其中：发明专利（件） |
| --- | --- | --- | --- | --- |
| 2009 | 138119 | 25882 | 15773 | 12361 |
| 2010 | 140818 | 26862 | 19192 | 14979 |
| 2011 | 148039 | 31598 | 24059 | 18227 |

续表

| 年份 | 发表科技论文（篇） | 其中：国外发表（篇） | 专利申请数（件） | 其中：发明专利（件） |
|---|---|---|---|---|
| 2012 | 158647 | 35173 | 30418 | 23406 |
| 2013 | 164440 | 41072 | 37040 | 28628 |
| 2014 | 171928 | 47032 | 41966 | 32265 |
| 2015 | 169989 | 47301 | 46559 | 35092 |
| 2016 | 175169 | 50010 | 52331 | 39854 |
| 2017 | 177572 | 54500 | 56267 | 43426 |
| 2018 | 176003 | 58440 | 61404 | 47740 |
| 2019 | 185978 | 64257 | 67302 | 52185 |
| 2020 | 193947 | 77414 | 74601 | 57477 |

资料来源：历年《中国科技统计年鉴》。

尽管中国科技产出效果增长迅猛，但其仅是一种"虚胖"，在向科学技术、产品等"硬实力"转化方面存在明显的"阿喀琉斯之踵"。出现这个结果有两个原因：一是中国科技基础比较薄弱，原始创新和系统集成创新的能力还不够强大，关键核心技术的自主知识产权占有率偏低，拥有自主知识产权核心技术的企业不多，大量的关键核心技术依然要靠进口；二是中国的企业普遍不重视技术和研发投入，有自身技术优势、品牌优势的国有企业很少，不少垄断性的大企业的业绩主要依靠行业红利、资源红利和政策红利，而非技术红利和管理红利。

## 二　数字金融与共同富裕

### （一）数字金融发展历程

尽管普惠金融为弱势人群、弱势产业和弱势地区提供了良好的金融服务，但是当前仍然遇到了很多困境。例如，贫困落后地区物理网点不足，单户的收益较低，无法匹配高额的成本支出，这些始终都是普惠金融难以持续下去的主要原因。近年来，随着互联网和IT

技术爆发式的突破与规模性的普及，以网络借贷平台等为代表的数字金融快速兴起，[①] 为解决普惠金融提供了新思路。特别是，2016年，G20峰会重点指出要利用一切数字技术促进普惠金融的行动，这为进一步解决普惠金融领域的诸多难题提供了新的路径和方法，自此数字金融得到了空前发展。目前，数字金融主要有传统普惠金融数字化和创新性互联网金融两种形式。其中，传统金融机构数字化转型就是金融机构利用数字化手段为客户提供金融服务，而创新性互联网金融则是大型互联网公司利用数字金融手段为客户提供金融服务，例如，京东的白条服务、微信的红包服务、百度的度小满金融服务等都是创新性互联网金融。事实上，数字金融就是在金融科技和普惠金融的相互融合中发展起来的，其不仅具有可获得性、可负担性、全面性，还具有商业可持续性的特点，满足了"普惠"和"商业可持续发展"的要求。

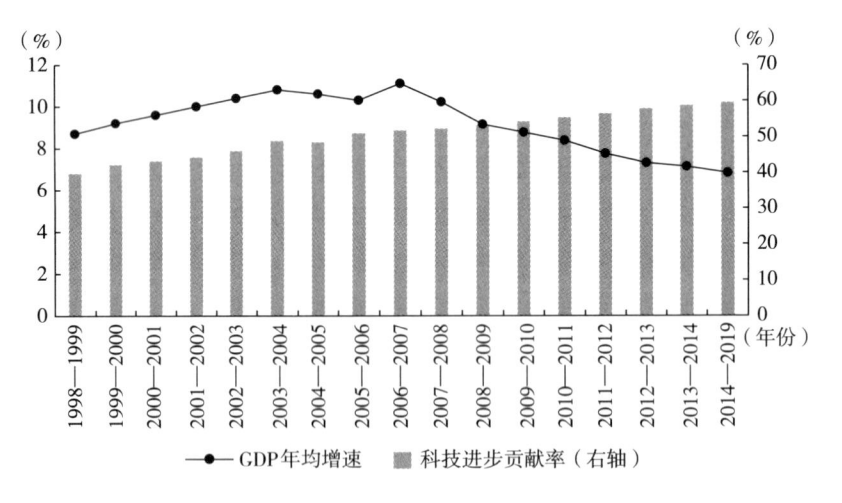

图 2-15 中国科技进步贡献率与经济增长率的关系

资料来源：历年《中国科技统计年鉴》。

---

[①] 黄益平、黄卓：《中国的数字金融发展：现在与未来》，《经济学（季刊）》2018年第4期。

20世纪80年代以来，随着计算机信息技术在中国金融系统的广泛应用，各大金融机构开始尝试利用电子化和信息化手段来转变传统的工作方式，于是金融系统的自动化、信息化水平迅速提升，金融数据资源逐步丰富。这种早期的简化人工服务的方式不仅减轻了传统金融机构网点的营运压力，也增加部分群体的金融的可得性。当然，这也为中国银行业金融机构的数字化转型、创新和发展奠定了坚实的数据和技术基础。随着互联网时代的到来以及余额宝的问世，各大金融机构又纷纷借助互联网平台的高用户黏性和边际获客成本低等特性，开始优化金融服务场景和运营模式，以此为客户提供综合化的金融业务。这不仅促进了传统金融机构数字化发展，也推动了网上信贷、电子银行和移动支付等多种新型金融服务手段的发展。近年来，随着互联网和IT技术爆发式的突破与规模性的普及，一些创新性互联网金融随之涌现并爆发式向各个银行领域渗透。他们通过利用云计算、物联网、大数据、人工智能、信息遥感等技术手段为客户提供线上支付、理财和信贷等服务，这不仅从根本上颠覆了传统金融机构的服务逻辑，也有效降低了金融服务成本，更为基础设施不发达地区的群体参与金融活动提供了机会。自此，以数字技术驱动的数字金融由此在中国获得了突破式的发展。当然，这种服务成本低、风险易控制的互联网金融发展业态给传统金融发展带来了巨大冲击，于是传统金融机构也开始探索数字化转型。大型国有和股份制银行利用大平台优势，并借助互联网平台为存量客户提供移动转账、付款、贷款、理财等综合性金融服务，中小银行通过设计自己的应用程序慢慢为有需求的人群提供更便捷的信贷、理财等基础性的线上金融服务，有效解决了金融服务"最后一公里"问题。

（二）数字普惠金融发展现状

首先，就银行数字金融业务发展而言，随着手机银行App的金融与非金融功能不断丰富，人们对线上金融服务的体验感与适应度日趋增强，银行业金融机构电子渠道分流率持续攀升并保持较高水平，物理网点要面对线下运营的人、财、物等综合成本，一些低效能的网点难免面临被裁撤的命运。根据中国银行业协会发布的《2022年中国银行业服务报告》显示，银行业金融机构2022年的离柜交易达3708.72亿笔，同比增长14.59%；离柜交易总额达2308.36万亿元，同比增长12.18%；行业平均电子渠道分流率为90.88%。其中，手机银行交易达1919.46亿笔，同比增长58.04%，交易总额达439.24万亿元，同比增长30.87%。

其次，就互联网金融发展而言，方便和快捷的互联网移动支付已成为第三方支付的主要形式。根据华经产业研究院的研究显示，截至2022年6月末，以支付宝和财付通为代表的互联网金融在第三方市场中分别占据着55.39%和38.47%的市场份额，双方合计占据中国第三方移动支付超90%的市场份额。同时，根据支付业务统计数据显示，2021年，非银行支付机构处理网络支付业务1310283.22亿笔，金额355.46万亿元，同比分别增长24.30%和20.67%。

再次，从互联网普及率来看，中国互联网普及有了较大改善，并且农村地区互联网普及率的上升幅度大于城镇地区，数字鸿沟问题得到一定程度的解决。根据中国互联网络发展统计报告显示，截至2022年3月，中国城镇地区和农村地区互联网普及率分别为76.5%和46.2%，较2013年年底分别上升16.2%和18.1%，这也是脱贫攻坚战的成就之一。

最后，从北京大学编制的数字普惠金融指数来看（见图2-16），中国的数字普惠金融呈现出阶梯状的上升趋势，从2011年的40.00逐年上升到2022年的341.22，不同维度的指数基本呈现上升趋势，但在2013年存在一个小的转折点，其中，数字化程度开始急剧上升，而其余二者是略微回落；进一步从各省份2022年的情况来看，各省份的数字普惠金融水平发展差异较大，并且一半以上的省份的数字普惠金融还没有达到全国的平均水平（341.22），这说明数字普惠金融还有进一步发展的空间。

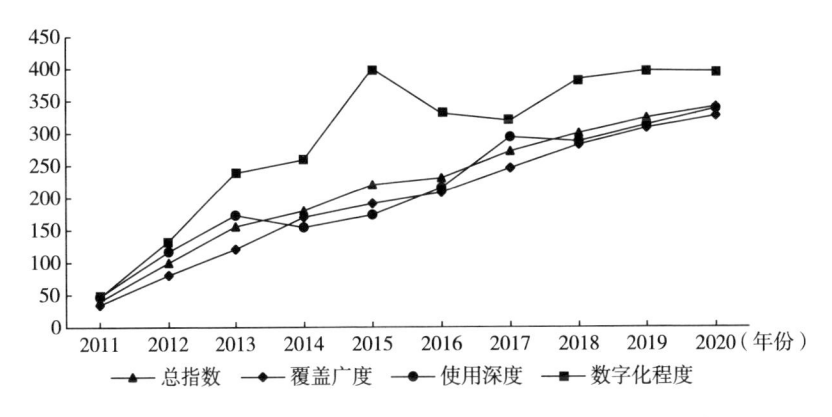

**图 2-16　2011—2020 年数字普惠金融发展水平变化趋势**

资料来源：北京大学数字金融研究中心（https://idf.pku.edu.cn/）。

### （三）数字普惠金融与共同富裕

在关于共同富裕的讨论中，收入分配、财富分配和贫困率等一直是讨论的热点。从收入分配视角来看，当前中国收入差距一直呈现出拉大的现状，存在较为严峻的分配不均现象。国家统计局的数据显示（见图 2-17），中国居民人均可支配收入基尼系数早在 2003 年就超过国际警示线 0.4 的标准，并于 2008 年上升至 0.491，之后有所回落，2015 年又有所反弹。从数字财富分配视角来看（见图 2-18），根据蚂蚁金融提供的财富数据计算发现，中国居民数字财富分配的基尼系数从 2017 年的 0.8031 变化至 2019 年的 0.8018，随后在新冠疫情的冲击下，下降至 2021 年的 0.7869。从贫困视角来看（见图 2-19），改革开放以来的中国农村贫困发生率一直呈下降趋势，特别是党的十八大以来，党中央以前所未有的力度推进脱贫攻坚工作，优化深度贫困地区和特殊贫困群体的政策供给，到 2020 年年底，现行标准下的农村贫困人口全部脱贫，如期打赢了脱贫攻坚战。在上述研究的过程中，随着数字普惠金融在中国经济社会中占比重的不断增加，其对收入分配、财富积累和贫困率的影响也变得十分重要。大量理论和实证研究均表明，数字普惠金融一方面可以通过改善传统金融服务范围半径小、准入门槛高和时空限制的弊端，让更多低收入群体可以平等共享到金融服务,以此缩小城乡居民收入分配差距;另一方面,数字普惠金融有利于提高农村居民的可支配收入,改善收入分配结构,降低总体贫困水平,发挥减贫增收效应。考虑到数字普惠金融发展的时间还不太长,其对缓解分配不均的作用更多体现在边际上,还不能从总体上、根本上改变对分配体系产生影响的体制机制因素,因此,我们在评估数字普惠金融作用的时候,还要保持清醒的头脑和冷静客观的态度。

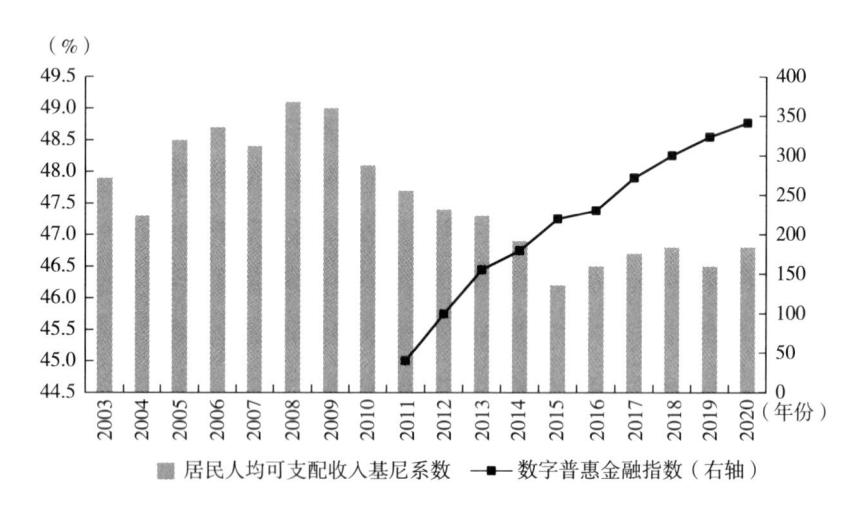

**图 2-17　数字普惠金融与居民人均可支配收入基尼系数关系**

资料来源:国家统计局和北京大学数字金融研究中心(https://idf.pku.edu.cn/)。

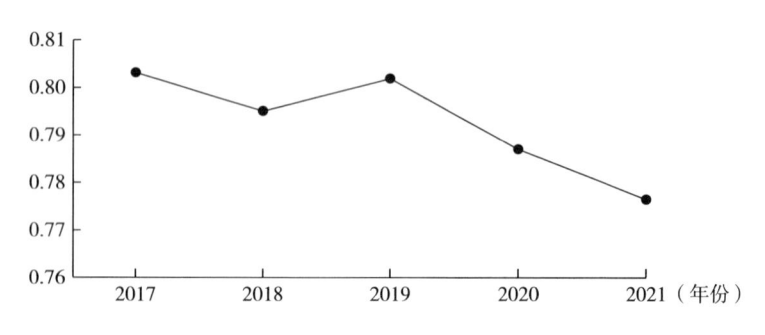

**图 2-18　居民数字财富分配基尼系数变化**

资料来源:根据蚂蚁金融提供的数据计算所得。

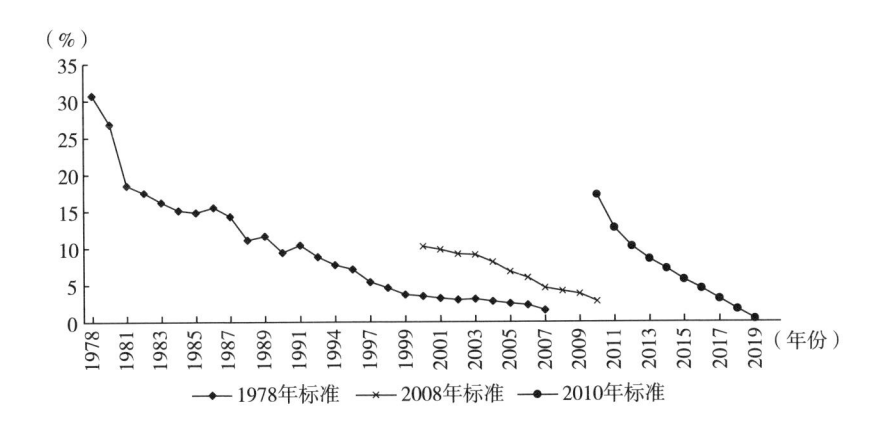

图 2-19　中国主要年份农村贫困发生率变化情况

资料来源：《中国住户调查年鉴 2021》。

## 第四节　本章小结

本章从历史视角针对中国传统金融发展与共同富裕、普惠金融与共同富裕、数字金融与共同富裕的特征事实进行分析后发现，第一，金融压抑与金融赶超（以及金融化）并存既是中国金融发展的"特色"，也是长期解决收入分配和财富分配不均的主要驱动因素；第二，尽管发展普惠金融和数字金融是当前缓解减缓农村贫困、促进中小企业发展的主要金融驱动力，但在监管未能及时跟上的情况下，数字金融也会产生"异化"，并导致普惠金融的"普而不惠"问题。

# 第三章　金融发展与收入差距

金融是现代经济的血液和核心。习近平总书记指出:"金融活,经济活;金融稳,经济稳。"① 作为一种资源配置方式,金融发展会对收入差距、共同富裕产生重要影响。② 一方面,金融发展有助于提高不同群体收入水平,缩小收入差距;③ 另一方面,金融发展可能会产生一定的阴暗面,导致资源更多地向富人集中,进而增大收入差距。④ 金融发展是一个宽泛的概念,其含义十分丰富。既涉及银行、证券、保险等一般金融业态的发展,也涉及理财、支付清算、投资顾问等新兴金融业态的发展;既涉及金融机构本身的发展,也涉及金融体系向实体经济部门提供的金融服务;既包括基于传统展业模

---

① 《习近平关于社会主义社会建设论述摘编》,中央文献出版社2017年版,第187页。
② Burgess, R., and R. Pande, "Do Rural Banks Matter? Evidence from the Indian Social Banking Experiment", *American Economic Review*, 2005, 95 (3), 780–795; Levine, D. K. "Finance, Inequality and the Poor", *Journal of Economic Growth*, 2007, 12, 27–49; Imai, K., T. Arun, and S. Annim, "Microfinance and Household Poverty Reduction: New Evidence from India", *World Development*, 2010, 38 (12), 1760–1774; Haan, J., and J. Sturm, "Finance and Income Inequality: A Review and New Evidence", *European Journal of Political Economy*, 2017, 50, 171–195.
③ Aghion, P., and P. Bolton, "A Theory of Trickle-Down Growth and Development", *Review of Economic Studies*, 1997, 64 (2), 151–172; Galor, O., and O. Moav, "From Physical to Human Capital Accumulation: Inequality and the Process of Development", *Review of Economic Studies*, 2004, 71 (4), 1001–1026.
④ De Gregorio, J., "Borrowing Constraints, Human Capital Accumulation and Growth", *Journal of Monetary Economics*, 1996, 37 (1), 49–71.

式的金融业务，也包括基于数字技术、主要着眼于普惠群体的数字普惠金融业务。可以看到，不同界定下的金融发展在内涵和外延上都存在很大的差别。那么，不同类型的金融发展在促进共同富裕中分别扮演什么样的角色？换言之，为促进共同富裕我们究竟需要什么样的金融发展？

共同富裕同样是一个非常宽泛的概念。总体上看，可以将共同富裕分解为"富裕"与"共享"两个维度，其中，富裕包括物质富裕和精神富裕，而物质富裕又包括收入、财产和公共服务。① 作为一个硬币的两个方面，与共同富裕相对应的是收入差距，在实践中表现为城乡差距、地区差距、不同群体的收入差距等。在这种情况下，似乎也很难找到一种金融发展适合于解决所有类型的收入差距问题。

有鉴于此，本章聚焦于城乡收入差距这一特定类型的收入差距问题。缩小城乡差距特别是城乡收入差距是促进共同富裕需要着力解决的一项核心任务。② 本章在已有研究的基础上，对金融发展进行细分，通过构建相应指标反映不同类型的金融发展，对不同类型的金融发展如何影响城乡收入差距进行分析，特别关注数字普惠金融在促进共同富裕过程中与其他金融发展模式的差异，在此基础上提出若干建议。研究表明：首先，单纯依赖于信贷投放的金融发展，或者着眼于提高金融业本身创造价值能力的金融发展会加大城乡收入差距，而数字普惠金融发展能够有效缓解城乡收入差距，且这种影响是非线性的；其次，当地区经济发展水平越低、经济增速越快、产业结构中第三产业占比越低时，数字普惠金融发展在减小城乡收入差距方面的作用会越明显；最后，单纯依赖于信贷投放的金融发展，或者着眼于提高金融业本身创造价值能力的金融发展会加大居民收入的波动性，而数字普惠金融发展反而在一定程度上有助于减少居民可支配收入的波动性。

---

① 李实：《共同富裕的目标和实现路径选择》，《经济研究》2021年第11期。
② 李实：《共同富裕的目标和实现路径选择》，《经济研究》2021年第11期。

与已有研究相比，本章的主要贡献包括以下三个方面：第一，本章将不同类型的金融发展放在同一研究框架下分析其对城乡收入差距的影响。已有文献的研究对象通常是单一的，或者聚焦于一般意义上的金融发展,[①] 或者聚焦于数字普惠金融发展。[②] 不同于已有文献，本章对不同类型的金融发展如何影响城乡收入差距进行直接比较，能够更直观地分析不同指标的差异，避免了选取单一指标可能导致的认识偏颇，从而深化了关于金融发展与城乡收入差距关系的认识。第二，本章从地区经济发展、产业结构等不同维度讨论了数字普惠金融发展影响城乡收入差距所依赖的外部条件，为不同地区因地制宜地制定本地金融发展规划促进共同富裕提供了学理支撑。第三，本章不仅分析比较了不同类型金融发展对城乡收入差距的影响，还分析了不同类型金融发展对居民收入波动性的影响，从降低风险的角度拓展了关于金融发展与收入分配关系的研究。

## 第一节 中国金融发展与城乡收入差距的特征

### 一 金融发展

（一）金融发展的度量

如前所述，金融发展涵盖的内容非常广泛。结合数据可得性，同时参照已有文献的做法，我们主要从以下三个维度构建金融发展指标。

（1）金融业增加值占比。即特定地区给定时期金融业增加值在全部 GDP 中的占比，反映了金融业对本地区 GDP 的贡献。从经济含

---

[①] 叶志强、陈习定、张顺明：《金融发展能减少城乡收入差距吗？——来自中国的证据》，《金融研究》2011 年第 2 期；周利、冯大威、易行健：《数字普惠金融与城乡收入差距："数字红利"还是"数字鸿沟"》，《经济学家》2020 年第 5 期；杨怡、陶文清、王亚飞：《数字普惠金融对城乡居民收入差距的影响》，《改革》2022 年第 5 期。

[②] 梁双陆、刘培培：《数字普惠金融与城乡收入差距》，《首都经济贸易大学学报》2019 年第 1 期。

义上看，金融业增加值衡量的是金融业从事金融中介服务及相关金融附属活动而创造的价值，一定程度上反映了金融业本身创造价值的能力或金融机构在一定时间内的经营效益，因此金融业增加值占比主要代表了特定地区金融业本身的发展程度。该比例越高，金融业对本地区 GDP 的贡献越大，该地区金融业本身发展水平越高，金融机构的经济效益也越好。

（2）信贷比例。以特定地区人民币各项贷款余额在当年 GDP 中占比来衡量。从经济含义上看，这一指标主要基于的是贷款这样一传统的金融工具，反映了金融体系向实体经济投放的贷款规模。该比例越高，意味着金融体系向实体经济投放的贷款规模越大，对实体经济的信贷支持力度也越大。由于信贷主要是由银行部门提供的，且银行部门在传统金融体系中占据主导地位，因此，信贷比例一定程度上反映了不同地区金融业对实体经济的支持力度。这一指标也是文献中较为常用的金融发展指标。①

（3）数字普惠金融发展。数字普惠金融是近年来快速兴起的一种新型金融业态，是数字技术与普惠金融的有机结合，是指在数字技术的支持下通过金融服务促进普惠金融的行动。从概念上看，数字普惠金融发展与一般意义上金融发展的差异主要体现在提供服务的方式和服务对象上。具体来看，一是在提供金融服务的方式上更加依赖于对数字技术的应用。与一般意义上金融发展相比，数字普惠金融发展在很大程度上基于对数字技术的应用，如移动互联网、大数据、云计算、人工智能等。近年来金融与科技的融合程度不断加深，大量新技术被用于金融业务，从金融产品、金融机构、金融生态、金融基础设施、金融功能等多个维度对金融业进行了全方位的改造，极大地提高了金融服务的效率。这种数字技术能力的获取

---

① 叶志强、陈习定、张顺明：《金融发展能减少城乡收入差距吗？——来自中国的证据》，《金融研究》2011 年 2 期；张晓晶：《金融发展与共同富裕：一个研究框架》，《经济学动态》2021 年第 12 期。

一方面来自金融机构本身的技术升级，另一方面来自外部科技公司对金融机构的技术赋能。二是在服务对象上主要着眼于满足普惠群体的金融需求。普惠金融是立足机会平等要求和商业可持续原则，以可负担的成本为有金融需求的社会各阶层和群体提供适当、有效的金融服务，小微企业、农民、城镇低收入人群、贫困人群和残疾人、老年人等特殊群体是中国当前普惠金融的重点服务对象，需要满足"普""惠""商业可持续"等多重目标。数字普惠金融本质上是一种数字技术驱动下的普惠金融，其服务对象主要集中于普惠群体。近年来在数字普惠金融领域涌现了大量的研究。[1] 数字普惠金融是一个多维概念，度量数字普惠金融涉及不同维度的多个指标。在指标构造上，北京大学数字普惠金融指数是目前学术界最为常用的反映数字普惠金融发展指标。[2] 该指标基于中国一家代表性数字金融机构数以亿计的微观数据，从数字金融覆盖广度、数字金融使用深度和普惠金融数字化程度3个维度来构建数字普惠金融指标体系，能够较好地反映中国不同地区的数字普惠金融发展程度。参照已有文献的做法，本章以北京大学数字普惠金融指数来衡量不同地区的数字普惠金融发展。该指数越高，说明数字普惠金融发展程度越高。

（二）不同金融发展指标的比较

不同金融发展指标的含义不同，在实际中表现出的趋势也有所不同。图3-1和图3-2分别反映了基于全国层面数据计算得到的三种金融发展指标的时间变化趋势。需要说明的是，由于北京大学数字普惠金融发展指数仅有省、市、县层面的数据，我们将31个省份普惠金融发展指数的平均值作为相应年份全国层面的数字普惠

---

[1] 张勋、万广华、张佳佳等：《数字经济、普惠金融与包容性增长》，《经济研究》2019年第8期；郭峰、王靖一、王芳等：《测度中国数字普惠金融发展：指数编制与空间特征》，《经济学（季刊）》2020年第4期。

[2] 郭峰、熊云军：《中国数字普惠金融的测度及其影响研究：一个文献综述》，《金融评论》2021年第6期；郭峰、王靖一、王芳等：《测度中国数字普惠金融发展：指数编制与空间特征》，《经济学（季刊）》2020年第4期。

金融发展指数。

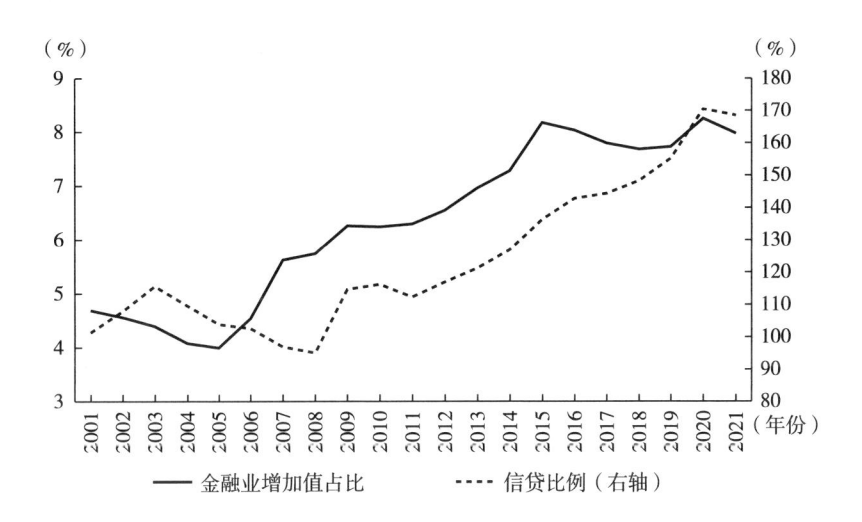

**图 3-1 不同金融发展指标变动趋势**

资料来源：Wind 数据库。

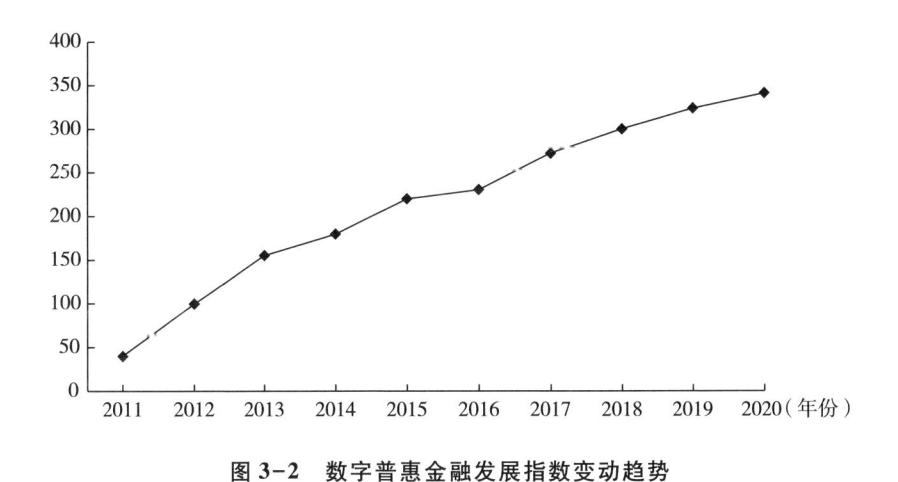

**图 3-2 数字普惠金融发展指数变动趋势**

资料来源：北京大学数字金融研究中心（https://idf.pku.edu.cn/）。

从图 3-1 和图 3-2 可以看到，三类金融发展指标近年来总体上均呈现出上升势头，反映出中国总体金融发展水平不断提升。因此，无论是从哪个维度来看，近年来中国金融业均实现了快速发展。

图3-1中，从金融业增加值占比来看，该比例在2001—2005年出现一定程度的下降，在2005年达到阶段性低点4%；在此之后，金融业增加值占比总体上呈现出上升趋势，2021年达到7.97%，与2005年相比增加近1倍，反映出金融业对中国经济增长的贡献大幅上升。不过，从2016年开始金融业增加值占比的上升趋势有所放缓，反映出中国金融业创造价值的能力近年来有所下降。之所以出现这种情况，可能与这一时期中国金融严监管政策的执行有关：严监管一定程度上降低了金融机构创造收益的能力。从信贷比例来看，该比例在2003—2008年出现一定幅度的下降，而从2008年开始稳步上升，从2008年的95%增长到2021年的168%，增长73个百分点，意味着近年来中国信贷扩张速度平均来说要明显快于GDP增速，推动了信贷余额与GDP的比例不断上升。其中，2009年信贷比例的增幅最为明显，达到19.65个百分点，反映了在此期间中国为应对国际金融危机冲击而进行的大规模信贷投放。此外，2020年信贷比例的增幅也比较大，达到15.23个百分点，反映了这一时期为应对新冠疫情冲击，中国信贷投放力度的加大。

从图3-2可以看到，数字普惠金融发展近年来出现了单调上升的趋势。数字普惠金融指数从2011年的40增加到2020年的341，后者是前者的8.5倍。不过2017年以来，数字普惠金融指数的增长幅度有所放缓。为便于比较，如果将考察区间统一为2011—2020年后会发现，这一期间金融业增加值占比从2011年的6.30%上升到2020年的8.25%，增加1.95个百分点；信贷比例从2011年的112%上升到2020年的170%，增加58个百分点。比较可以看到，与金融业增加值占比和信贷比例相比，近年来数字普惠金融指数出现了更大幅度的上升，反映了这一时期中国数字普惠金融与其他金融业态相比出现了更快速的发展。

## 二 城乡收入差距

参照已有研究的常用做法，本研究以城镇居民人均可支配收入与农村居民人均可支配收入的比值来衡量城乡收入差距。该比值越高，意味着城镇和农村居民人均可支配收入的差距越大，城乡收入差距越明显。我们首先从 Wind 数据库中搜集得到 31 个省份不同年度城镇和农村居民人均可支配收入数据，并计算得到各个省份不同年度的城乡收入差距。在此基础上，以 31 个省份城乡收入差距的平均值作为全国层面城乡收入差距的度量。除了城乡收入差距，基尼系数是用于反映收入分配差距的另一个主要指标。图 3-3 反映了近年来中国城乡收入差距以及全国居民收入基尼系数变动情况。

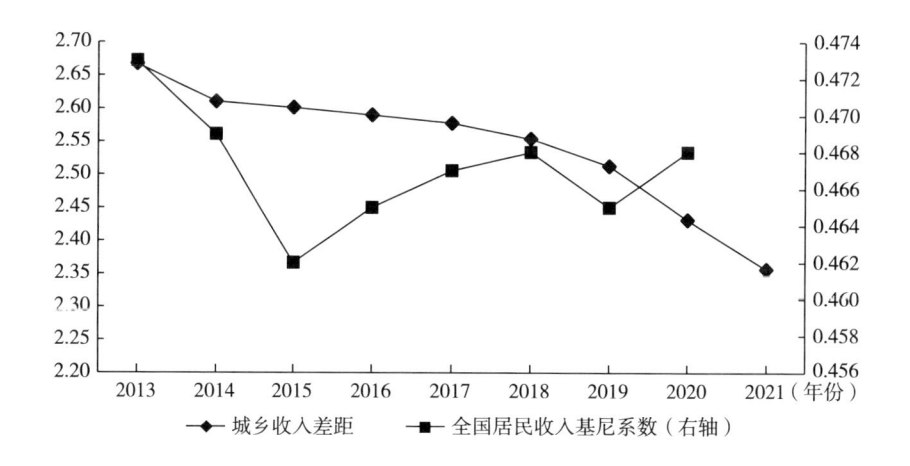

图 3-3 中国收入分配变动情况

资料来源：Wind 数据库。

从图 3-3 可以看到，中国城乡收入差距总体上较为明显但呈现明显的下降趋势。以 2021 年为例，31 个省份城乡收入差距的均值为 2.36，即城镇居民人均可支配收入是农村居民人均可支配收入的 2.36 倍，说明城镇居民人均可支配收入要远高于农村居民。从趋势上看，近年来中国城乡收入差距呈现出明显的下降趋势。从2013年的2.67下降到2021年的2.36，说明近年来中国城乡收入差距有所减小，城乡发展不平衡情形有所缓解。从下降幅度上看，2018年以来城乡收入差距的下降幅度明显加快，反映了近年来随着脱贫攻坚、乡村振兴等国家战略的实施，农村居民人均可支配收入相对于城镇居民实现了更快的增长，与城镇居民的收入差距明显减小。

从基尼系数来看，2013年以来中国居民收入基尼系数总体上呈现出先下降后上升的趋势，从2013年的0.473下降到2015年的0.462，在此之后波动上升至2020年的0.468，意味着中国居民收入分配差距自2013年以来在经历一定幅度的下降之后又出现了小幅扩大的趋势。与其他国家相比，中国基尼系数处于中等偏高水平。比较可以看到，基尼系数的变动趋势与城乡收入差距的变动趋势有所不同。由于基尼系数反映的是更大范围内的居民收入差距问题，因此，从促进共同富裕的角度看，未来除了需要进一步促进农村发展、缩小城乡收入差距以外，还需要着力缩小城镇和农村内部不同群体的收入差距，不断提高城镇和农村中低收入人群的收入水平，减小城镇和农村内部不同群体之间的收入差距。

## 第二节　不同金融发展影响共同富裕的理论机制

不同金融发展指标具有不同的含义，对共同富裕的影响也有所不同。本节将对不同金融发展指标影响共同富裕的理论机制进行探讨。

### 一　金融业增加值占比

如前所述，金融业增加值占比主要反映的是特定地区金融业自身的发展，对共同富裕的影响主要通过以下三种途径达成。

首先，从直接效应来看，一个地区的金融业增加值在GDP中的占比越高，该地区金融机构创造价值的能力越强，经营效益一般也越好。金融机构提供金融服务所产生的收益与实体经济获取金融服务所支付的成本是一枚硬币的两个方面：金融机构的收益越高意味着实体经济所承担的金融服务成本也越高。换言之，金融部门的高收益挤压了实体经济部门的收益空间，使得利润向金融部门集中。①与其他行业相比，金融业受到严格的管制，金融牌照具有很高的特许权价值，金融业的盈利能力总体上要高于其他很多行业。因此，利润向金融部门集中将会导致金融部门与其他部门之间的收入差距增大。从这个角度看，较高的金融业增加值占比并不利于缩小收入差距、促进共同富裕。

其次，从间接效应来看，金融业增加值主要来源于金融机构所提供的金融服务。金融业增加值占比较高通常意味着金融机构所提供的金融服务规模比较大，对实体经济部门的金融支持广度和深度一般也会比较大。因此，较高的金融业增加值占比通常情况下意味着本地金融业较好地发挥了资源配置功能，有助于提高实体经济部门的运行效率，进而提高其整体收入水平，由此减少不同部门之间的收入差距，特别是减少金融部门与实体经济部门之间的收入差距。

最后，具体到城乡差距而言，除了上述两种效应，还存在另一种可能加剧城乡收入差距的效应，我们将其称之为金融机构网点分布效应。具体而言，由于居民和企业相对更集中于城镇地区，为居民和企业提供金融服务的金融机构网点相应地也更多地分布在城镇地区。与之相比，农村地区的金融机构网点数量一般比较少。如前所述，金融业增加值占比越高通常意味着金融机构的经营效益越高。考虑到金融机构网点在城乡之间的不均衡分布，金融机构所产生的高价值将更多地由那些位于城镇地区的金融机构员工或股东所享有，

---

① Philippon, T., and A. Reshef, "Wages and Human Capital in the U. S. Finance Industry: 1909–2006", *Quarterly Journal of Economics*, 2012, 127 (4), 1551–1609; 张晓晶:《金融发展与共同富裕：一个研究框架》，《经济学动态》2021 年第 12 期。

而那些位于农村地区的居民和企业所分享到的部分则相对较少,由此加大城乡收入差距。

可以看到,上述三种效应中,第二种效应有助于减小收入差距、促进共同富裕,而第一和第三种效应则会扩大收入差距,不利于推动共同富裕。因此,金融业增加值占比对共同富裕或城乡收入差距的综合影响取决于上述几种效应的加总。

## 二 信贷比例

信贷比例反映的是金融体系向实体经济投放的贷款规模,对共同富裕的影响可以分解为不同的效应。

首先,作为一种传统的融资方式,金融机构出于风险控制考虑,在信贷资金投放过程中具有典型的"嫌贫爱富"特征:信贷资金更容易投向信用等级较高、信用风险较低的居民或企业,那些信用等级较低、信用风险高的主体反而无法得到有效的信贷资金支持。从实际中看,那些信用等级较高、信用风险较低的居民或企业通常是相对富裕的群体,而那些相对贫穷的群体一般信用等级会比较低,信用风险会比较高。从这个角度看,传统金融模式下的信贷资金投放将会产生"富者愈富、穷者愈穷"的"马太效应"。因此,较高的信贷比例会加大不同群体之间的收入差距。

其次,信贷比例越高意味着金融供给越多、金融业竞争越充分。随着信贷资金供给的增加和金融业竞争的加剧,信贷资金的投放将会产生一定的"溢出效应"。这是因为,在那些高信用等级主体的融资需求得到满足之后,信贷资金供给中的"超额部分"将溢出到那些信用等级较低、信用风险高的主体,[1] 从而使得这类群体的金融需求得到满足,进而增加其收入水平并减少不同群体之间的收入差距。

最后,具体到信贷比例对城乡收入差距的影响。由于那些易于获

---

[1] 李广子、熊德华、刘力:《中小银行发展如何影响中小企业融资?——兼析产生影响的多重中介效应》,《金融研究》2016 年第 12 期。

得信贷资金支持的信用等级较高的主体更多地集中于城镇地区，因此，与农村地区的主体相比，那些位于城镇地区的居民或企业可能会获得更多的信贷资金支持，进一步对其收入产生影响。从这个角度看，较高的信贷比例又会导致城乡收入差距的扩大。

总体上看，与金融业增加值占比类似，上述三种效应中，第二种效应有助于减小收入差距、促进共同富裕，而第一和第三种效应则会扩大收入差距。因此，信贷比例对共同富裕或城乡收入差距的综合影响也取决于上述几种效应的加总。

### 三 数字普惠金融发展

如前所述，与其他金融业态相比，数字普惠金融提供金融服务时更加依赖对数字技术的应用，同时主要服务于小微企业、农民、城镇低收入人群、贫困人群和残疾人、老年人等弱势群体。数字普惠金融的这种特点使得其在促进共同富裕、减少城乡收入差距方面发挥作用的机制有所不同。

第一，基于数字技术降低金融服务成本。一方面，数字普惠金融利用移动互联网、大数据、云计算、人工智能等技术对金融业务流程进行改造，以自动化的流程替代传统的人工，极大地降低了金融机构运营成本，使得单笔业务所分摊的运营成本显著下降；另一方面，数字普惠金融利用大数据等新型风控技术，对客户信用等级进行精准识别，将金融服务的风险控制在相对较低水平，大幅降低了金融服务的风险成本。运营成本和风险成本的下降使得金融机构能够以相对较低的价格向普惠群体提供金融服务，有助于普惠群体降低成本、增加收入，进而缩小与其他群体之间的收入差距。当然，这种成本降低是相对的，主要相对于未使用数字技术下普惠群体所承担的金融服务成本。如果从绝对成本来看，与那些高信用等级的群体相比，普惠群体所承担的金融服务成本目前总体上仍然较高。

第二，扩大了金融服务的覆盖面。数字普惠金融基于数字技术，提高了金融机构的风险识别和管控能力，使得在其他金融模式下无法获得金融服务的弱势群体能够获取金融服务，其金融需求能够得到满足。进而，普惠群体可以利用所获得的金融资源扩大生产，提高收入水平，缩小与其他群体的收入差距。[①]

第三，数字普惠金融向普惠群体提供了综合性的金融服务。不同于信贷比例主要针对信贷资金，数字普惠金融包含信贷、保险、支付、基金理财等不同方面，向普惠群体提供的是一种综合性的金融服务，有助于满足普惠群体的多样化金融需求。以保险为例，由于具有风险分摊功能，保险有助于提高普惠群体的风险承受能力，为普惠群体增加收入提供了空间。

第四，从城乡收入差距角度看，数字普惠金融对农村居民的收入改进空间相对更大。由于普惠群体更多地分布于农村地区，与城镇居民相比，数字普惠金融发展将会更多地改善农村居民的收入，从而有助于减少城乡收入差距。

第五，作为一种金融业态，出于降低风险、增加收益的考虑，金融机构在开展数字普惠金融过程中也可能在一定程度上存在"嫌贫爱富"的情形，导致金融资源向相对富裕的群体集中，而那些相对贫穷的群体的金融需求仍然无法得到满足，从而增加不同群体的收入差距。特别是，由于数字技术的应用会提高资源流动的便利性，因此可能会对金融业务的这种"嫌贫爱富"情形产生放大效应。

比较可以看到，上述五种效应中，前四种效应有助于减小收入差距、促进共同富裕，而第五种效应则会扩大收入差距。因此，数字普惠金融对城乡收入差距或共同富裕的综合影响同样取决于上述几种效应的加总。

以上分析总体表明，无论是哪一种类型的金融发展，其对城乡收

---

[①] 李建军、韩珣：《普惠金融、收入分配和贫困减缓——推进效率和公平的政策框架选择》，《金融研究》2019 年第 3 期；Zhang, R., and S. Naceur, "Financial Development, Inequality, and Poverty: Some International Evidence", *International Review of Economics & Finance*, 2019, 61, 1–16.

入差距或共同富裕的影响都不是单一指向的：既在某些方面有助于减小城乡收入差距、促进共同富裕，又会在其他一些方面扩大收入差距。因此，不同类型的金融发展对城乡收入差距或共同富裕的总体影响取决于不同效应的比较，因而也是一个实证问题。

## 第三节 实证研究设计

### 一 研究样本

为对不同类型的金融发展对城乡收入差距的影响进行分析，本章基于省份层面的金融发展与城乡收入差距数据进行实证分析。结合数据可得性，本章的样本为31个省份2015—2021年共7年的数据，合计包含217个省份—年度观测值。除了特别说明，本章所使用的数据均取自Wind数据库。

### 二 实证模型

本章构建的实证模型如下：

$$Inequality_{i,t} = \beta_0 + \beta_1 \times FD_{i,t-1} + \beta_2 \times GDPPerCapita_{i,t} + \beta_3 \times Controls_{i,t} + Year_t + Province_i + \varepsilon_{i,t} \quad (3-1)$$

其中 $i$ 代表省份，$t$ 代表年度。各变量具体定义如下：

（1）城乡收入差距（Inequality）。为各个省份城镇居民人均可支配收入与农村居民人均可支配收入的比例，反映给定省份共同富裕程度。该比例越大，城乡收入差距越大，共同富裕程度越低。

（2）金融发展（FD）。反映不同省份金融发展程度。基于前文的分析，我们选取了以下三种指标度量省份层面的金融发展：①金融业增加值占比（Fin GDP Ratio）。即各个省份金融业增加值在当年GDP中的占比，反映金融业对GDP的贡献。该比例越高，说明金融业对本省GDP的贡献越高，本地区金融业创造价值的能力越强，金融机构的经营效益也越好。②信贷比例（Loan to GDP）。以各个省份人民币贷款余额在 GDP 中的占比表示。该比例越高,意味着金融体系向实体经济发放的贷款规模越大,对实体经济的信贷支持力度也越大。③数字普惠金融发展(DIFI)。以北京大学数字普惠金融指数的自然对数来表示。该指标取值越高,表示该地区数字普惠金融发展程度越高。为减少潜在的内生性问题,我们在回归模型中选取滞后一期的金融发展指标作为解释变量。

(3) 控制变量(Controls)。由于本研究主要基于省份层面的数据,我们主要选取了省份层面的经济指标作为控制变量,包括:①人均 GDP(GDP Per Capita)。以各个省份人均 GDP(万元)来表示。该指标越大,说明地区经济发展水平越高。②经济增长(GDP Growth)。以各个省份 GDP 增速来表示。该指标越大,说明地区经济发展速度越快。③产业结构(Industry Structure)。以各个省份第三产业在 GDP 中的比重来衡量。该指标越大,说明该省份第三产业越发达。此外,我们在分析中还加入了年度固定效应(Year)和省份固定效应(Province),以对年度和省份层面其他可能对城乡收入差距产生影响的未观测因素进行控制。具体变量定义如表 3-1 所示。

表 3-1　　　　　　　　　　主要变量定义

| 变量 | 变量定义 |
| --- | --- |
| Inequality | 各个省份城乡收入差距。为各个省份城镇居民人均可支配收入与农村居民人均可支配收入的比例,该比例越大,城乡收入差距越大 |
| Loan to GDP | 各个省份人民币贷款余额在 GDP 中占比,反映金融业对 GDP 的贡献 |
| Fin GDP Ratio | 各个省份金融业增加值在 GDP 中占比,反映金融业对 GDP 的贡献 |
| DIFI | 数字普惠金融发展,以北京大学数字普惠金融指数的自然对数表示 |
| GDP Per Capita | 以各个省份人均 GDP(万元)来表示 |
| GDP Growth | 各个省份 GDP 增速 |
| Industry Structure | 各个省份的产业结构。为第三产业在 GDP 中占比 |

## 三 描述性统计

主要变量描述性统计结果如表3-2所示。

表3-2 主要变量描述性统计

| 变量 | 均值 | 标准差 | 最小值 | 中位数 | 最大值 |
|---|---|---|---|---|---|
| Inequality | 2.59 | 0.37 | 1.85 | 2.55 | 3.56 |
| Fin GDP Ratio（%） | 7.59 | 3.08 | 3.37 | 6.89 | 19.91 |
| Loan to GDP（%） | 138.51 | 42.27 | 67.10 | 128.72 | 273.66 |
| DIFI | 5.56 | 0.24 | 4.97 | 5.59 | 6.07 |
| GDP Per Capita | 6.10 | 2.82 | 2.62 | 5.11 | 16.49 |
| GDP Growth（%） | 6.77 | 2.44 | -5.00 | 7.30 | 11.01 |
| Industry Structure（%） | 49.95 | 8.64 | 35.39 | 49.53 | 83.87 |

注：N=217。

从表3-2可以看出，2015—2021年，31个省份城乡收入差距（Inequality）平均为2.59，表示城镇人均可支配收入平均是农村人均可支配收入的2.59倍，说明城乡人均可支配收入仍存在较大的差距；金融业增加值占比（Fin GDP Ratio）均值为7.59%，其中最高值达到19.91%，说明金融业对中国GDP的贡献较高，与发达国家相比也处于较高水平；信贷比例（Loan to GDP）均值为138.51%，说明31个省份平均信贷余额是GDP的1.38倍左右，最高达到2.73倍，最低仅为0.67倍；不同省份各年度数字普惠金融指数自然对数（DIFI）的均值为5.56。2015—2021年，各个省份人均GDP（GDP Per Capita）为6.1万元，GDP增速（GDP Growth）平均为6.77%，说明在此期间中国经济保持中高速增长；第三产业对GDP的贡献（Industry Structure）平均达到49.95%，在GDP中占比接近一半。未报告的结果显示，样本期间31个省份第二产业对GDP的平均贡献为40.67%。这说明，样本期间第三产业已经超过第二产业成为中国GDP的最主要来源，反映了中国产业结构从第二产业向第三产业的转型。

## 第四节　实证结果

### 一　金融发展与城乡收入差距

（一）基本结果

表 3-3 报告了基于（3-1）式的回归分析结果。

表 3-3　　不同类型金融发展对城乡收入差距的影响

|  | （1）Inequality | （2）Inequality | （3）Inequality |
| --- | --- | --- | --- |
| Fin GDP Ratio | 1.5587***<br>(4.5114) | — | — |
| Loan to GDP | — | 0.0509*<br>(1.7025) | — |
| DIFI | — | — | -0.2274**<br>(-2.2234) |
| GDP Per Capita | 0.0053**<br>(1.9962) | 0.0117**<br>(2.0950) | 0.0039<br>(1.1627) |
| GDP Growth | -0.3246<br>(-1.3293) | -0.2399<br>(-1.0043) | -0.3199<br>(-1.4425) |
| Industry Structure | 0.0649<br>(0.4125) | 0.3301*<br>(1.9554) | 0.2311<br>(1.5308) |
| Year | Yes | Yes | Yes |
| Province | Yes | Yes | Yes |
| Constant | 2.4798***<br>(32.2248) | 2.3825***<br>(22.9538) | 3.6783***<br>(6.8474) |
| Observations | 217 | 217 | 217 |
| R-squared | 0.994 | 0.993 | 0.993 |

注：Robust t-statistics in parentheses，***p<0.01，**p<0.05，*p<0.1。

从表 3-3 可以看到，不同类型的金融发展指标对城乡收入差距的影响存在很大不同。回归（1）以金融业增加值占比（Fin GDP

Ratio）为解释变量，该变量回归系数显著为正。说明特定省份金融业增加值占比（Fin GDP Ratio）越高，该省份城乡收入差距越大。如前所述，金融业增加值占比一定程度上反映了本地金融机构创造价值的能力或者经济效益。回归（1）的结果意味着，特定省份金融机构创造价值的能力越强，经济效益越好，该省份城乡收入差距越明显。换言之，当金融机构具有较高的创造价值能力时，其对于缓解城乡收入差距可能是不利的。回归（2）以信贷比例（Loan to GDP）作为解释变量，得到的结果与回归（1）类似。可以看到，信贷比例（Loan to GDP）变量回归系数同样显著为正。说明特定省份人民币贷款余额在 GDP 中占比越高，该省份城乡收入差距越明显，即过多的信贷投放会加大城乡收入差距。这一结果与叶志强等的研究[①]是一致的。回归（3）以数字普惠金融发展（DIFI）为解释变量，得到的结果与回归（1）和回归（2）正好相反。可以看到，回归（3）中数字普惠金融发展变量（DIFI）的回归系数显著为负，说明特定省份数字普惠金融发展程度越高，该省份城乡收入差距越小，即数字普惠金融发展有助于缓解城乡收入差距，验证了数字普惠金融发展在促进共同富裕方面的积极作用。这一结果与杨怡等[②]、Demir 等[③]的研究结果具有一致性。

表 3-3 的结果表明，单纯依赖于信贷投放的金融发展，或者着眼于提高金融机构创造价值能力的金融发展不仅不能缩小城乡收入差距，反而可能会加大城乡收入差距；与之相比，基于数字技术的普惠金融发展即数字普惠金融能够有效缓解城乡收入差距。

---

[①] 叶志强、陈习定、张顺明：《金融发展能减少城乡收入差距吗？——来自中国的证据》，《金融研究》2011 年第 2 期。

[②] 杨怡、陶文清、王亚飞：《数字普惠金融对城乡居民收入差距的影响》，《改革》2022 年第 5 期。

[③] Demir, A., V. Pesque-Cela, Y. Altunbas, et al., "Fintech, Financial Inclusion and Income Inequality: A Quantile Regression Approach", *European Journal of Finance*, 2022, 28 (1), 86-107.

## （二）不同类型数字普惠金融发展的影响

前文的分析表明，与金融业增加值占比、信贷比例等指标不同，数字普惠金融发展有助于减小城乡收入差距，在促进共同富裕方面能够发挥积极作用。本章以北京大学数字普惠金融指数的自然对数来衡量数字普惠金融发展。北京大学数字普惠金融指数是一项综合指数，通过对不同指标进行合成而生成。根据郭峰等，[①] 这一指标体系包括数字金融覆盖广度（Coverage）、数字金融使用深度（Depth）和普惠金融数字化程度（Digitization）三个维度，共涉及33个具体指标。一个问题是，数字普惠金融指数的不同组成部分在影响城乡收入差距方面发挥的作用是否存在差异？换言之，为减小城乡收入差距、促进共同富裕，我们需要什么样的数字普惠金融发展？

为分析数字普惠金融的不同组成部分对城乡收入差距的影响，我们基于北京大学数字普惠金融指数中的分项指数，分别分析其对城乡收入差距的影响。具体地，我们以北京大学数字普惠金融指数中数字金融覆盖广度、数字金融使用深度和普惠金融数字化程度三个分项指数的自然对数作为解释变量，并基于（3-1）式重新进行分析。具体结果如表3-4所示。

表3-4　数字普惠金融不同组成部分对城乡收入差距的影响

|  | （1）Inequality | （2）Inequality | （3）Inequality |
| --- | --- | --- | --- |
| Coverage | -0.2664*** <br> (-3.0827) | — | — |
| Depth | — | -0.1060** <br> (-2.2698) | — |
| Digitization | — | — | 0.1544*** <br> (2.7366) |

---

[①] 郭峰、王靖一、王芳等：《测度中国数字普惠金融发展：指数编制与空间特征》，《经济学（季刊）》2020年第4期。

续表

|  | （1）Inequality | （2）Inequality | （3）Inequality |
|---|---|---|---|
| GDP Per Capita | -0.0007<br>(-0.2301) | 0.0024<br>(0.6724) | -0.0035<br>(-0.8356) |
| GDP Growth | -0.3404<br>(-1.5784) | -0.3392<br>(-1.5462) | -0.3873*<br>(-1.8230) |
| Industry Structure | 0.1797<br>(1.2062) | 0.2169<br>(1.4379) | 0.1699<br>(1.1590) |
| Year | Yes | Yes | Yes |
| Province | Yes | Yes | Yes |
| Constant | 3.8893***<br>(8.8048) | 3.0526***<br>(11.5371) | 1.6938***<br>(5.4843) |
| Observations | 217 | 217 | 217 |
| R-squared | 0.993 | 0.993 | 0.993 |

注：Robust t-statistics in parentheses，***p<0.01，**p<0.05，*p<0.1。

从表3-4可以看到，数字普惠金融的不同组成部分对城乡收入差距的影响是不同的。回归（1）以数字金融覆盖广度指数的自然对数作为解释变量。可以看到，该变量的回归系数显著为负，说明当给定省份数字普惠金融覆盖范围越广，该省份城乡收入差距会越小，即扩大数字普惠金融的覆盖范围会有助于降低城乡收入差距。回归（2）以数字金融使用深度指数的自然对数为解释变量，其回归系数同样显著为负，说明提高数字普惠金融业务的使用深度也会有助于降低城乡收入差距。回归（3）以普惠金融数字化程度指数的自然对数作为解释变量。与回归（1）和回归（2）不同的是，普惠金融数字化程度的回归系数显著为正，说明提高普惠金融数字化程度反而可能会加大城乡收入差距。从数字普惠金融指数的构造来看，根据郭峰等,[①] 普惠金融数字化程度移动化、实惠化、信用化、便利化构成,主要从数字化这一技术维度对数字普惠金融进行了刻画。回归(3)的结果一定程度上表明,数字技术本身的发展可能不利于减小城乡收入差距,反而可能会加剧城乡收入差距;与之相反,只有当数字技术被融入具体的金融业务之中并提高数字普惠金融业务的覆盖面和使用深度时,才能够有助于降低城乡收入差距。

总体上看,数字普惠金融的各个组成部分中,提高数字普惠金融的覆盖范围和使用深度有助于降低城乡收入差距,而数字技术本身的发展反而会加剧城乡收入差距。这也启示我们,在发展数字普惠金融过程中,不能简单追求数字化程度的高低,而应当将数字技术更好地融入具体的金融业务,以提高数字普惠金融业务的覆盖面和使用深度,推动金融向善。

(三)金融发展对城乡收入差距的非线性影响

前文的分析表明,不同类型的金融发展对城乡收入差距的影响是不同的甚至是相反的。那么,不同类型的金融发展对城乡收入差距的影响是否存在非线性效应?换言之,当金融发展处于不同水平时,金融发展对城乡收入差距的影响是否存在不同?针对这一问题,我们进一步把不同金融发展指标的二次项加入(3-1)式,具体分析结果如表3-5所示。其中,Fin GDP Ratio Square、Loan to GDP Square、DIFI Square 分别表示金融业增加值占比、信贷比例和数字普惠金融发展的二次项。

表3-5　不同类型金融发展对城乡收入差距的非线性影响

|  | (1) Inequality | (2) Inequality | (3) Inequality |
| --- | --- | --- | --- |
| Fin GDP Ratio | 1.3292 (1.5058) | — | — |

---

[①] 郭峰、王靖一、王芳等:《测度中国数字普惠金融发展:指数编制与空间特征》,《经济学(季刊)》2020年第4期。

续表

|  | （1）<br>Inequality | （2）<br>Inequality | （3）<br>Inequality |
| --- | --- | --- | --- |
| Fin GDP Ratio Square | 1.0882<br>(0.3266) | — | — |
| Loan to GDP | — | 0.1855**<br>(2.1103) | — |
| Loan to GDP Square | — | −0.0337<br>(−1.5333) | — |
| DIFI | — | — | −3.0197***<br>(−4.2293) |
| DIFI Square | — | — | 0.2765***<br>(3.9509) |
| GDP Per Capita | 0.0048<br>(1.4011) | 0.0154**<br>(2.5221) | −0.0086**<br>(−2.2369) |
| GDP Growth | −0.3250<br>(−1.3244) | −0.2093<br>(−0.8956) | −0.2896<br>(−1.3347) |
| Industry Structure | 0.0707<br>(0.4484) | 0.2977*<br>(1.7812) | 0.1590<br>(1.0545) |
| Year | Yes | Yes | Yes |
| Province | Yes | Yes | Yes |
| Constant | 2.4889***<br>(28.7140) | 2.2831***<br>(18.0634) | 10.7869***<br>(5.7615) |
| Observations | 217 | 217 | 217 |
| R-squared | 0.994 | 0.993 | 0.994 |

注：Robust t-statistics in parentheses, ***p<0.01, **p<0.05, *p<0.1。

从表3-5可以看到，并不是所有的金融发展指标对城乡收入差距都会产生非线性影响。回归（1）中，金融业增加值占比的二次项为正但不显著，说明金融业增加值占比对城乡收入差距的影响并未随着金融业增加值占比初始水平的不同而发生显著变化。与之类似，回归（2）中信贷比例的二次项的回归系数为负但不显著，说明信贷比例对城乡收入差距的影响并没有随着信贷比例初始水平的不同而发生显著变化。值得注意的是，回归（3）中，数字普惠金融发展的二次项显著为正，说明数字普惠金融发展对城乡收入差距存在着显著的非线性影响。具体来看，二次项回归系数显著为正意味着，数字普惠金融发展与城乡收入差距之间存在先下降、后上升的"U"形关系：当数字普惠金融发展程度较低时，提高数字普惠金融发展水平将有助于减小城乡收入差距；当数字普惠金融发展达到一定水平之后，继续提高数字普惠金融发展水平不仅不会减小城乡收入差距，反而会在一定程度上加大城乡收入差距。这一结果意味着，对于降低城乡收入差距、促进共同富裕而言，存在最优的数字普惠金融发展水平，数字普惠金融发展水平过低或者过高对于缩小城乡收入差距、促进共同富裕都是不利的。这一结果与 Tan 和 Law[1] 的研究是一致的，与 Greenwood 和 Jovanovic[2] 提出的 Kuznets 效应正好相反，其中，Kuznets 效应是指金融发展与收入分配差距之间存在"U"形变化趋势。从直观上说，在数字普惠金融发展的初期，那些从传统金融体系中无法获得金融服务的普惠群体的金融需求能够通过数字普惠金融得到有效满足，进而有助于其增加收入，缩小与富裕群体的收入差距；而当数字普惠金融发展达到一定水平之后，继续通过数字技术向弱势群体增加金融供给可能会超过其金融需求，形成金融资源的过度供给，反而会增加这些弱势群体的财务负担。在这种情况下，数字普惠金融发展不仅无助于其增加收入，反而可能会加大其与富裕群体的收入差距。从这个角度讲，数字普惠金融发展应当是适度的。

---

[1] Tan, H., and S. Law, "Nonlinear Dynamics of the Finance-Inequality Nexus in Developing Countries", *Journal of Economic Inequality*, 2012, 10, 551-563.

[2] Greenwood, J., and B. Jovanovich, "Financial Development, Growth, and the Distribution of Income", *Journal of Political Economy*, 1990, 98 (5), 1076-1107.

## 二 影响因素分析

前文的分析表明,数字普惠金融发展有助于减小城乡收入差距。本小节进一步聚焦于哪些因素会对数字普惠金融在减少城乡收入差距方面的作用产生影响。前文的分析基于的是全国 31 个省份的数据。中国不同省份发展极不平衡,不同省份在经济发展水平、经济增速、产业结构等方面都存在较大差异,这些差异可能会对数字普惠金融发展与城乡收入差距之间的关系。这一部分中,我们将进一步分析外部环境不同时数字普惠金融发展对城乡收入差距的影响是否存在明显差异。

### (一) 经济发展水平的影响

我们首先分析不同省份经济发展水平的影响。通常情况下,在经济发展水平相对落后的地区,小微企业、农民、低收入人群等普惠群体数量相对较多。如前文所述,这类群体的金融需求与数字普惠金融供给具有更高的匹配性,通过发展数字普惠金融为上述群体带来的收入改进空间也更大。特别是,由于这些群体往往更多地集中于农村地区,数字普惠金融发展通过满足这类群体的金融需求对减小城乡收入差距的效果也就越明显。为对上述假设进行验证,我们以人均 GDP(GDP Per Capita)来衡量不同省份经济发展水平,人均 GDP 越高,意味着该地区经济发展水平越高。在此基础上,我们在 (3-1) 式中加入数字普惠金融发展与人均 GDP 的交互项,并分析交互项 (DIFI×GDP Per Capita) 的回归系数。如果上述推论成立,我们预期交互项的回归系数为正。具体结果如表 3-6 所示。表 3-6 的回归 (1) 报告了基准回归结果,数字普惠金融发展 (DIFI) 回归系数显著为负,说明数字普惠金融发展有助于降低城乡收入差距。回归 (2) 中加入交互项,分析了人均 GDP 如何影响数字普惠金融发展与城乡收入差距之间的关系。可以看到,交互项回归系数显著正,说明在人均 GDP 较低即经济发展水平相对较差的地区,数字普惠金融发展在减小城乡收入差距方面的作用会更加明显。支持了前文推论。上述结果表明，在经济发展水平较低的地区，数字普惠金融能够帮助本地金融业实现跨越式发展，有效填补本地金融业发展中的空白，更好地服务于本地市场的弱势群体，使其金融需求得到满足，减小城乡收入差距。

表 3-6　　　　　　　　　　不同经济发展水平的影响

|  | （1）Inequality | （2）Inequality |
| --- | --- | --- |
| DIFI | -0.2274** <br> (-2.2234) | -0.0590 <br> (-0.6114) |
| DIFI×GDP Per Capita | — | 0.0260*** <br> (6.2899) |
| GDP Per Capita | 0.0039 <br> (1.1627) | -0.1580*** <br> (-6.1483) |
| GDP Growth | -0.3199 <br> (-1.4425) | -0.1536 <br> (-0.6157) |
| Industry Structure | 0.2311 <br> (1.5308) | 0.1701 <br> (1.2069) |
| Year | Yes | Yes |
| Province | Yes | Yes |
| Constant | 3.6783*** <br> (6.8474) | 2.9223*** <br> (5.7560) |
| Observations | 217 | 217 |
| R-squared | 0.993 | 0.994 |

注：Robust t-statistics in parentheses，*** $p<0.01$，** $p<0.05$，* $p<0.1$。

（二）GDP 增速的影响

除了人均 GDP 存在较大差异，各个地区经济增速也存在较大差异。以 2019 年为例，31 个省份中 GDP 增速最快的为贵州，达到 8.3%；最慢的为吉林，为 3%，二者的差距达到 5.3 个百分点。经济增速之所以会对数字普惠金融发展与城乡收入差距的关系产生影响，原因与人均GDP的影响类似。这是由于所处的经济发展阶段不同，GDP增速较高的地区通常是那些经济发展水平（人均GDP）较低的地区。例如，2019年中国GDP增速最快的三个省份分别为贵州、西藏、云南，经济增速分别达到8.3%、8.1%和8.1%，均为经济欠发达地区。这些地区一般城乡差距较大，小微企业、农民、低收入人群等普惠群体数量相对较多。基于前文分析的原因，数字普惠金融发展能够更好地匹配这些群体的金融需求，在减小城乡收入差距方面的空间也更大。因此，我们预期，在那些GDP增速较快的省份，数字普惠金融发展在减小城乡收入差距方面的作用要更加明显。

为对上述假设进行验证，我们以特定省份的GDP增速（GDP Growth）来衡量该省份经济发展速度。GDP增速越高，意味着该地区的经济增长越快。在此基础上，我们在回归模型中加入数字普惠金融发展与GDP增速的交互项，并分析交互项（DIFI×GDP Growth）的回归系数。如果上述推论成立，我们预期交互项的回归系数为负。具体结果如表3-7所示。

表3-7　　　　　　　　　地区GDP增速的影响

|  | （1）Inequality | （2）Inequality |
| --- | --- | --- |
| DIFI | −0.2274**<br>（−2.2234） | 0.0715<br>（0.5355） |
| DIFI×GDP Growth | — | −2.1232***<br>（−3.4401） |
| GDP Per Capita | 0.0039<br>（1.1627） | 0.0019<br>（0.6310） |
| GDP Growth | −0.3199<br>（−1.4425） | 11.5204***<br>（3.2980） |

续表

|  | （1）<br>Inequality | （2）<br>Inequality |
|---|---|---|
| Industry Structure | 0.2311<br>（1.5308） | 0.1606<br>（1.0892） |
| Year | Yes | Yes |
| Province | Yes | Yes |
| Constant | 3.6783***<br>（6.8474） | 2.0906***<br>（2.9460） |
| Observations | 217 | 217 |
| R-squared | 0.993 | 0.994 |

注：Robust t-statistics in parentheses，***p<0.01，**p<0.05，*p<0.1。

表3-7的回归（1）报告了基准回归结果。回归（2）分析了GDP增速如何影响数字普惠金融发展与城乡收入差距的关系。结果表明，交互项回归系数显著为负，说明在GDP增速较高即经济发展较为快速的省份，数字普惠金融发展在减小城乡收入差距方面的作用会更加明显，支持了前文的推论。上述结果的政策含义是，当特定地区经济发展速度较快时，通过更好地发展数字普惠金融，就能够在很大程度上在满足本地金融需求的同时减小城乡收入差距。

（三）产业结构的影响

除了经济发展水平的差异，中国不同省份的资源禀赋也存在很大差异，由此决定了不同省份在产业结构上的巨大差异：一些省份的产业结构仍主要以第二产业等传统产业为主，其他一些省份的产业结构则更依赖于新兴的服务业等第三产业。以2020年为例，第三产业在GDP中占比最高的北京，达到83.9%；最低的为福建，为47.5%，差距明显。

产业结构会对普惠金融发展与城乡收入差距的关系产生影响，主要是因为以下两个方面：第一，第三产业在GDP中占比较低的省份通常是经济发展水平较低的省份。以2020年为例，第三产业在GDP

中占比最高的为北京、上海、天津，分别为83.9%、73.1%和64.4%，而西藏、宁夏、青海、贵州等经济欠发达地区的第三产业在GDP中的占比平均在50%左右。经济发展水平较低地区一般小微企业、农民、低收入人群等普惠群体数量相对较多，且这些群体更多地分布在农村地区。基于前文同样的逻辑，在那些第三产业在GDP中占比较低的地区，数字普惠金融发展能够更好地匹配普惠群体的金融需求，在减小城乡收入差距方面发挥的作用也更大。第二，第三产业的金融需求与数字普惠金融供给能够更好地匹配，而第三产业更多地分布在城镇地区。不同产业结构所产生的金融需求是不同的。与传统的第二产业相比，以服务业为主的第三产业在金融需求上至少存在以下两方面差异：一是信用增级方式上的差异。服务业具有明显的"轻资产"特征，偏好抵押物的银行信贷融资通常很难适应这种模式；二是金融需求的差异。第三产业中小微企业占有较大比例，这一部分主体的金融需求具有小额、分散、高频等特点；与之相比，传统的第二产业所包含的主体以资产规模较大的企业为主，其金融需求往往具有大额、集中、低频等特点。不同产业主体金融需求上的差异对金融服务提出了不同要求，需要与不同类型的金融服务与之相匹配。总体上看，以银行信贷为主的传统融资模式可能更适合于以第二产业为主导的产业结构；与之相比，数字普惠金融基于数字技术，能够高效率地处理小额、高频次的金融需求，同时对抵押物要求较低，与中小微企业的金融需求特征能够较好地匹配。换言之，基于数字技术的数字普惠金融服务与第三产业的金融需求能够更好地匹配。由于第三产业一般较多地分布在城镇地区，因此，数字普惠金融发展通过更好地匹配第三产业的金融需求，进而导致城乡收入差距的扩大。综合以上两种效应，我们预期，给定省份第三产业在GDP中占比越高，数字普惠金融发展在该省份减小城乡收入差距的作用越弱。

为对上述推论进行验证，我们以第三产业在GDP中占比来衡量特定省份的产业结构（Industry Structure）。该比例越高，说明第三产业在 GDP 中的占比越高。在此基础上，我们在（4—1）式中加入数字普惠金融发展（DIFI）与产业结构（Industry Structure）的交互项（DIFI×Industry Structure），并分析交互项的回归系数。如果上述推论成立，我们预期交互项的回归系数为正。具体结果如表 3-8 所示。

表 3-8　　　　　　　　　　　产业结构的影响

|  | （1）Inequality | （2）Inequality |
| --- | --- | --- |
| DIFI | -0.2274** <br> (-2.2234) | -0.3299*** <br> (-3.3856) |
| DIFI×Industry Structure | — | 0.4708*** <br> (3.6805) |
| GDP Per Capita | 0.0039 <br> (1.1627) | -0.0025 <br> (-0.7753) |
| GDP Growth | -0.3199 <br> (-1.4425) | -0.3127 <br> (-1.3812) |
| Industry Structure | 0.2311 <br> (1.5308) | -2.3085*** <br> (-3.2967) |
| Year | Yes | Yes |
| Province | Yes | Yes |
| Constant | 3.6783*** <br> (6.8474) | 4.2772*** <br> (8.2910) |
| Observations | 217 | 217 |
| R-squared | 0.993 | 0.993 |

注：Robust t-statistics in parentheses，***p<0.01，**p<0.05，*p<0.1。

表 3-8 中回归（1）报告了基准回归结果。回归（2）分析了地区产业结构如何影响数字普惠金融发展与城乡收入差距的关系。结果表明，交互项回归系数显著为正，说明在那些第三产业在 GDP 占

比较高的省份，数字普惠金融发展在减小城乡收入差距方面的效果要弱一些；而在那些第三产业占比较低的省份，数字普惠金融发展在减小城乡收入差距方面的效果要更好。支持了推论。

### 三 进一步分析

前文分析了不同类型金融发展指标对城乡收入差距的影响。从居民福利的角度看，除了收入差距，收入的波动性也会对其自身福利产生影响。风险厌恶是现代金融经济学中的一个基本假设，即经济中的微观主体是厌恶风险的。从收入角度看，当经济中的微观主体获得的收入波动性较高时，这种收入所带来的福利就会减弱；相反，当经济中的微观主体获得的收入波动性较低时，这种收入所带来的福利就会增强。那么，一个问题是，除了城乡收入差距，不同类型的金融发展指标对居民收入的波动性会产生什么样的影响？

理论上，不同类型的金融发展指标对居民收入波动性的影响是不同的。首先，从金融业增加值占比和信贷比例角度看，金融业增加值占比、信贷比例较高的省份通常以传统的金融体系为主。从图3-2可以看到，金融业增加值占比与信贷比例具有很强的相关性，金融业增加值占比较高的省份信贷比例一般也比较高。而以信贷为代表的传统金融模式主要服务于规模较大的企业主体，其金融需求一般具有额度大、需求集中、低频次等特点。这些金融需求是否被满足，将会对其收入产生较大影响。在这种情况下，基于这种模式的金融发展可能会导致收入在不同时期的大幅波动。其次，从数字普惠金融发展角度看，数字普惠金融发展更多地面向普惠群体，其需求具有小额、分散、高频特征。在这种情况下，通过满足普惠群体的这种金融需求，数字普惠金融发展不会造成普惠群体收入在不同时期的大幅波动；特别是，数字普惠金融依托于数字技术，能够更好地实现金融资源的跨期配置，进而帮助普惠群体在不同时期更好地配置资源，从而有助于缓解普惠群体收入在不同时期的波动。因此，我们预期，金融业增加值占比和信贷比例将会加剧居民收入波动，而数字普惠金融发展可能有助于减少居民收入波动。

我们以不同省份人均可支配收入的方差来衡量其收入波动风险。为剔除不同地区经济发展水平的影响，我们首先按照各个省份人均GDP对该省居民人均可支配收入进行标准化处理，得到不同年度各个省份人均可支配收入相对于人均GDP的占比指标；在此基础上，以当年和过去两年共计3年该指标的方差计算得到人均可支配收入波动性（VOL），用以反映人均可支配收入的风险。进一步，我们基于(3-2)式分析不同类型金融发展对各个省份人均可支配收入波动性的影响。

$$VOL_{i,t} = \beta_0 + \beta_1 \times FD_{i,t-1} + \beta_2 \times GDPPerCapita_{i,t} + \beta_3 \times Controls_{i,t} + Year_t + Province_i + \varepsilon_{i,t} \quad (3-2)$$

其中，为反映第 $t$ 年省份 $i$ 人均可支配收入波动性，其他变量定义同前文。基于不同类型收入波动性的分析结果如表3-9所示。

表3-9　　　　　　不同类型金融发展对收入波动性的影响

|  | (1)<br>VOL | (2)<br>VOL | (3)<br>VOL |
| --- | --- | --- | --- |
| Fin GDP Ratio | 0.0254*<br>(1.9264) | — | — |
| Loan to GDP | — | 0.0024*<br>(1.8035) | — |
| DIFI | — | — | -0.0092<br>(-1.3457) |
| GDP Per Capita | -0.0002<br>(-1.2092) | 0.0001<br>(0.6648) | -0.0002<br>(-0.9702) |
| GDP Growth | 0.0051<br>(0.7049) | 0.0116<br>(1.3951) | 0.0088<br>(1.1472) |
| Industry Structure | -0.0007<br>(-0.0988) | 0.0030<br>(0.3717) | 0.0020<br>(0.2768) |

续表

|  | （1）<br>VOL | （2）<br>VOL | （3）<br>VOL |
| --- | --- | --- | --- |
| Year | Yes | Yes | Yes |
| Province | Yes | Yes | Yes |
| Constant | -0.0008<br>(-0.2177) | -0.0051<br>(-1.0188) | 0.0491<br>(1.2902) |
| Observations | 149 | 155 | 155 |
| R-squared | 0.365 | 0.389 | 0.300 |

注：Robust t-statistics in parentheses，***p<0.01，**p<0.05，*p<0.1。

从表 3-9 可以看到，不同类型金融发展对收入波动性的影响体现出不同特征。回归（1）中，金融业增加值占比的系数显著为正，说明当给定省份金融业增加值占比较高时，该地区居民人均可支配收入波动性平均来说要更高一些，即较高的金融业增加值占比加大了本地居民人均可支配收入的波动性。与金融业增加值占比类似，回归（2）中信贷比例的回归系数同样显著为正。说明当给定省份信贷比例较高时，该地区居民人均可支配收入波动性也越高。换言之，以信贷资金投放为主的金融发展会加大居民人均可支配收入的波动性。与上述两种金融发展指标不同，数字普惠金融发展变量的回归系数在回归（3）中为负但不显著，说明数字普惠金融发展能够在一定程度上减小本地居民人均可支配收入的波动性，但效果并不十分明显。

表 3-9 的结果总体表明，信贷比例和金融业增加值占比等金融发展指标一定程度上会加剧居民人均可支配收入的波动性，而数字普惠金融发展则会在一定程度上减小居民收入的波动性。基本上支持了前文的推论。

## 第五节　关于金融发展与地区差距、城乡差距的讨论

前文从收入差距特别是城乡收入差距的角度讨论了不同类型金融发展的影响。《中共中央　国务院关于支持浙江高质量发展建设共同富裕示范区的意见》提出，要"以解决地区差距、城乡差距、收入差距问题为主攻方向"。鉴于此，本节将在前文分析基础上，进一步讨论金融发展与地区差距、城乡差距之间的关系。从含义上看，地区差距和城乡差距所涉及的范围要更加广泛，不仅包括地区或城乡收入差距，还包括地区或城乡教育差距、医疗差距、消费差距、消费差距、就业差距等。鉴于前文已经对金融发展与收入差距的关系进行了讨论，这一节主要就金融发展如何影响教育差距、医疗差距、消费差距、就业差距等进行补充分析。

从教育差距来看，金融发展的影响可以分为两个方面。一方面，金融发展对于增加教育供给和改善教育需求具有一定的促进作用，进而有助于缩小教育差距。首先，随着金融业的发展，可以通过金融手段引导更多资源流向教育行业，完善教育基础设施，提高教师收入水平，增加教育资源供给，降低教育门槛，满足更多群体特别是中低收入群体的教育需求；其次，金融发展可以通过助学贷款、教育保险等方式为部分群体接受教育提供资金支持或金融服务，使得那些经济条件相对较差的中低收入群体有机会接受充分的教育，或者使那些经济条件一般的群体有机会接受更为优质的教育。上述两方面因素都有助于缩小不同群体之间的教育差距。另一方面，金融发展也有可能会在一定程度上加大教育差距。原因在于，如果金融过度介入教育行业，由于金融业本身具有较强的逐利性，其结果可能会使得资源更多地流向那些仅会使得少数群体受益但投资回报更高的教育领域，如私立教育、教育培训行业等。在这种情况下，

金融发展会导致少数群体获得更多的优质教育资源，反而会加大不同群体之间的教育差距。总体上看，金融发展对教育差距的影响取决于以上两方面效果的比较。

从医疗差距、消费差距、就业差距的情况来看，金融发展所发挥作用的机制基本类似。一方面，适度的金融发展会有助于增加医疗资源、消费品、就业岗位的供给，减少不同群体在医疗、消费、就业等方面的差距；另一方面，金融过度介入上述领域也可能会导致优质医疗资源、消费品和就业岗位等向少数群体倾斜，从而加大差距。

总体上看，减少地区差距和城乡差距所需要的金融发展应当是适度的：适度的金融发展能够较好地发挥金融的资源配置功能，引导资源向中低收入群体倾斜，减少地区差距和城乡差距；而过度的金融发展则会起到相反的效果。在这一过程中，主要以数字技术满足弱势群体金融需求的数字普惠金融发展对于减少地区差距和城乡差距可能会起到更好的效果。与国内其他地区相比，浙江省不同区域发展较为均衡，地区之间、城乡之间、不同群体之间的差距相对较小。从未来情况看，浙江省可以更好地发挥金融业在资源配置方面的作用，特别是要发展好数字普惠金融，引导资源流向欠发达区域和中低收入群体，同时努力消除金融业过度发展所带来的潜在负面影响，着力减少地区差距和城乡差距。

## 第六节　结语与政策建议

缩小城乡差距、促进共同富裕是未来一个时期中国经济社会发展面临的一项主要任务。本章在对金融发展进行细分基础上，分析了不同类型的金融发展如何影响城乡收入差距。研究发现，依赖于信贷投放的金融发展，或者着眼于提高金融业本身创造价值能力的金融发展会加大城乡收入差距，而数字普惠金融发展能够有效缓解城乡收入差距，但这种影响是非线性的。本章还考察了数字普惠金融发挥作用所依赖的外部条件。研究结果表明，当外部经济发展水平越低、经济增速越快、产业结构中第三产业占比越低时，数字普惠金融发展在减小城乡收入差距方面能够起到更大的作用。此外，本章还从风险的角度分析了不同类型金融发展指标对收入波动性的影响。研究表明，与金融业增加值占比、信贷比例等指标会加大人均可支配收入的波动性不同，数字普惠金融发展在一定程度上有助于减少居民可支配收入的波动性。总体上，本章从缩小城乡收入差距角度验证了数字普惠金融相对于其他金融发展的积极作用。此外，本章还对金融发展如何影响地区差距和城乡差距进行了简要讨论。

本章具有较强的政策含义。首先，本章的研究结果验证了数字普惠金融发展在减小城乡收入差距、降低收入波动性方面的积极作用。因此，要把发展数字普惠金融作为缩小城乡差距、促进共同富裕的一个重要抓手。通过数字技术的应用，进一步扩大金融服务的覆盖面，降低金融服务成本，更好地满足普惠群体的金融需求，促进普惠群体增收。其次，本章的分析表明，数字普惠金融发展与城乡收入差距之间存在着先下降后上升的"U"形关系。因此，促进数字普惠金融发展应当是适度的。在达到一定水平之后，数字普惠金融的过度增加反而不利于促进共同富裕。最后，本章发现数字普惠金融在减少城乡收入差距方面的作用发挥受外部环境的影响。要特别加强在经济发展水平较低、经济增速较快、产业结构中第三产业占比较低地区的数字普惠金融发展，以在充分满足本地金融需求的同时，减小城乡收入差距，促进共同富裕。

# 第四章 浙江省建设共同富裕示范区的经济基础

2020年11月，党的十九届五中全会把"全体人民共同富裕迈出坚实步伐"作为2035年国民经济和社会发展远景目标之一，对扎实推动共同富裕作出了重大战略部署。2021年6月印发的《中共中央 国务院关于支持浙江高质量发展建设共同富裕示范区的意见》，提出支持浙江高质量发展建设共同富裕示范区。自此，浙江高质量发展建设共同富裕示范区拉开序幕。本章将从经济、金融等不同角度分析浙江省在发展建设共同富裕示范区方面的经济基础、可行性及必要性，并基于问卷调查数据对浙江省普惠金融发展现状进行深入分析。

## 第一节 经济发展

### 一 经济增长

（一）经济发展基础良好

一方面，浙江省经济发展水平处于全国前列。2021年，浙江省GDP总量达到7.35万亿元，在31个省份中排第4位；GDP增速8.50%，在全国排第6位（见图4-1）。可以看到，浙江省能够在经济总量达到较高规模的同时，仍然保持较快的经济增速。特别是在新冠疫情冲击下，浙江省2020年的GDP增速仍能够达到3.60%，比全国2.2%的GDP增速高1.4个百分点，经济发展表现出较强的韧性，为进一步的财富积累奠定了扎实的经济基础。

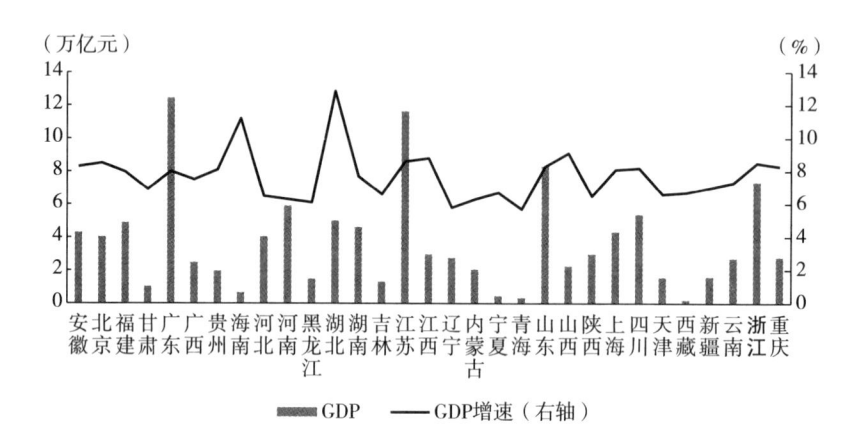

**图4-1 2021年中国各省GDP总量及增速**

资料来源：Wind数据库。

另一方面，浙江省经济增速放缓。当前，中国经济发展正面临从高速增长向高质量发展的转型，经济增速呈现出放缓趋势。浙江省的情况亦是如此。经济增速从2007年14.7%的阶段性高点下降到2020年的3.6%（见图4-2）。在这种情况下，浙江省亟须寻找新的经济增长点，高质量发展建设共同富裕示范区将为浙江省未来经济发展注入新的动力。一是建设共同富裕示范区将通过体制机制创新，激发市场微观主体活力，优化经济资源配置，进一步释放增长潜力；二是共同富裕示范区建设将会提高中低收入群体的收入水平，释放中低收入群体的消费能力，促进经济增长；三是共同富裕示范区建设还可以把示范区建设中形成的先进经验和模式向其他地区复制和输出，对其他地区的经济发展起到辐射带动作用。

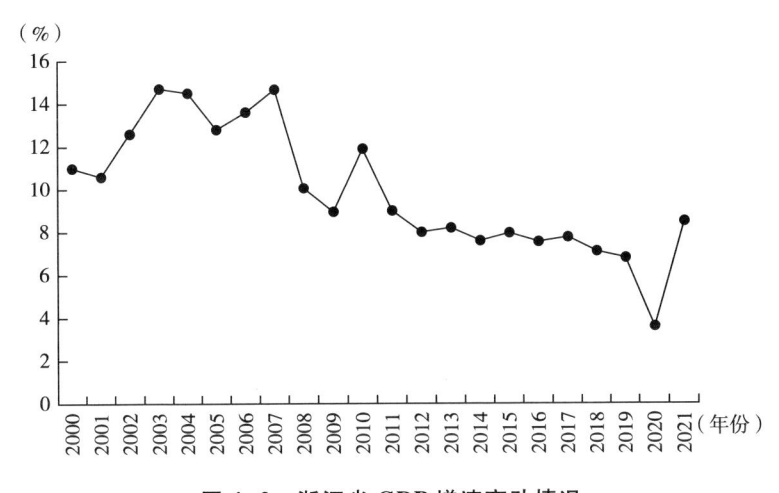

**图 4-2　浙江省 GDP 增速变动情况**

资料来源：Wind 数据库。

## （二）人均收入达到较高水平

作为目前中国经济最为发达的区域之一，2021年浙江省人均GDP达到11.30万元，在全部31个省份中排名第6位（见图4-3）。按照2021年年末银行间外汇市场人民币汇率中间价（1美元兑6.3757元人民币）折算，浙江省2021年人均GDP折合为1.77万美元。根据世界银行2022年7月1日公布的高收入国家标准，人均GNI超过13205美元可以定义为高收入国家。可以看到，浙江省人均GDP已经超过这一标准。此外，如果仍按照这一汇率（1美元兑6.3757元人民币）估算，浙江省人均GDP在2016年达到13319美元，已经超过上述高收入国家的标准。从与共同富裕的关系来看，一方面，较高的人均GDP水平为改善收入分配促进共同富裕创造了条件；另一方面，人均GDP达到较高水平之后面临的收入差距问题将更为突出。根据经典的库兹涅茨假说，经济发展所带来的"创造"与"破坏"会影响社会经济结构变化和收入分配差距：在工业化发展的早期，收入分配差距会随经济发展而逐渐扩大；而在工业化发展的后期，经济将充分发展，收入分配差距将会缩小。随着工业化阶段基本完成，浙江省逐渐向后工业化阶段过渡，与之伴随的收入分配差距问题可能更加突出。在这种情况下,共同富裕示范区建设将有助于缩小地方收入差距,维护社会稳定,促进地方经济长期健康发展。

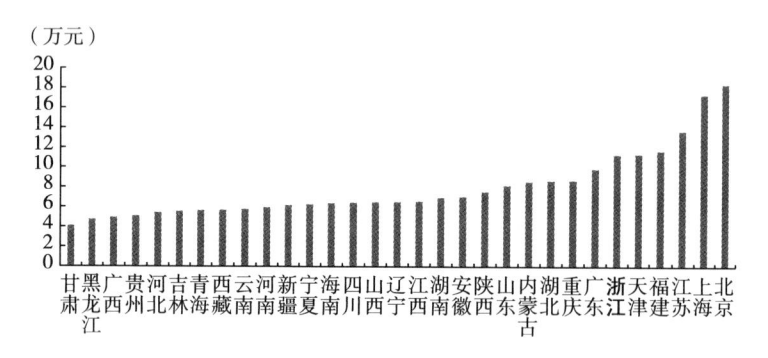

图 4-3 2021 年中国各省人均 GDP

资料来源:Wind 数据库。

(三)地区产业结构持续升级

一是合理的产业结构为进一步产业升级做大财富蛋糕奠定了基础。2021 年,浙江省三次产业对 GDP 的贡献率分别为 3.00%、42.42%、54.57%。第三产业在 GDP 中占比在全国排名第 7 位(见图 4-4)。除了第一产业占比相对较低,第二产业和第三产业比重较为合理,产业结构升级进程在全国处于前列。从发达国家经验来看,日本、德国、美国的第三产业占 GDP 的比重均超过 70%。可以看到,与发达国家相比,浙江省的产业结构仍有较大的升级空间,产业结构的升级将会带动经济增长,为进一步做大财富规模提供了产业支撑。

二是产业结构的持续升级对缩小收入分配差距提出了新的要求。随着中国经济的发展,中国的产业结构不断升级。中国的三次产业比重从 2000 年的 14.68%、45.54% 和 39.79% 变化为 2021 年的 7.3%、39.4% 和 53.3%,其中最突出的特点是第一和第二产业比重的下降以及第三产业比重的上升。在此背景下,浙江省的产业结构也在不断升级,三次产业结构从 2000 年的 10.27%、53.31%、36.41% 变化到 2021 年的 3.00%、42.42%、54.57%(见图 4-5)。

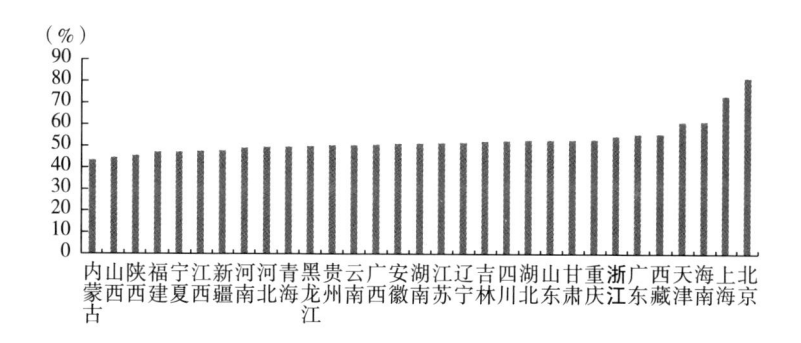

图 4-4　2021 年中国各省第三产业在 GDP 中的占比

资料来源：Wind 数据库。

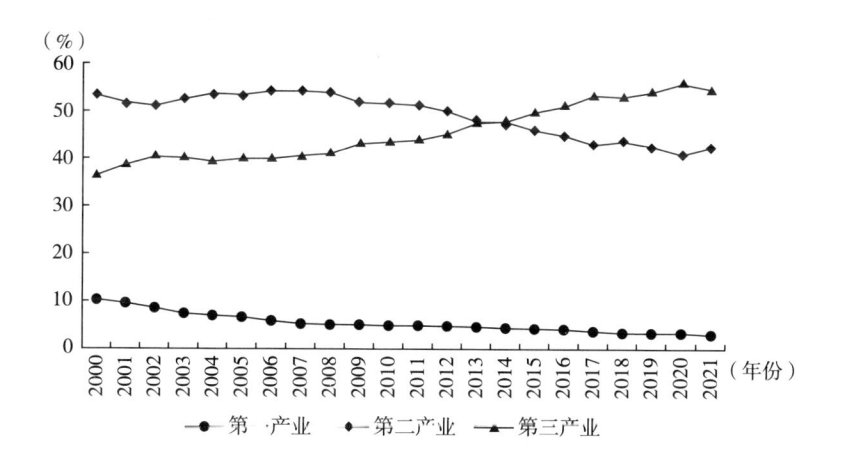

图 4-5　浙江省三次产业对 GDP 的贡献程度变动

资料来源：Wind 数据库。

其中，第一产业比重下降 7.27 个百分点，第二和第三产业比重分别上升 10.89 个和 18.16 个百分点。与中国产业结构的总体变化趋势一致。产业结构的变化会对收入分配产生重要影响。林淑君等的跨国研究表明，工业比重的下降会带来收入差距的扩大。[①] 在这种情况下，如何在第二产业比重下降、第三产业比重上升的产业结构升级

---

① 林淑君、郭凯明、龚六堂：《产业结构调整、要素收入分配与共同富裕》，《经济研究》2022 年第 7 期。

过程中避免收入差距的扩大是需要着力解决的一个问题。

（四）人口结构较为合理

人口是驱动长期经济增长最重要的因素之一，2022年中国人口出现了负增长，为1961年之后的第一次。未来一个时期，中国人口结构将发生深刻变化，面临新生人口数量下滑、劳动人口数量萎缩、老龄人口数量增加等问题。总抚养比指标反映了一个地区的人口结构状况，指的是人口总体中非劳动年龄人口数与劳动年龄人口数之比。中国总抚养比在2011年达到34.2%的阶段性低点之后不断上升，到2021年达到46.3%，上升12.1个百分点。从浙江省情况来看，其总抚养比2021年达到37.8%，比全国平均水平低8.5个百分点，在全国31个省份中排倒数第4位，仅高于北京、黑龙江、上海等省份（见图4-6）。尽管从趋势上看，浙江省近年来总抚养比也呈现明显的上升趋势，但与其他省份相比，浙江省的人口结构仍具有一定优势，为未来一个时期的经济发展和财富积累提供了较为充足的劳动力支撑。

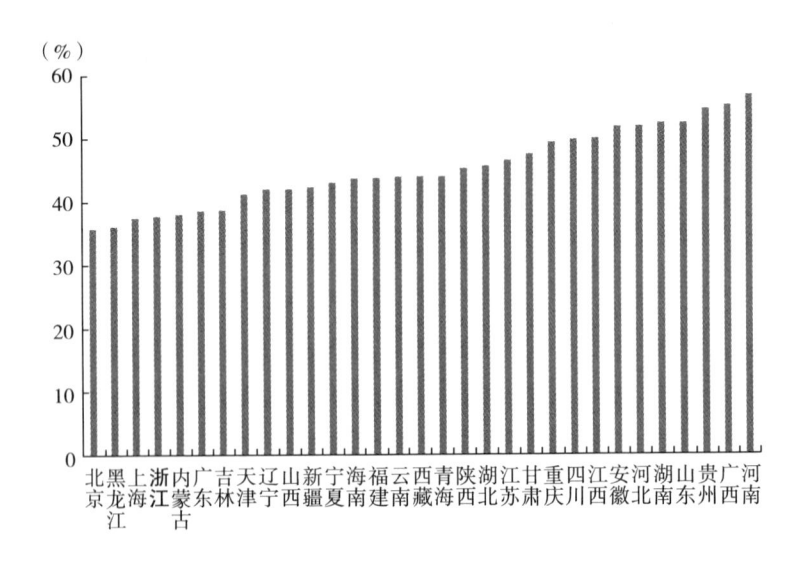

**图4-6　2021年中国各省总抚养比**

资料来源：Wind数据库。

## 二 发展均衡性

### (一) 区域差距

一方面,浙江省各个地区经济发展水平普遍较高。浙江设杭州、宁波2个副省级城市,温州、湖州、嘉兴、绍兴、金华、衢州、舟山、台州、丽水9个地级市,不同地区经济发展普遍较好。从经济总量上看,作为省会城市,2021年杭州GDP总量达到1.81万亿元,在11个市中排第1位;舟山地区2021年GDP总量为0.17万亿元,体量相对较小(见图4-7)。从经济增速来看,各市经济均能保持较快增长。2021年浙江省的11个市中增长最快的是金华市,GDP增速达到9.8%;增长最慢的是温州市,GDP增速也达到7.7%,不同地市经济增长均保持在相对较高水平(见图4-7)。不同地区经济的快速发展为共同富裕示范区建设奠定了基础。

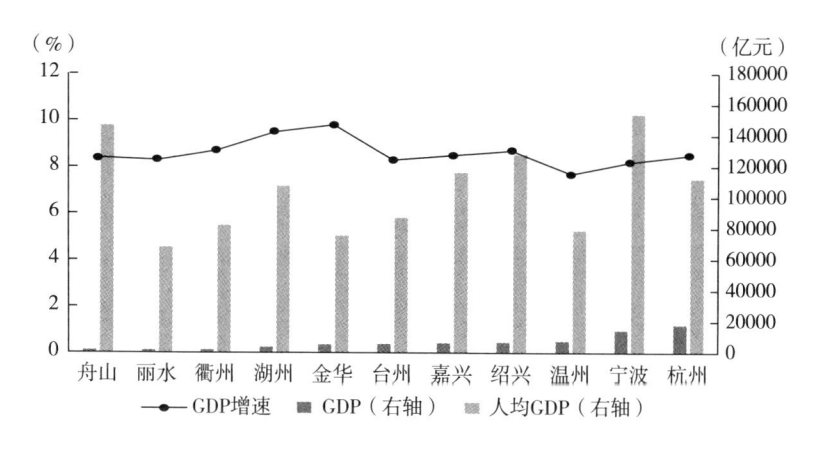

**图4-7 浙江省不同地市经济的发展情况**

资料来源:Wind数据库。

另一方面,不同地区经济发展仍存在一定差距。从人均GDP来看,2021年11个市中,宁波市人均GDP最高,达到15.39万元;丽水市最低,为6.81万元,不到宁波市的一半(见图4-7)。可以看到,尽管浙江省各个地区经济发展水平总体良好,但不同区域经济发展不均衡的情况仍然存在。如果考虑县域，则不同区域的差距将更加明显。浙江省有"七山一水两分田"之称，其中，经济发展水平相对较低的地区主要集中于山区26县，分布在衢州、金华、台州、丽水和温州市等地。2021年，浙江杭州和宁波有7个县（市、区）GDP超过2000亿元，而山区26县中GDP最高的温州平阳县仅为600.51亿元，最低的景宁县GDP仅为80.67亿元。区域发展的不平衡为共同富裕示范区建设提出了更高的要求。

（二）城乡差距

城乡差距是经济社会发展不平衡的一个集中体现，通常可以用农村居民人均可支配收入与城镇居民人均可支配收入的比例来衡量。Lagakos研究显示，发展中国家内部的不平等在很大程度上是由城乡差距造成的。[1] 从浙江省情况来看，一方面，浙江省城乡差距与其他省份相比处于较低水平。2021年，浙江省农村和城镇居民人均可支配收入分别为3.52万元和6.85万元，前者相当于后者的51.5%，在全国31个省份中排名第4位，仅次于黑龙江、天津和吉林。说明与其他省份相比，浙江省农村地区收入水平与城镇地区的差距并不明显，城乡收入差距处于较低水平，城乡发展较为均衡（见图4-8）。此外，从趋势上看，浙江省城乡收入差距近年来有所缩小。数据显示，浙江省农村和城镇居民人均可支配收入比例从2013年的47.2%上升到2021年的51.5%，上升4.3个百分点，说明近年来浙江省城乡收入差距呈现出缩小趋势（见图4-9）。城乡发展的均衡性为进一步缩小城乡差距创造了条件。另一方面，与发达国家相比，浙江省城乡差距仍较为明显。郭燕等基于2019年的数据对21个欧洲国家的城乡收入差距进行了分析。[2] 结果显示，比利时、英国、德国和荷兰4个国家的城乡居民收入比小于1，即农村居民收入与城市居民收入

---

[1] Lagakos, D., "Urban-Rural Gaps in the Developing World: Does Internal Migration Offer Opportunities?", *Journal of Economic Perspectives*, 2020, 34 (3), 174–192.

[2] 郭燕、李家家、杜志雄：《城乡居民收入差距的演变趋势：国际经验及其对中国的启示》，《世界农业》2022年第6期。

的比例大于 1；13 个欧洲国家的城乡居民收入比大于 1 且小于或等于 1.25，即农村居民收入与城市居民收入的比例为 0.8—1；4 个欧洲国家城乡居民收入比为 1.25—1.5，即农村居民收入与城市居民收入的比例为 0.67—0.8。总体上看，大部分发达国家的农村居民收入与城市居民收入的比值在 80% 以上，部分发达国家甚至在 100% 以上。可以看到，浙江省城乡差距与发达国家相比仍然比较明显，缩小城乡收入差距、促进共同富裕的需求较为迫切。

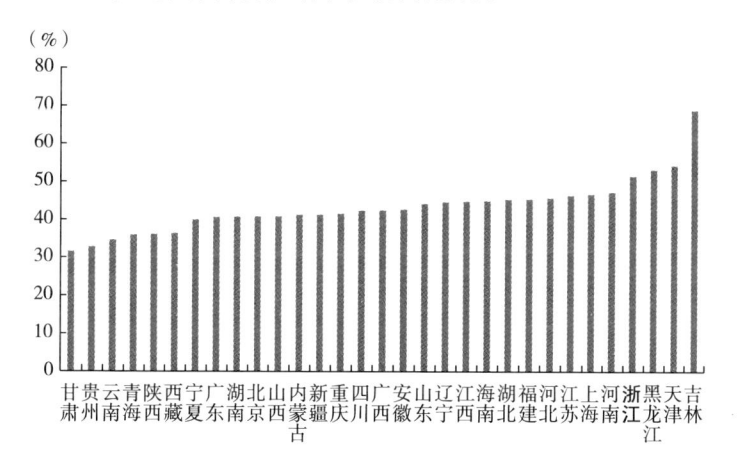

**图 4-8　2021 年中国各省城乡收入差距情况**

资料来源：Wind 数据库。

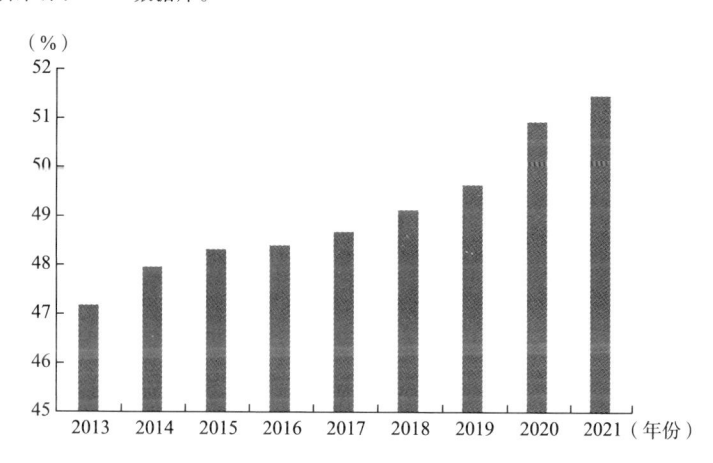

**图 4-9　浙江省城乡收入差距变动情况**

资料来源：Wind 数据库。

## 三 市场活力

### (一) 市场化程度较高

市场化程度反映了市场在资源配置中所起的作用。从浙江省情况看：一是市场化程度在全国处于领先位置。由中国经济改革研究基金会国民经济研究所编制的系列中国市场化指数显示，2019年浙江省市场化指数为7.95，与上海非常接近，低于江苏和广东，在全国31个省份中排第4位（见图4-10）。二是构成市场化指数的不同要素发展较为均衡。2019年，构成市场化指数的不同要素中，浙江省政府与市场关系、非国有经济发展、产品市场发育、要素市场发育、中介组织发育和法律得分分别为8.13、10.13、6.87、5.16、9.46，在31个省份中分别排第4位、第4位、第5位、第5位、第2位，不同要素发展较为均衡，在全国中均处于领先位置，没有明显的短板。较高的市场化程度为共同富裕示范建设中的体制机制创新提供了土壤，进而能够更好地激发微观市场主体的活力。

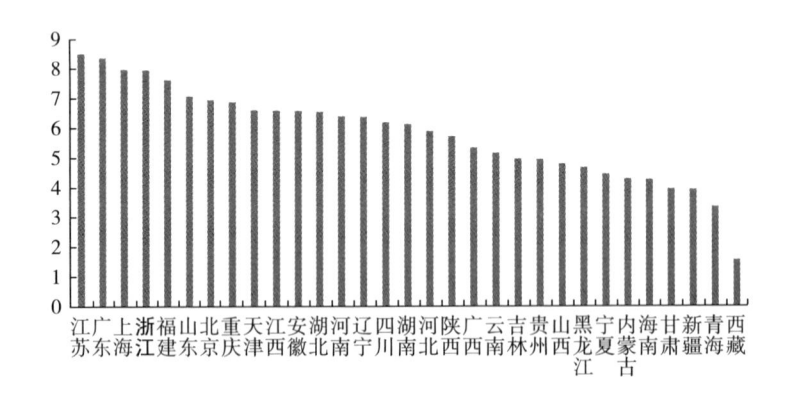

**图4-10 2019年中国各省市场化指数**

资料来源：Wind数据库。

### (二) 民营经济发达

作为全国民营经济发展的领头雁，浙江省民营企业数量多，活力强，对地方经济的贡献大。一是民营经济发展迅速。2019—2021年浙江省私营企业规模以上工业增加值同比增速分别为8.0%、4.0%、13.1%，与之相比，同一时期浙江省工业增加值同比增速分别为6.6%、5.4%、12.9%。除了2020年受新冠疫情冲击，其他两个年度前者均高于后者（见图4-11）。可以看到，浙江民营经济的发展速度总体上要高于非民营经济，显示了较高的成长性。

二是民营经济对经济增长的贡献不断提升。2019—2021年浙江省私营企业规模以上工业增加值分别为6335.5亿、7870.8亿、9798.7亿元，在全部规模以上工业增加值中分别占比39.2%、47.1%、48.4%。与2019年相比，2021年私营企业对全部规模以上工业增加值的贡献度提高9.2个百分点（见图4-11），民营经济对地方经济发展的贡献进一步加大。

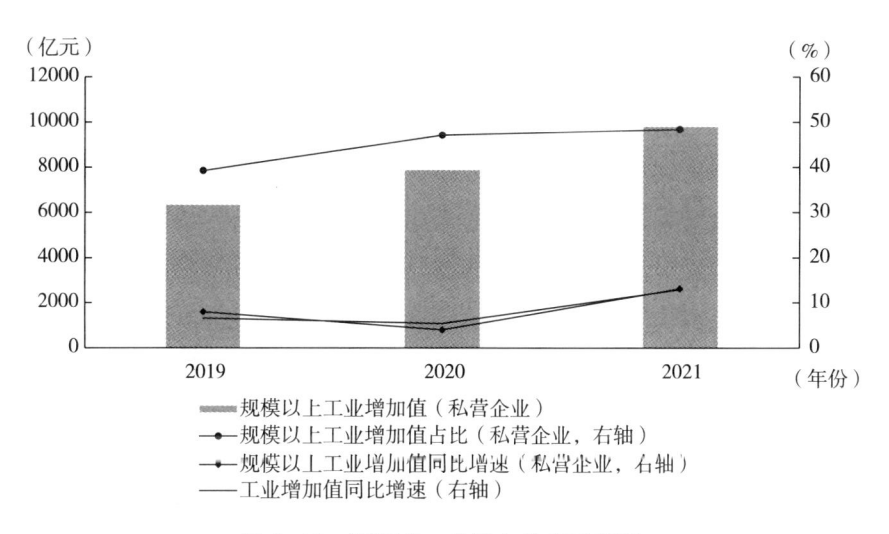

**图4-11 浙江省工业增加值变动情况**

资料来源：Wind数据库。

三是民营经济市场主体活跃。作为中国民营经济最发达的地区之一，浙江省拥有数量庞大的私营企业，这些企业分散在不同行业，有很多私营企业已经成为细分行业的冠军，具有较强的竞争力。从私营企业数量来看，2019年年底，浙江省共有234.9万户，共吸纳就业1811.27万人，两项指标均在全国排名第4位（见图4-12）。私营企业成为浙江省经济发展中最具活力的主体。从趋势上看，浙江省私营企业数量和吸纳就业人数均呈现稳步增长趋势，为区域经济发展不断注入新的活力。其中，私营企业户数从2001年的20.9万户增加到2019年的234.9万户，后者是前者的11倍；私营企业就业人数从2001年的347.1万人增加到2019年的1811.3万人，后者是前者的5倍以上（见图4-13）。

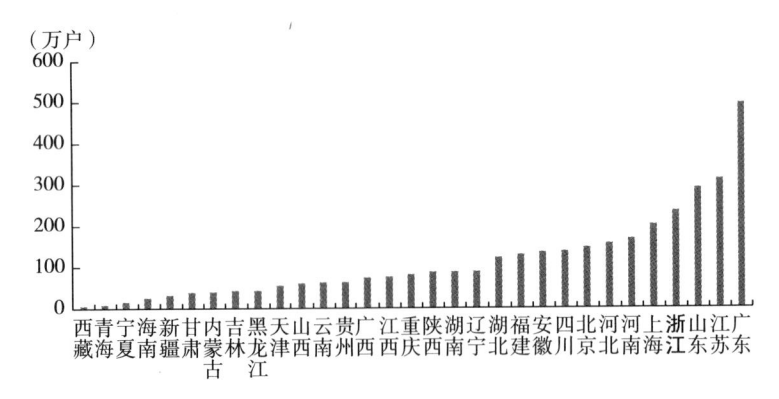

**图4-12　2019年中国各省私营企业户数**

资料来源：Wind数据库。

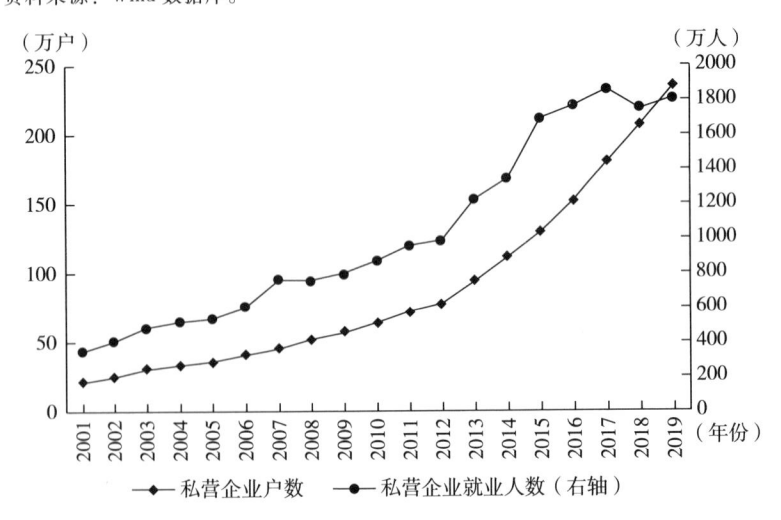

**图4-13　浙江省私营企业的变动情况**

资料来源：Wind数据库。

四是民营经济发展与其他省份相比处于领先位置。全国工商联经济部发布的《2021中国民营企业500强调研分析报告》显示，2020年民营企业500强中有96家来自浙江，占比接近1/5，延续了之前年度的领先位置（见表4-1）。不过，从趋势上看，浙江民营企业发展优势相对于其他省份来说有所缩水：2020年入围500强的浙江民营企业数量仅比江苏多4家，而2016年则要多38家。从与共同富裕的关系来看，一方面，发达的民营经济对于提高地方经济的活力十分重要，有助于实现财富的积累，提高居民富裕程度；另一方面，发达的民营经济也可能会导致资源和财富向少数人集中，由此加大收入差距。从这个角度来看，在民营经济发达的地区探索建设共同富裕示范区具有很强的针对性。

表4-1　　　　　　　中国民营企业500强省份分布

|  | 2016年 | 2017年 | 2018年 | 2019年 | 2020年 |
| --- | --- | --- | --- | --- | --- |
| 浙江 | 120 | 93 | 92 | 96 | 96 |
| 江苏 | 82 | 86 | 83 | 90 | 92 |
| 广东 | 59 | 60 | 60 | 58 | 61 |
| 山东 | 58 | 73 | 61 | 52 | 53 |
| 河北 | 19 | 24 | 33 | 32 | 33 |
| 北京 | 16 | 15 | 17 | 14 | 22 |
| 上海 | 13 | 18 | 15 | 16 | 21 |
| 福建 | 10 | 20 | 22 | 21 | 17 |
| 湖北 | 19 | 15 | 18 | 19 | 16 |
| 重庆 | 11 | 14 | 15 | 12 | 13 |
| 河南 | 15 | 15 | 13 | 15 | 13 |
| 四川 | 10 | 8 | 11 | 12 | 8 |
| 湖南 | 6 | 7 | 7 | 6 | 7 |
| 天津 | 13 | 7 | 6 | 9 | 6 |
| 江西 | 7 | 6 | 6 | 7 | 6 |
| 山西 | 5 | 5 | 7 | 7 | 5 |

续表

| | 2016 年 | 2017 年 | 2018 年 | 2019 年 | 2020 年 |
| --- | --- | --- | --- | --- | --- |
| 安徽 | 5 | 4 | 2 | 4 | 5 |
| 陕西 | 4 | 5 | 5 | 5 | 5 |
| 内蒙古 | 6 | 7 | 4 | 4 | 4 |
| 辽宁 | 6 | 6 | 11 | 8 | 4 |
| 吉林 | 2 | 2 | 2 | 2 | 3 |
| 广西 | 1 | 2 | 2 | 2 | 3 |
| 宁夏 | 3 | 3 | 2 | 1 | 2 |
| 新疆 | 2 | 2 | 2 | 2 | 2 |
| 黑龙江 | 1 | 1 | 1 | 1 | 1 |
| 贵州 | - | - | 1 | 2 | 1 |
| 云南 | 3 | 1 | - | 2 | 1 |

资料来源：全国工商联经济部：《2021 中国民营企业 500 强调研分析报告》。

## 四 科技创新

创新是引领发展的第一动力。浙江省既是中国市场经济最为发达的区域之一，也是中国科技创新的高地，科技创新活动已经成为地方经济发展的重要推动力。

（一）科技创新活动在全国处于前列

专利授权数在一定程度上反映了一个地区的科技创新程度。从图4-14可以看到，2021年浙江省专利授权数46.55万件，在所有省份中排第3位，仅次于江苏和广东。专利授权数一般包括发明专利、实用新型专利、外观设计专利三种。其中，发明是指对产品、方法或者其改进所提出的新的技术方案，实用新型是指对产品的形状、构造或者其结合所提出的适于实用的新的技术方案，外观设计是指对产品的整体或者局部的形状、图案或者其结合以及色彩与形状、图案的结合所作出的富有美感并适于工业应用的新设计。《中华人民共和国专利法》对实用新型的专利申请规定了比发明专利要更加简化的审批程序，对实用新型专利只进行初步审查，而对发明专利除了初步审查，还需要进行实质审查。并且在专利的创造性审查过程中，发明专利需要具备"突出的实质性特点和显著的进步"。可以看到，发明专利比其他两种类型专利的含金量要高一些。从浙江省情况来看，2021年专利授权数的构成中，发明专利5.68万件，实用新型专利29.29万件，外观设计专利11.57万件。其中，含金量最高的发明专利授权数量在全国排名第4位，仅次于广东、北京和江苏。上述数据表明，浙江省的科技创新活动具有较高的含金量。

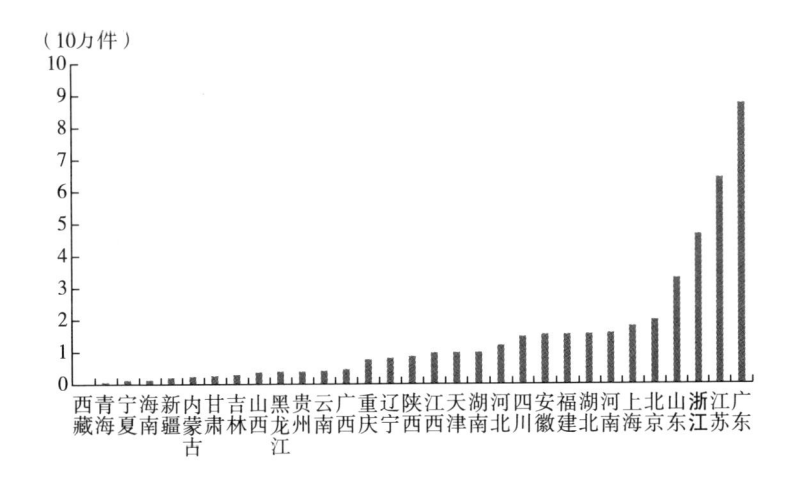

**图4-14 2021年中国各省专利授权数量**

资料来源：Wind数据库。

### （二）科技创新活动保持较快增长

从趋势上看，近年来浙江省的科技创新活动一直保持快速的上升势头。其中，专利授权数从2013年的20.23万件增加到2021年的46.55万件，后者是前者的2.3倍，年均增速接近11%；含金量最高的发明专利数从2013年的1.11万件增加到2021年的5.68万件，年均增速达到22.58%，增速是全部专利授权数的2倍以上。发明专利占全部专利的比重从2013年的5.5%上升到2021年的12.2%，反映出浙江省创新活动含金量的提高；高新技术企业数量从2013年的5004家增长到2020年的21943家，年均增速达到23.5%；高新技术企业工业总产值从2013年的13661亿元增长到2020年的32753亿元，年均增速13.3%。特别是，浙江省的科技创新活动近年来呈现出加快发展势头。2013—2021年，专利授权数增速分别为-6.82%、24.63%、-5.76%、-3.45%、33.12%、0.25%、37.27%、18.83%，增速自2018年以来有所加快；高新技术企业数、高新技术企业工业总产值等指标亦呈现出类似的趋势（见图4-15）。总体上看，浙江省科技创新活动的发展速度要快于经济增速，为区域经济增长注入了强大的创新动力，科技创新已经成为浙江省地方经济发展的一个核心推动力，对地方经济发展的贡献也在不断加大。

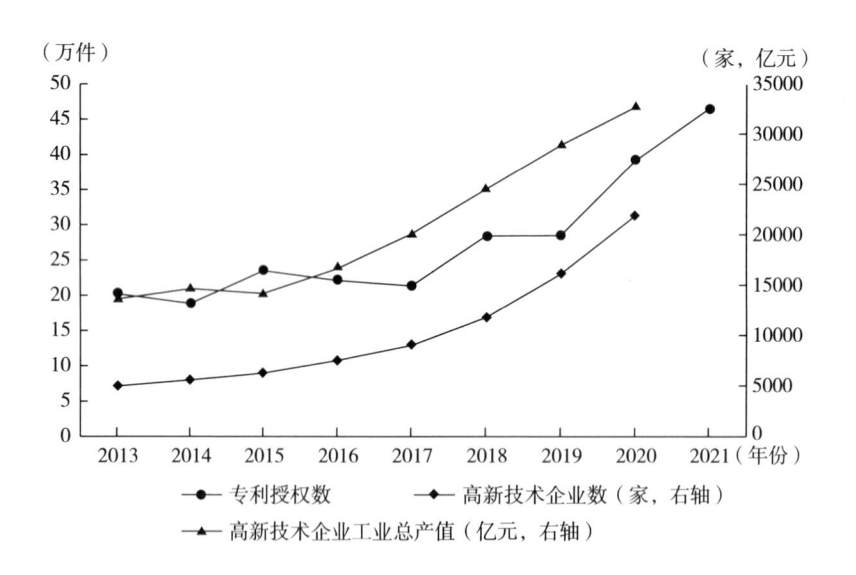

图 4-15 浙江省创新活动的发展情况

资料来源：Wind 数据库。

科技创新对于建设共同富裕示范区的影响是复杂的。技术进步偏向性是技术创新影响收入不均等的重要途径之一。Acemoglu 的理论分析表明，不同收入群体作为消费者具有异质性偏好，技术进步通过价格效应和市场规模效应影响收入分配差距。[1] 其中，价格效应会鼓励更加昂贵产品的技术创新，使技术进步偏向于更昂贵的稀缺要素；市场规模效应则鼓励更大市场规模的技术创新，使技术进步偏向于更丰富的要素。技术进步对收入分配的最终影响取决于价格效应和市场规模效应的比较。如果价格效应大于市场规模效应，技术进步将会更偏向于稀缺要素，造成稀缺要素报酬与丰富要素报酬的差距增大，进而加剧收入不平等程度；如果市场规模效应大于价格效应，技术进步更偏向丰富要素，造成稀缺要素报酬与丰富要素报酬的差距变小，进而缩小收入分配差距。从实际中看，关于技术进步与收入差距的研究结论并不一致。例如，Krugman研究发现，技术创新扩大了收入不均等；[2] Aghion等的研究结果表明技术创新在一定程度上有助于缓解收入不平等；[3] 而安同良和千慧雄则发现技术创新与收入不均等的关系是非线性的，二者呈"U"形关系。[4] 从浙江省情况来看，在建设共同富裕示范区过程中，浙江应当依托科技创新活动发达的优势，发挥科技创新在提高生产率方面的作用，同时通过制度创新对科技创新活动进行引导，避免科技创新活动所带来的收入差距扩大。

## 五 教育水平

前文的分析表明，教育是提升人力资本、提高劳动者素质的一项重要因素，也是减少机会不平等的一条有效途径。党的二十大报告

---

[1] Acemoglu, D., "Why do New Technologies Complement Skills? Directed Technical Change and Wage Inequality", *Quarterly Journal of Economics*, 1998, 113 (4), 1055-1089.

[2] Krugman, P., "A Model of Innovation, Technology Transfer, and the World Distribution of Income", *Journal of Political Economy*, 1979, 87 (2): 253-266.

[3] Aghion, P., U. Akcigit, and A. Bergeaud, "Innovation and Top Income Inequality", *Review of Economic Studies*, 2019, 86 (1), 1-45.

[4] 安同良、千慧雄：《中国居民收入差距变化对企业产品创新的影响机制研究》，《经济研究》2014年第9期。

指出，"教育、科技、人才是全面建设社会主义现代化国家的基础性、战略性支撑。必须坚持科技是第一生产力、人才是第一资源、创新是第一动力"。①

从浙江省情况看：一是教育资源较为丰富。尽管与教育资源较为集中的省份相比仍有一定差距，但作为中国经济发达地区，浙江省仍然拥有较为丰富的教育资源。以高等教育为例，截至2020年年底，浙江省共有109家高等学校，在全国排第11位（见图4-16）。高等学校资源的集聚在吸引和培养高素质人才方面发挥着重要作用。

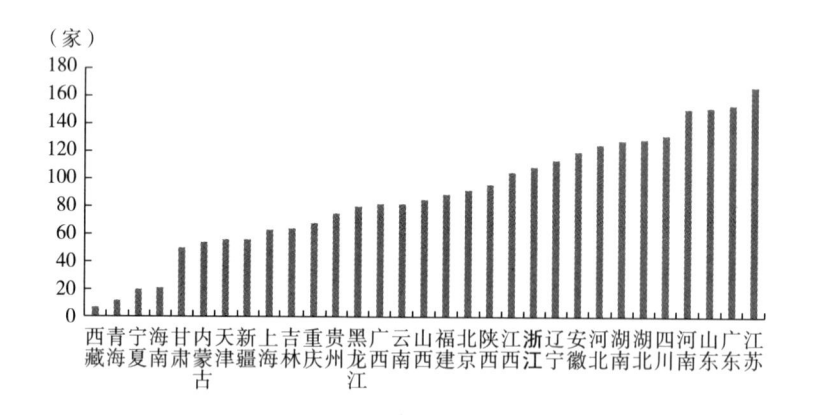

**图 4-16 2020 年中国各省高等学校数量**

资料来源：Wind 数据库。

二是居民受教育程度较高。依托发达的经济发展水平和丰富的教育资源，浙江省居民受教育程度普遍较高。从高等教育入学率来看，2021 年浙江省高等教育毛入学率达到 64.8%，意味着有近 2/3 的人口能够接受高等教育。从趋势上看，近年来浙江省高等教育毛入学率大幅上升，从 2000 年的 45% 上升到 2021 年的 64.8%，提高 19.8 个百分点，高等教育的普及使得浙江省的人口素质得到快速提升，

---

① 习近平：《高举中国特色社会主义伟大旗帜　为全面建设社会主义现代化国家而团结奋斗——在中国共产党第二十次全国代表大会上的报告》，人民出版社 2022 年版，第 33 页。

第四章 浙江省建设共同富裕示范区的经济基础 99

为人力资本的快速积累奠定了基础。从高学历人口占比情况看，抽样调查数据显示，2021年浙江省本科学历及以上人口在抽样人口总数中占比10.32%，在全国排第7位（见图4-17）；研究生学历以上人口在抽样人口总数中占比1.07%，同样在全国排第7位。两项指标在非直辖市省份中均比较靠前。从教育经费投入来看，2020年浙江省投入的教育经费与GDP的比例为4.46%，在全国排第23位，排名比较靠后。从图4-18可以看到，教育经费在GDP中占比较低的反而是那些经济发展水平较高的省份，比如北京、上海等，可能与这些省份GDP总量相对较高有关。一个有意思的现象是，浙江省民办教育经费在总教育经费中占比相对较高，2020年这一比例达到0.87%，在全国31个省份中排第3位，仅次于河南和湖南（见图4-17），一定程度上说明浙江省民办教育相对较为发达。之所以出现这种情况，可能与浙江省的民营经济相对发达有关：依托于当地发达的民营经济，民营机构向教育领域的经费投入也在不断增加，对公立教育体系形成了有益补充，浙江省教育经费构成呈现出一定的多元化趋势。

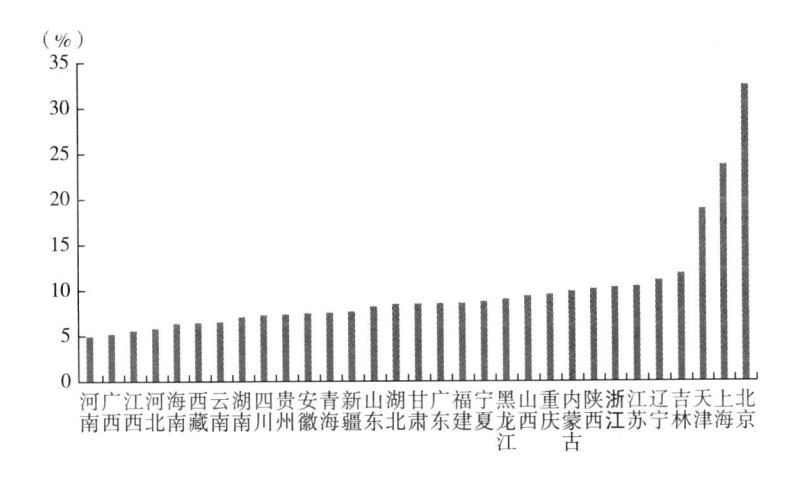

图4-17 2021年中国各省本科以上人口的占比情况

资料来源：Wind数据库。

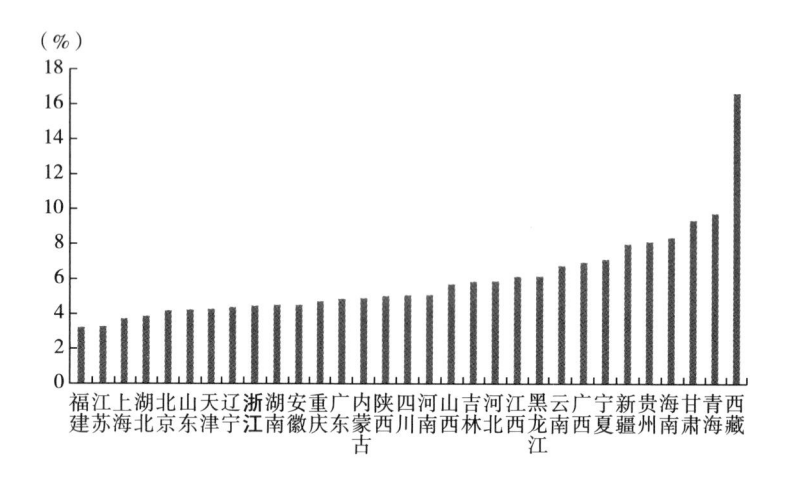

100　金融发展和共同富裕：理论与实证

图 4-18　2020 年中国各省教育经费在 GDP 中的占比情况

资料来源：Wind 数据库。

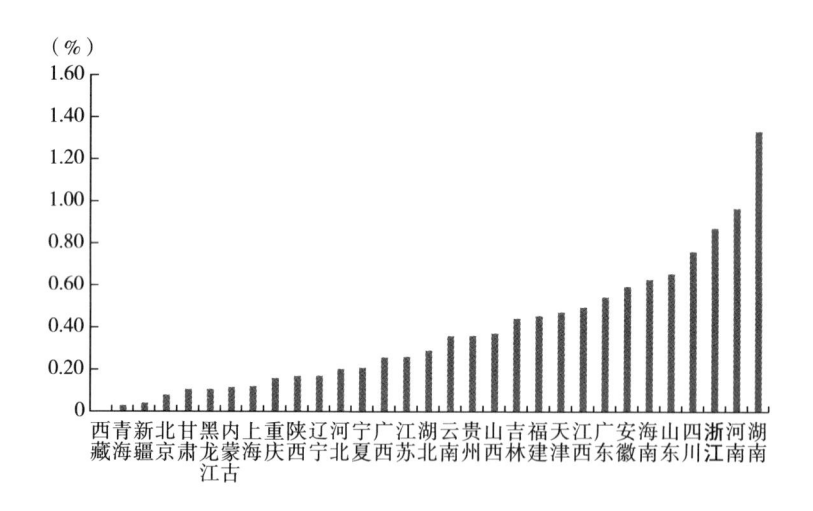

图 4-19　2020 年中国各省教育经费中民办教育经费的占比情况

资料来源：Wind 数据库。

从与共同富裕示范区建设的关系来看，浙江省良好的教育水平有助于低收入群体人力资本的积累，进而缩小其与高收入群体的收入差距，对于共同富裕示范区建设具有重要意义。教育的不平等将导致收入的不平等。① 特别是，良好的教育水平不仅有助于改善低收入群体当前的收入状况，也是避免贫困在代际传递、减少机会不平等的关键。杨娟等的理论分析显示，义务教育是影响收入差距和代际流动性的最主要原因。② 来自不同收入水平家庭的子女尽管初始能力的差距不大，但家庭的教育选择和公共教育政策却使得其最终的人力资本和收入在代际内的差距加大，并固化了收入在代际间的相关性。

## 第二节 金融发展

### 一 金融业规模

一是金融资源总量保持在较高水平。从存款情况看，2021年年底浙江省本外币存款余额17.08万亿元，占GDP的比重达到232%，在全国31个省份中排名第6位；从贷款情况看，2021年年末本外币贷款余额16.58万亿元，占GDP的比重达到225%，在全国排第4位（见图4-20和图4-21）。可以看到，浙江省存贷款总量在全国均处于前列。相比较而言，本外币贷款余额在GDP中的占比的排名更加靠前，一定程度上说明本地市场的贷款需求相对比较旺盛。从趋势上看，浙江省本外币存贷款余额占GDP的比重呈现上升趋势。本外币存款余额占GDP的比重从2003年的159%上升到2021年的232%，上升73个百分点；本外币贷款余额占GDP的比重从2003年的130%上升到2021年的225%，上升95个百分点（见图4-22）。存贷款余额与GDP比例的上升反映出金融深化程度的提高。总体上看，浙江省金融业相对较为发达，本地存贷款资源较为丰富，对本地经济社会发展起到较强的支撑作用。

---

① 白雪梅：《教育与收入不平等：中国的经验研究》，《管理世界》2004年第6期。
② 杨娟、赖德胜、邱牧远：《如何通过教育缓解收入不平等?》，《经济研究》2015年第9期。

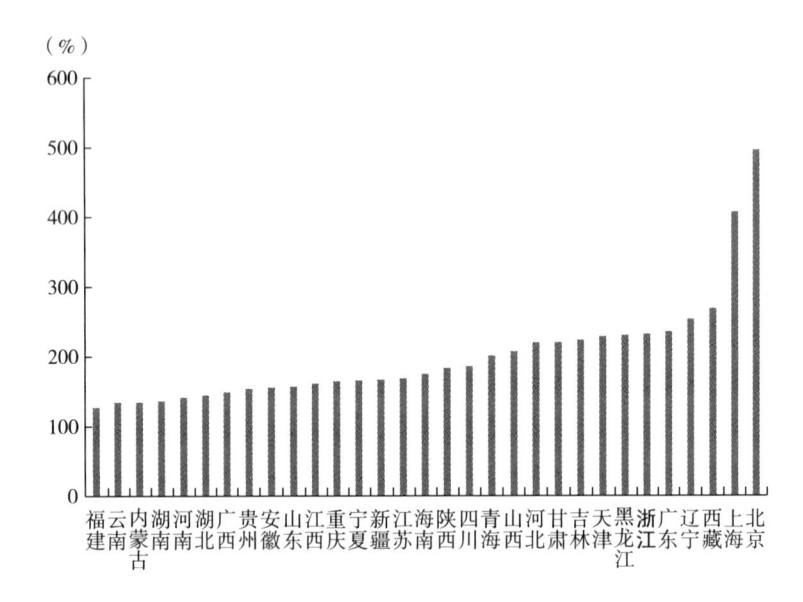

**图 4-20　2021 年中国各省本外币存款余额占 GDP 的比重**

资料来源：Wind 数据库。

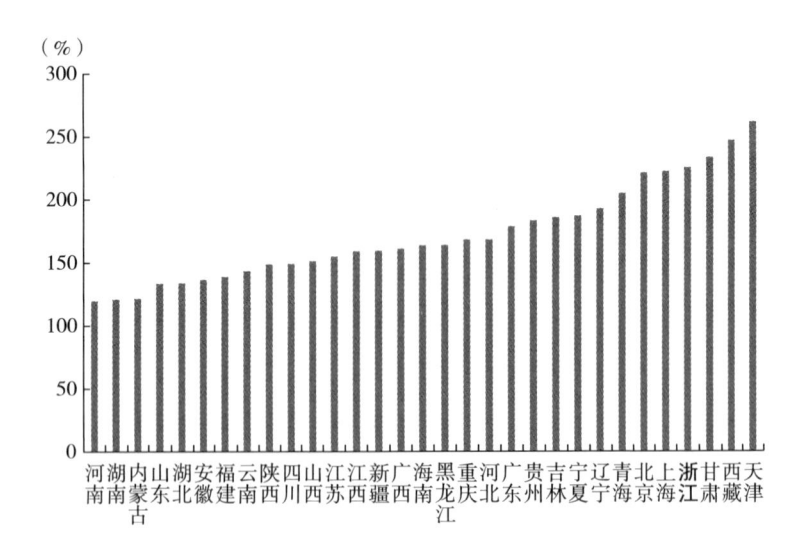

**图 4-21　2021 年中国各省本外币贷款余额占 GDP 的比重**

资料来源：Wind 数据库。

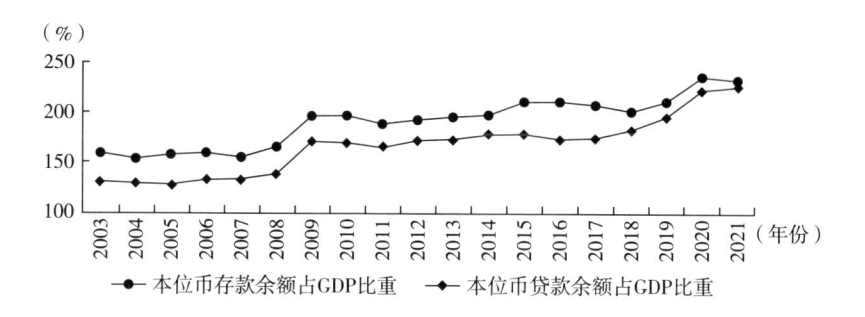

图 4-22 浙江省本外币存贷款余额占 GDP 比重的变动情况

资料来源：Wind 数据库。

二是金融业对 GDP 的贡献较大。金融业增加值反映了特定地区金融业自身的经营状况。金融业发展不仅为实体经济提供了金融支持，其本身也是本地 GDP 增长的一个重要组成部分。金融业增加值越高，金融业经营状况越好，对地方 GDP 的贡献就越大。从图 4-23 可以看到，2021 年浙江省金融业增加值对 GDP 的贡献达到 8.4%，在全国排名第 8 位，说明浙江省金融业自身经营状况较好，对 GDP 增长的贡献也比较高。从趋势上看，浙江省金融业增加值在 GDP 中的比重近年来呈现出波动上升的趋势，从 2000 年的 3.6% 上升到 2021 年

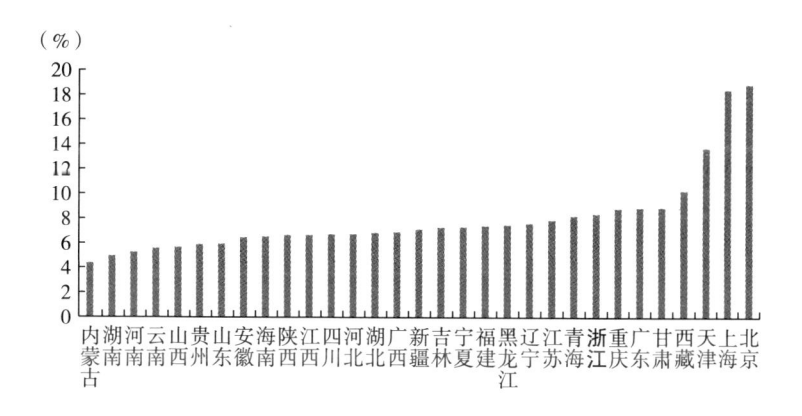

图 4-23 2021 年中国各省金融业增加值在 GDP 中的占比

资料来源：Wind 数据库。

的 8.4%，增加 4.8 个百分点。金融业增加值在 GDP 中占比越高，一方面，反映出金融业发展对本地经济增长的贡献不断加大；另一方面，由于金融业增加值来自实体经济部门，因此，较高的金融业增加值比重一定程度上说明金融业发展侵蚀了实体经济部门的利润。

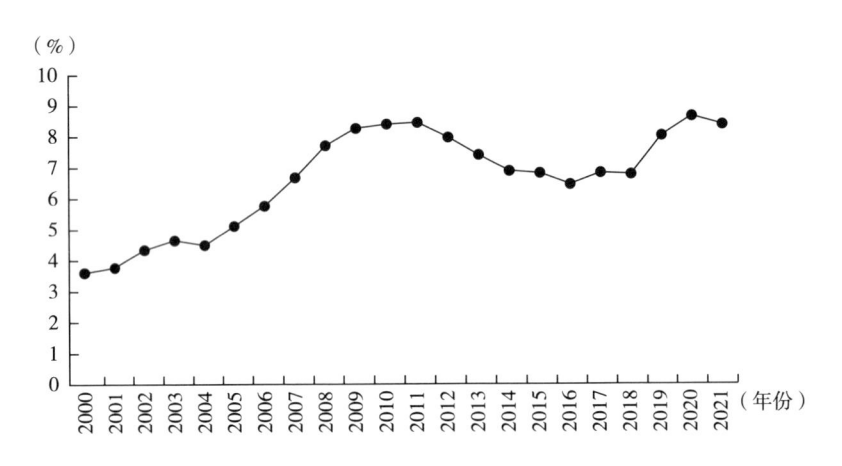

**图 4-24　浙江省金融业增加值在 GDP 中的占比变动情况**

资料来源：Wind 数据库。

金融发展对收入分配的影响是多方面的。首先，金融发展能够发挥金融业的资源配置功能，引导资金流向共同富裕示范区建设的重点支持领域，提高经济资源配置效率，促进经济增长和财富积累，从而有助于共同富裕的实现；其次，金融业本身具有一定的"嫌贫爱富"特性，金融发展可能会导致资源向少数群体集聚，那些高收入群体反而能够获得更多的金融资源，由此加大不同群体的收入差距；最后，金融业本身的发展是财富积累的一部分，较高的金融业增加值不仅意味着金融业从业者可以获得较高的财富，同时也在一定程度上意味着对实体经济部门的财富侵蚀更加严重，进而可能会导致不同群体收入差距的扩大。

## 二 数字普惠金融

与一般意义上的普惠金融不同，数字普惠金融是数字技术与普惠金融的有机结合，是指在数字技术的支持下通过金融服务促进普惠金融的行动。主要针对传统普惠金融发展面临的服务门槛高、覆盖面不足、"数字鸿沟"等难题，充分运用移动物联网、智能终端等现代信息技术拓展金融服务渠道、扩大金融服务半径、降低金融服务成本，推动网络化、智能化金融业务与生产生活场景深度融合，打造产品丰富、交互智能、流程高效的金融服务体系。近年来，浙江省紧紧把握数字技术与金融业融合的大趋势，涌现出一大批行业领先的金融科技企业，传统金融机构纷纷将最新的技术应用于自身的数字化转型，在提高金融服务效率、推进金融普惠等方面取得了明显进展。一是数字普惠金融发展与其他省份相比处于领先位置。2020年浙江省数字普惠金融指数为406.88，低于上海和北京，在全国31个省份中排名第3（见图4-25）。二是构成数字普惠金融指数的不同要素发展较为均衡。数字普惠金融指数包括数字金融覆盖广度、数字金融使用深度和普惠金融数字化程度3个维度。2020年浙江省数字金融覆盖广度、数字金融使用深度和普惠金融数字化程度的

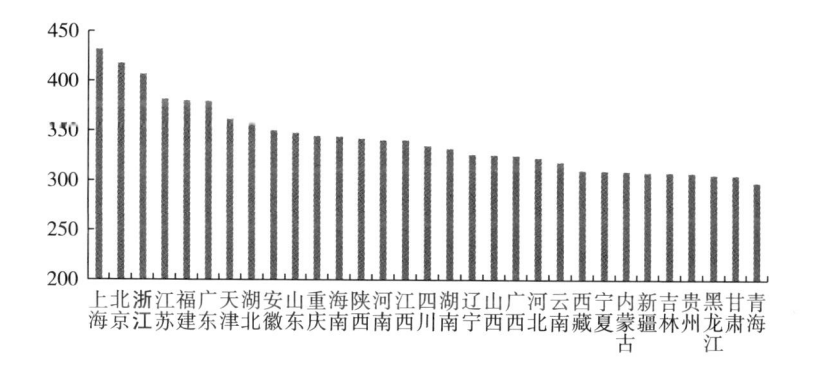

**图4-25 北京大学数字普惠金融指数（2020年）**

资料来源：北京大学数字普惠金融研究中心。

得分分别为382.07、439.25、429.98,在31个省份中均排第3位,仅低于北京和上海,没有明显的短板,能够为经济社会发展从多方面提供全方位的数字普惠金融服务。

与一般意义上的金融发展相比,数字普惠金融发展对共同富裕和收入分配的影响既有相似之处,也有不同之处。从相似之处来看,一方面,作为一种金融手段,数字普惠金融发展能够发挥资源配置功能,促进经济增长和财富积累;另一方面,数字普惠金融发展也可能会导致资源向部分高收入群体集聚,加大不同群体的收入差距。从不同之处来看,数字普惠金融发展依托于数字技术,极大地拓展了金融业务的覆盖范围,并通过提高金融机构的运营效率降低金融服务成本,进而有助于弱势群体更好地获取金融服务,可以在缩小收入差距方面能够发挥重要作用。从这个角度看,浙江省具有的良好的数字普惠金融发展基础为建设共同富裕示范区创造了条件。

## 第三节 普惠金融发展

本节在前文分析基础上,基于由中国银行业协会、中国社会科学院金融研究所、广东二十一世纪环球经济报社2022年联合开展的"银行业普惠金融服务有效性需求"调研数据,对浙江省的普惠金融发展现状进行分析。

### 一 基于居民视角的普惠金融分析

(一)城乡居民传统金融服务获得感明显

城乡居民的基础金融服务覆盖面提高。调查数据显示,2021年以来,浙江省城乡居民银行账户普及率较高,人均至少拥有3张经常使用的借记卡和2张经常使用的信用卡,66.13%的样本居民在近一年内进行过储蓄,其储蓄的动机主要以务农生产(33.87%)、房、车等固定资产储备(22.38%)和子女教育(13.06%)为主。传统银行贷款服务效果较好。根据调查数据显示（见图4-26），在7680个城乡居民样本中，有52.79%的居民近三年内有借贷需求；在总样本中，31.37%的居民过去三年向银行申请过贷款，30.40%的居民获得了银行贷款，并且其获批的平均金额为21.27万元，贷款平均年利率为5.29%，贷款期限主要集中在2年。在获得银行贷款的样本中，从对贷款的使用情况来看，78.5%的居民认为最近一次的贷款能大部分满足或完全满足能满足自身资金需求，14.86%的居民认为满足程度一般，仅有6.64%的居民认为不能满足或完全不满足。从接受最高贷款利率的情况来看，1/3（30.24%）的居民只能基准LPR的贷款，29.81%的居民可以接受LPR上浮2.5%（含），24.20%的居民可以接受LPR上浮2.5%—5%（含）的贷款，仅有15.76%的居民可以接受LPR上浮5%以上的贷款。从对贷款额度的评价情况来看，一半以上的（61.03%）居民认为银行提供的贷款额度一般，15.8%的居民银行提供的贷款额度较低或很低，仅有23.17%的居民认为银行提供的贷款额度较高或很高。从对贷款服务的满意程度来

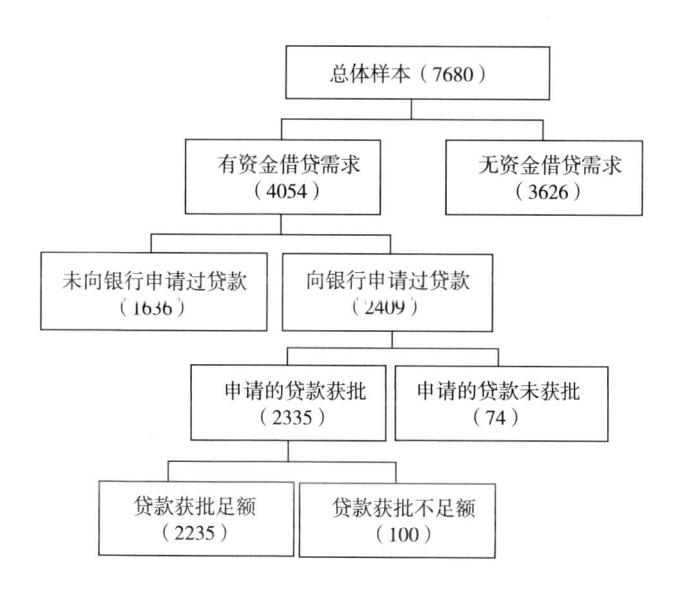

图4-26 居民贷款需求及是否获得足额贷款情况

资料来源：笔者根据调研数据整理所得。

看，55.80%的居民对最近一次的银行服务比较满意，24.28%的居民对银行最近一次的贷款服务非常满意，16.45%的居民认为银行贷款服务一般，仅有3.47%的居民对银行贷款服务比较不满意或非常不满意。

（二）新市民的贷款需求巨大

从调查情况来看，除了城乡居民的个体特征（年龄、性别、教育程度）、家庭特征（家庭收入、社会资本）会影响其金融需求，是否为新市民也是不可忽视的因素。[①] 与农村居民不同，一方面，"新市民"的住房、教育、养老等相关的生活类金融需求较为旺盛；另一方面，"新市民"还存在创业等方面的经营性金融需求。调查数据显示（见图4-27），新市民样本（1409）占到总样本（7680）的18.35%，并且在个人消费结构变化的大背景下，这些新市民中有56.07%的样本（790）三年内有借贷需求，32.22%的新市民三年内向银行申请过贷款；31.09%新市民获得过银行贷款。进一步对比发现（见图4-28），新市民申请的银行贷款平均金额和获批的银行贷款平均金额存在明显差异，其中，新市民申请的银行贷款平均金额为23.92万元，明显低于非新市民（36.58万元），获批的银行贷款平均金额为21.44万元，略高于非新市民（21.23万元）。从这个结果可以看出两点：一是尽管新市民申请的银行贷款金额明显低于非新市民，但其对资金的需求不容忽视；二是按照中央政策的指导，银行近年来也加强对新市民的金融支持力度。

（三）新冠疫情对居民的影响出现新变化

受新冠疫情防控等影响，人流物流受阻，企业开工率不足，生产端恢复较慢，城乡居民外出半径缩小，不充分就业和隐性失业显现。调查数据显示（见图4-29），接近2/3的居民（63.74%）认为疫情影响使其收入不同程度的有所减少，1/3的居民（30.07%）认为疫

---

[①] 新市民是指因本人创业就业、子女上学、投靠子女等原因到城镇常住，未获得当地户籍或获得当地户籍不满3年的各类群体。

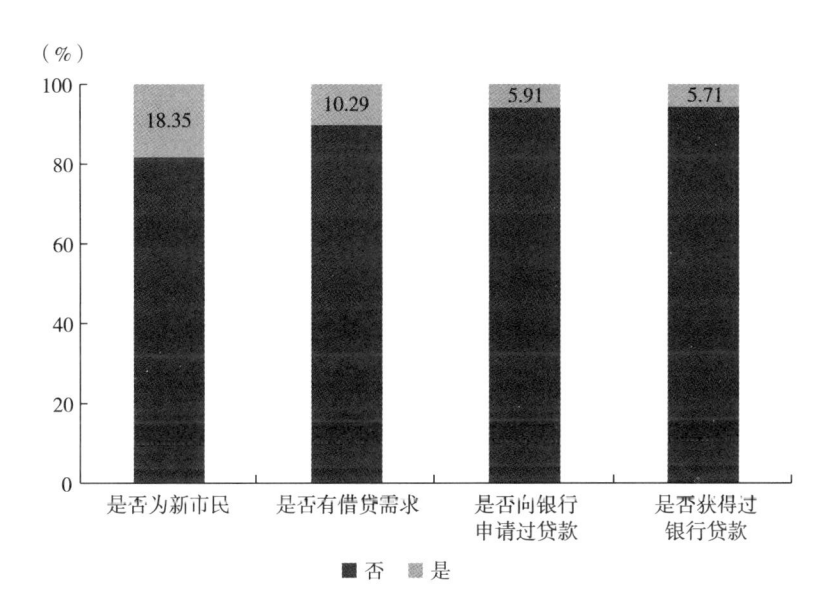

第四章 浙江省建设共同富裕示范区的经济基础 109

图 4-27 新市民借贷需求、贷款申请和贷款获批情况

资料来源：笔者根据调研数据整理所得。

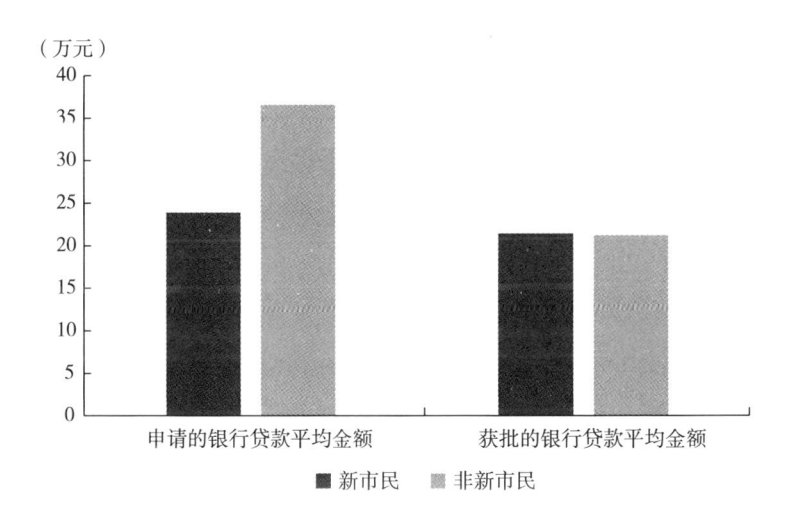

图 4-28 比较新市民与非新市民申请和获批银行贷款情况

资料来源：笔者根据调研数据整理所得。

110　金融发展和共同富裕：理论与实证

(a) 疫情对居民收入的影响 (%)　　(b) 疫情对居民参与金融活动的影响 (%)

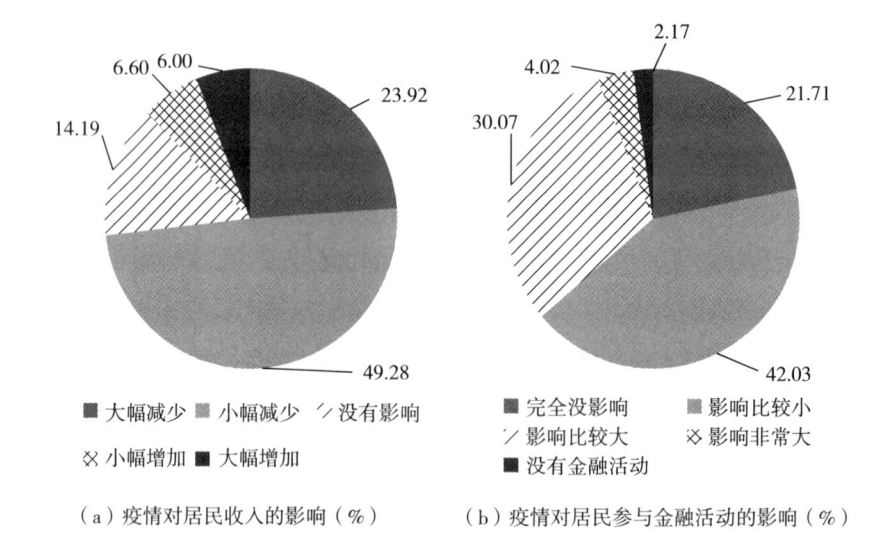

**图 4-29　疫情对居民收入和参与金融活动的影响情况**

资料来源：笔者根据调研数据整理所得。

情并没有影响其收入，仅有6.19%的居民认为疫情提高了其收入水平。进一步从疫情对居民参与金融活动的影响来看，除了疫情期间没有参与金融活动的样本（6.00%），23.92%的居民认为疫情并没有影响其正常参与存钱、取钱、汇款、保险等金融活动，近一半的居民（49.28%）认为疫情对其参与金融活动的影响比较小，而20.79%的居民认为疫情对其参与金融活动有比较大或非常大的影响。从这点可以看出，尽管疫情影响大部分居民的收入，但对其参与金融活动的影响并没有产生太大影响。

（四）居民对保险的参与率较低

调查数据显示（见图4-30），67.42%的样本居民参与了医疗保险（如城镇居民医疗、新农合、重疾险和意外伤害险等），61.58%的样本居民参与了养老保险（城镇居民养老、新型农村养老等），但参与财产类保险（如车辆、房屋、种植养殖的农产品）和子女教育保险的居民较少，其占比分别为31.11%和12.31%。从新市民的参保率来看，62.67%的样本参与了医疗保险，56.14%的样本参与了养老保险，35.49%的样本参与了财产类保险，14.27%的样本参与了子女教育保险。从这个结果可以看出，仍有一部分新市民（如灵活就业人员）因各种原因（如没有单位挂靠）而无法正常参与医疗保险和养老保险，亟须解决这类群体的社会保障问题。从居民对保险重要性评价看（见图4-31），一半以上的居民认为医疗保险、养老保险、财产保险和子女教育保险很重要（包括比较重要和非常重要），其比例分别为66.71%、65.00%、53.76%和51.93%；从对保费可负担性评价看，一半以上的居民能承受当前的保费，37%—46%的居民说不清楚，而仍有不到5%的居民认为现有保费太高，无法承受。从居民对保险的保障力度看，一半以上的居民认为医保报销比例和财产赔付一般。从居民对保险满意度看，仅有18.06%的居民对保险非常满意，32.02%的居民对保险比较满意，而45.38%的居民对保险满意程度表示一般。从以上分析可以发现，无论是从覆盖率还是从重要性或赔付率来讲，保险还是有很大的发展和提升空间。

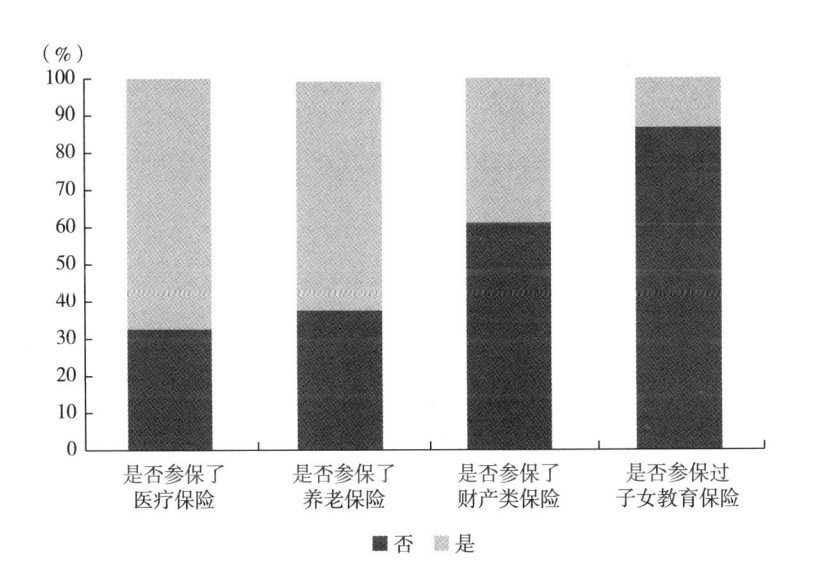

图4-30 居民参与保险情况

资料来源：笔者根据调研数据整理所得。

112　金融发展和共同富裕：理论与实证

(a) 居民对保险重要性的看法（%）

38.23　1.86　2.03　29.40
28.48

× 非常不重要　╱ 比较不重要　■ 一般
■ 比较重要　■ 非常重要

(b) 居民对保费可承受度的看法（%）

25.90　1.84　2.76　38.18
31.33

× 完全承受不起　╱ 基本承受不起　■ 一般
■ 基本能承受　■ 完全能承受

(c) 居民对保险保障力度的看法（%）

17.50　1.86　3.15
30.69　46.80

× 非常小　╱ 比较小　■ 一般
■ 比较大　■ 非常大

(d) 居民对保险满意度的看法（%）

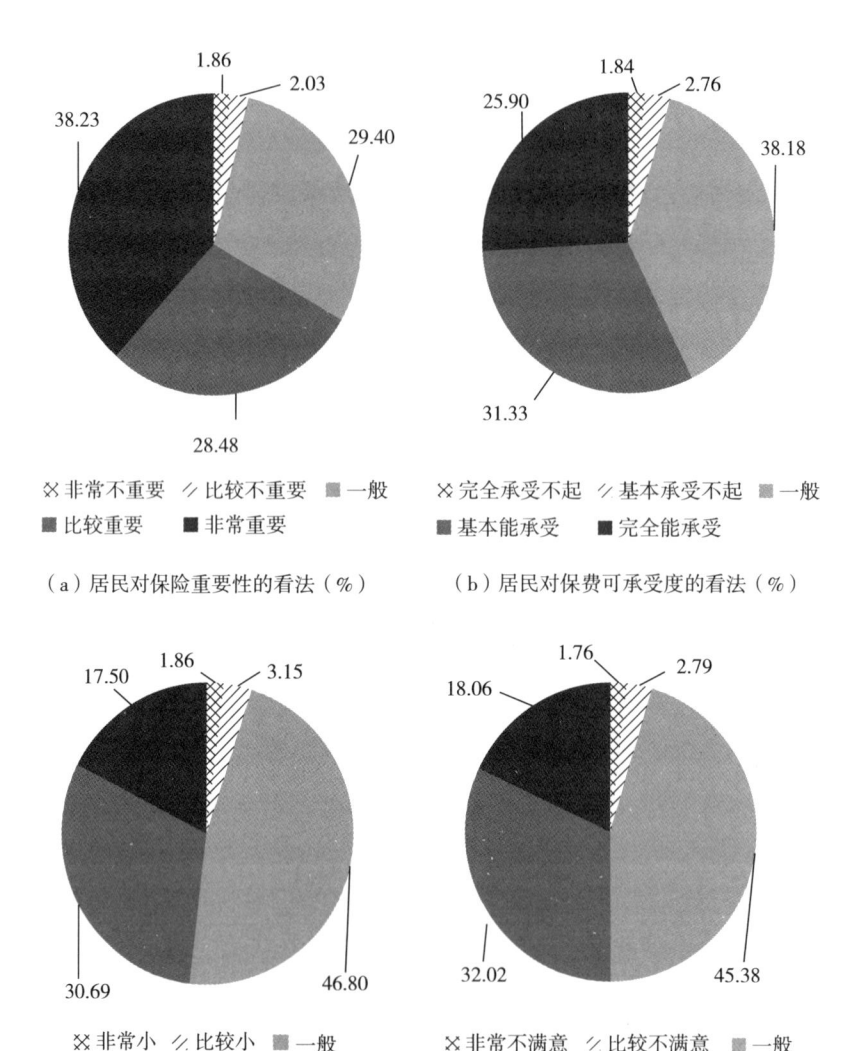

18.06　1.76　2.79
32.02　45.38

× 非常不满意　╱ 比较不满意　■ 一般
■ 比较满意

图4-31　居民对保险的看法

资料来源：笔者根据调研数据整理所得。

（五）居民数字金融产品使用率较高

从数字化支付情况来看（见图4-32），77.85%的居民总是或较为频繁的采用数字支付手段进行支付，仅有2.14%的居民偶尔采用数字支付手段进行支付，说明数字化支付手段基本已成为居民日常工作生活的主要支付手段。这一比例已明显高出同期调查得到的云南（57.94%）和河南（62.83%）数据。从对数字金融服务的意愿来看（见图4-33），70%以上的居民更愿意通过手机银行申请贷款（72.17%）和购买理财（82.45%）；而相比之下，愿意通过支付宝、微信等APP申请贷款、购买商业保险和理财的比例较低，其分别为40.07%、50.94%和59.83%。从对数字金融服务的行为来看，仅有24.95%的居民通过手机银行申请过贷款，37.29%的居民通过手机银行购买过理财，10.66%的居民通过支付宝、微信等APP申请过贷款，26.56%的居民通过支付宝微信等APP购买过理财产品，14.66%的居民通过支付宝微信等APP购买过商业保险。从这个数据来看，居民使用数字化手段申请贷款、购买理财和保险的比例较低，特别是利用支付宝、微信等APP申请贷款、购买理财和保险的比例更低，其主要原因是通过手机参与金融活动不够安全（约占40%）。

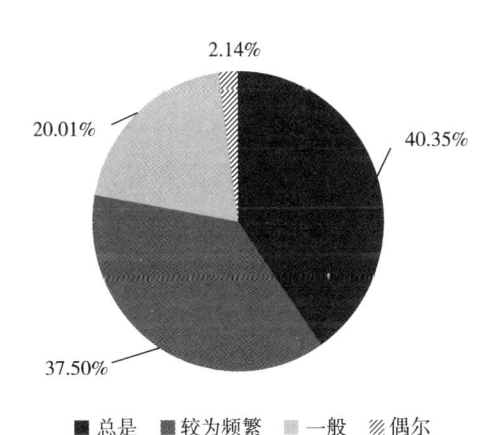

图4-32 居民数字支付的使用频率

资料来源：笔者根据调研数据整理所得。

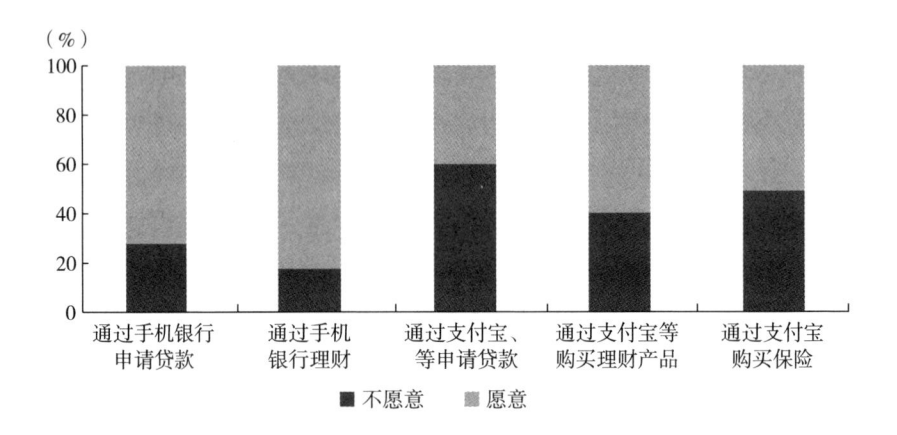

图 4-33 居民使用数字金融服务的意愿

资料来源：笔者根据调研数据整理所得。

(六) 居民对普惠金融的认知和态度

从居民对发展普惠金融的认知程度来看［见图 4-34 (a)］，26.39%的样本对普惠金融了解得不多，44.74%的样本对普惠金融了解一些，仅有 14.41%的居民样本非常了解普惠金融，而仍有 14.45%的居民样本不知道什么是普惠金融。可见，对于那些教育程度比较高的居民来讲，要进一步加大对普惠金融的宣传力度，让发展普惠金融能够深入人心。从发展普惠金融是否对居民会产生的影响方面看［见图 4-34 (b)］，多半以上（54.40%）的居民认为发展普惠金融对自身影响一般，仅有 15.47%的居民认为发展普惠金融对自身影响很大，而出乎意料的是，仍由 1/3（30.13%）的居民认为发展普惠金融对自身没有明显影响。从这点可以看出，发展普惠金融并不是对所有居民都有影响，对于那些有贷款需求的居民来说，普惠金融的影响较低。另外，从发展普惠金融的态度看［见图 4-34 (c)］，79.28%的居民支持发展普惠金融，而仍有 1/5 的居民不支持发展普惠金融。

(a) 对普惠金融的认知　　(b) 发展普惠金融对其自身的影响　　(c) 对普惠金融的态度

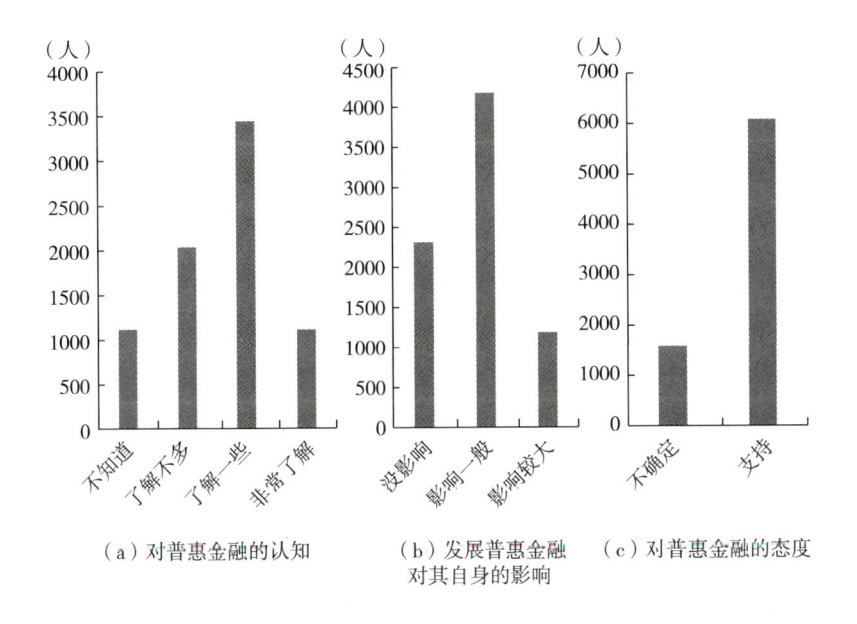

图 4-34　居民对普惠金融的认知及态度

资料来源：笔者根据调研数据整理所得。

## 二　基于小微企业视角的普惠金融分析

### (一) 小微企业持续获得金融支持

小微企业通过各种形式获得金融服务。调查数据显示，尽管受新冠疫情影响，小微企业还是会通过各种渠道获得基础金融服务。从小微企业的融资渠道来看（见图 4-35），67.31% 的样本主要通过正规银行贷款来解决融资困境；38.93% 的样本会选择民间借贷，这在一定程度上会加重其融资成本，而通过内部融资、增资扩股和政府补贴方式解决融资困境的小微企业占比分别为 22.46%、3.88% 和 4.57%。从贷款申请情况来看（见图 4-36），74.74% 的小微企业申请过贷款，其中，仅通过线下方式向银行申请过贷款的样本占比最多（43.33%），而 1/10（11.87%）的样本仅通过线上方式向银行申请过贷款，1/5（19.53%）的样本同时通过线上线下向银行申请过贷款。从获得最大一笔贷款的情况来看，有贷款的样本实际执行的贷款年利率平均为 5.57%，比 2022 年 4 月同期新发放的普惠型小微企业平均贷款利率（5.24%）高出 0.33 个百分点，说明小微企业的融资成本仍有下降空间。此外，贷款期限平均为 3.93 年，贷款类型以抵质押贷款（42.74%）和信用贷款（41.36%）为主，贷款用途以日常运营流动资金需求为主（76.31%）。从贷款来源来看，由于调查样本主要限定在城商行和农信系统，因此 1/3 以上（38.39%）样本的贷款主要来源是农信社、农商行和农合行，1/4（25.18%）样本的贷款来源是城商行，其他样本则来源于国有银行、股份制银行、新型农村金融机构、互联网银行和民营银行。低息或免息贷款等普惠金融政策支持小微企业发展的效果较好。目前，调查的小微企业直观认为贷款延期还本付息政策、低息或免息贷款政策和税收优惠政策对其发展最为显著。从图 4-37 来看，90.07% 的样本认为低息或免息贷款对缓解其融资困难的帮助最大；83.93% 的样本认为税收优惠政策对其发展最明显，尤其是以小规模纳税人阶段性免征增值税反馈最好；66.70% 的样本认为贷款延期还本付息政策比较有用，特别是在疫情期间，该政策能缓解小微企业的还贷压力。

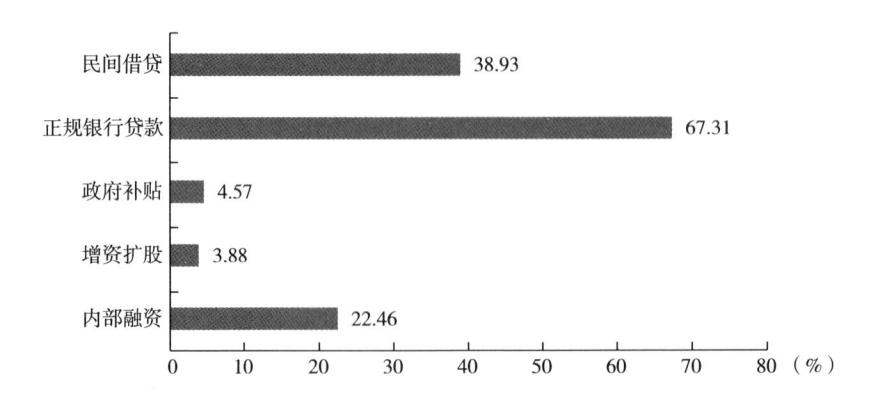

| 融资渠道 | 百分比 |
| --- | --- |
| 民间借贷 | 38.93 |
| 正规银行贷款 | 67.31 |
| 政府补贴 | 4.57 |
| 增资扩股 | 3.88 |
| 内部融资 | 22.46 |

图 4-35 小微企业主要融资渠道

资料来源：笔者根据调研数据整理所得。

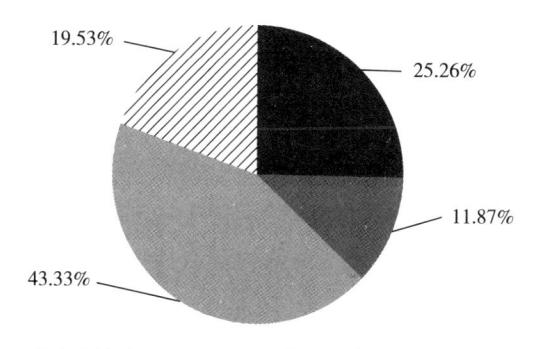

第四章 浙江省建设共同富裕示范区的经济基础　117

- 没有申请过　25.26%
- 仅通过线上方式申请过　11.87%
- 仅通过线下方式申请过　43.33%
- 线上、线下方式都申请过　19.53%

**图 4-36　小微企业银行贷款申请情况**

资料来源：笔者根据调研数据整理所得。

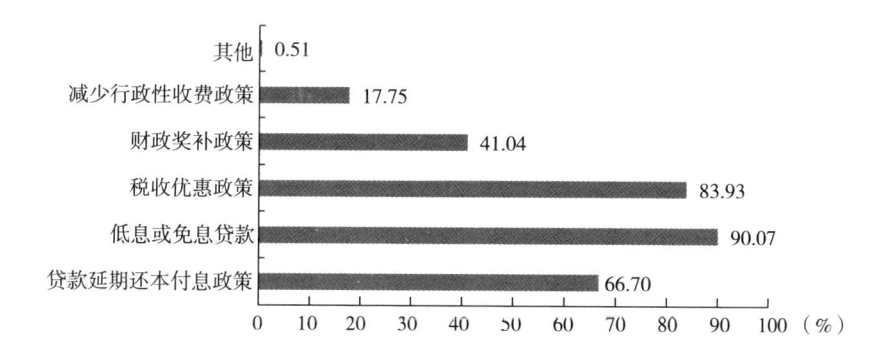

| 政策 | 比例(%) |
|---|---|
| 其他 | 0.51 |
| 减少行政性收费政策 | 17.75 |
| 财政奖补政策 | 41.04 |
| 税收优惠政策 | 83.93 |
| 低息或免息贷款 | 90.07 |
| 贷款延期还本付息政策 | 66.70 |

**图 4-37　小微企业对普惠金融贷款政策的评价情况**

资料来源：笔者根据调研数据整理所得。

## （二）精准滴灌专精特新企业的金融需求

调查发现，除了小微企业主的年龄、性别、教育程度、社会资本等个体特征会影响其金融需求，是否为专精特新企业等也是不可忽视的因素。① 与一般的小微企业不同，专精特新企业资产规模更小，且具有"两高一轻"的特点，即高技术投入、高人力资本投入和轻

---

① 专精特新企业是指具有"专业化、精细化、特色化、新颖化"特征的中小工业企业。

资产,需要大量长期性资金投入,但由于这类企业技术开发和成果转化前景,风险较大,又缺乏合格抵质押物,从银行获得贷款比较困难。从调查情况来看,15.75%的样本为专精特新企业,而在这些样本中,通过线下申请过银行贷款的专精特新企业居多(35.53%),没有向银行申请过贷款的样本占近1/3(27.97%),而通过线上和线上+线下的样本占比分别为18.49%和18.01%。进一步从获得最大一笔贷款的情况来看,专精特新企业在贷款年利率、贷款用途、贷款来源等方面与一般的小微企业没有明显差异,但在贷款期限上(5.56年)明显长于一般小微企业(3.68年),这个结果比较符合专精特新企业的特点。

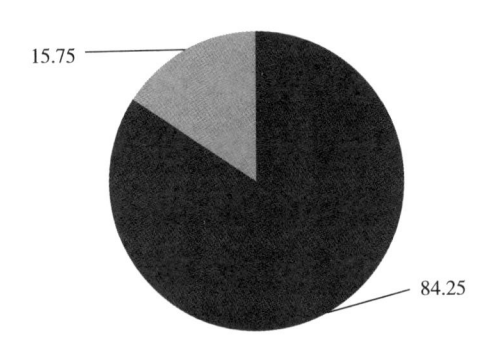

(a)专精特新企业的占比数量(%)

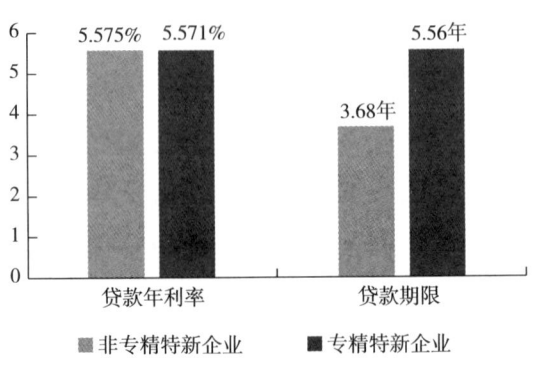

(b)专精特新企业和非专精特新企业的贷款对比

图 4-38 专精特新企业的贷款情况

资料来源:笔者根据调研数据整理所得。

## 第四章 浙江省建设共同富裕示范区的经济基础

### （三）新冠疫情使小微企业经营压力更大，融资难更为明显

受新冠疫情影响，小微企业生产经营遇到较大困难，普遍面临订单缺乏、成本上升、融资困难、预期偏弱等问题。受这些问题影响，小微企业难以消化成本上涨等压力，加之终端需求不足导致库存积压，获利空间收窄。调查数据显示（见图4-39），尽管疫情使一半以上（55.98%）的小微企业压缩了生产，且1/4（25.39%）的小微企业认为融资非常困难，其主要表现在银行对小微企业的要求较高、缺乏针对小微企业的贷款产品以及融资综合成本高（如中介费等）等。另外，从疫情对小微企业开展金融活动的影响程度来看（见图4-40），仅有三成的样本认为疫情影响了正常开展存贷等金融活动，七成以上的样本认为疫情并没有影响其正常开展存贷等金融活动或影响很小。

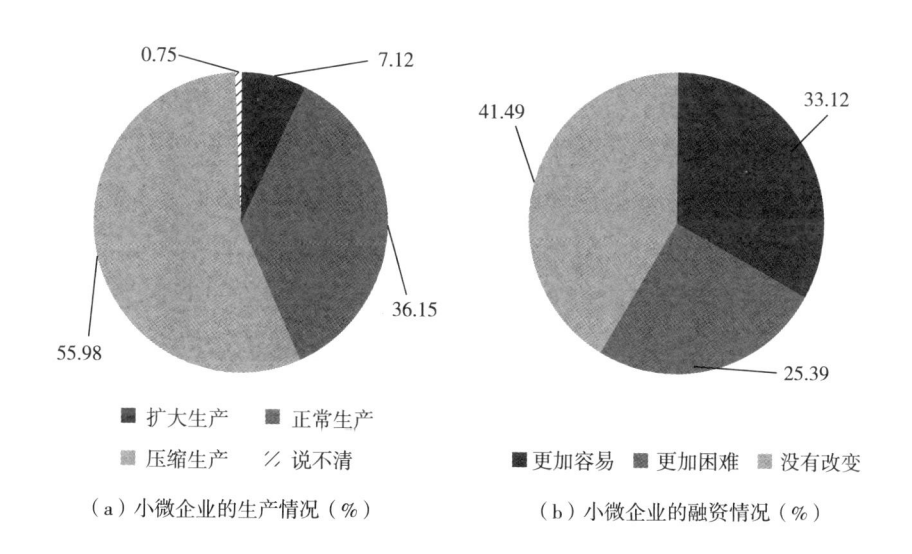

（a）小微企业的生产情况（%）　　（b）小微企业的融资情况（%）

**图4-39　疫情对小微企业生产和融资的影响**

资料来源：笔者根据调研数据整理所得。

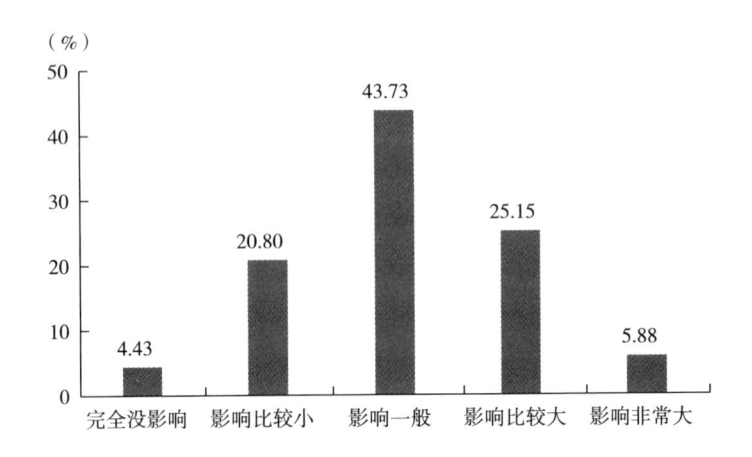

120　金融发展和共同富裕：理论与实证

**图4-40　疫情对小微企业开展金融活动的影响**

资料来源：笔者根据调研数据整理所得。

### （四）小微企业对银行线下服务的依赖度和满意度更高

从选择渠道来看（见图4-41），62.79%的小微企业更倾向于选择银行的线下服务。其中，74.11%的样本认为面对面服务更安全可靠，不会被骗或泄露隐私，25.40%的样本认为银行线上操作过于复杂，学起来太麻烦，0.48%的样本认为线下服务比线上服务更方便。从对银行服务的满意度评价来看（见图4-42），四成以上的样本对银行提供的线上线下金融产品和服务表示基本满意或满意，不太满

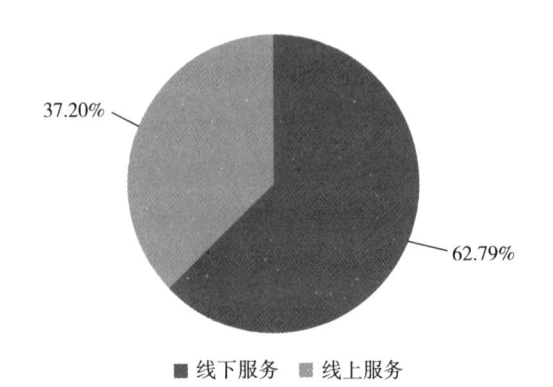

**图4-41　小微企业对银行产品与服务的选择倾向**

资料来源：笔者根据调研数据整理所得。

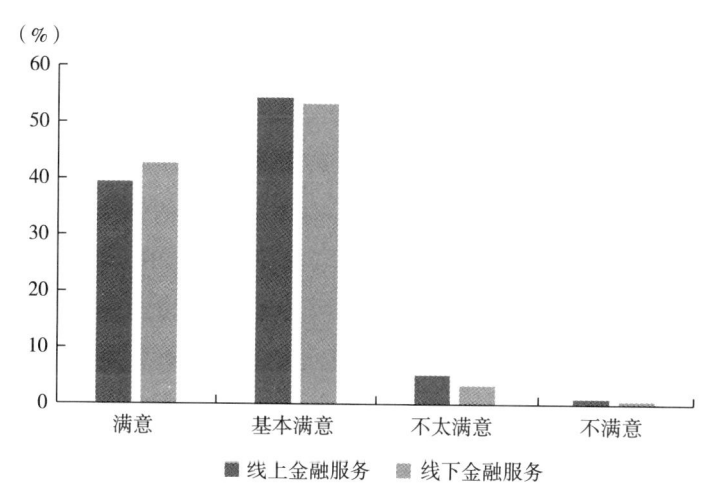

图 4-42 小微企业对银行产品与服务的满意度评价

资料来源：笔者根据调研数据整理所得。

意或不满意的样本仅占5%左右。从银行提供的线上金融产品和服务来看，54.35%的样本对其表示基本满意，39.43%的样本对其表示满意；而从银行提供的线上金融产品和服务来看，53.30%的样本对其表示基本满意，42.7%的样本对其表示满意。从这个结果，小微企业对银行线下服务的满意度更高。

（五）专门针对小微企业的信贷产品设计较少

调查发现，无论是线上业务，还是线下业务，小微企业主或小微企业工作人员均反映银行传统的风险评级、产权质押融资产品与现有小微企业的实际融资需求契合度较低。例如，在信贷产品设计上，有部分样本反映银行个性化、差异化信贷产品较少，支持企业短期临时性周转的流动性贷款和长期基础建设的贷款较少；在风控方式上，有样本反映银行要求小微企业提供抵押资产，利用信用获取贷款的可能性较低。

### 三 基于银行视角的普惠金融分析

（一）银行普惠金融业务开展良好，但风险不容忽视

调查数据显示，在样本银行的普惠金融贷款（包括小微企业法

人贷款、其他组织贷款、个体工商户和小微企业主贷款和其他个人非农户经营性贷款）中，91.25%的贷款为小微企业法人贷款，8.72%的贷款为个体工商户和小微企业主贷款，而其他组织贷款和个人（非农户）经营性贷款占比很低，二者合计不到0.03%。从风险视角来看，不同类型贷款的不良贷款也存在显著差异。调查数据显示，截至2021年年底，浙江省样本银行的普惠金融业务不良贷款率为0.1277%，明显低于同期银行业的不良贷款率。

（二）银行机构服务意愿较为强烈

从调研员工的主观感受看（见图4-43），86.85%的员工认为本行当前开展的普惠金融业务效果较好（含非常好），75.21%的员工认为普惠金融业务能对本行产生较好（含非常好）的业绩，78.96%的员工认为普惠金融业务的成本较高（含非常高），44.42%的员工认为普惠金融业务的不良贷款要高于（含非常高）其他信贷业务的不良贷款要高，63.76%的员工认为当前银行在普惠金融业务发展的

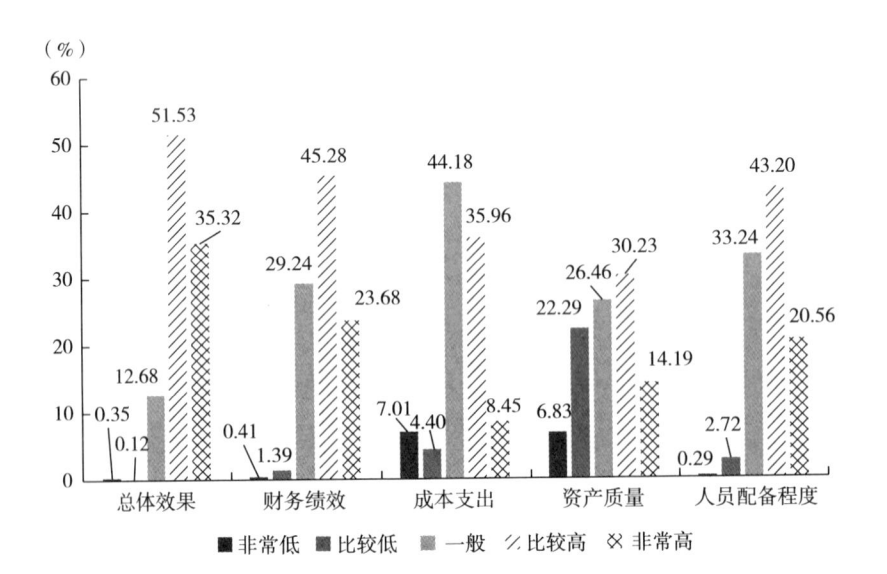

**图4-43 银行员工对普惠金融业务的主观感受**

资料来源：笔者根据调研数据整理所得。

第四章　浙江省建设共同富裕示范区的经济基础　123

人员配备程度方面比较高（含非常高）。目前，银行机构员工简化信贷流程、推动网点和服务下沉和加大信贷投放是开展普惠金融业务是三项最有效的措施（见图4-44），其分别占总样本的比例为79.91%、64.04%和62.30%。另外，也有40.07%和31.21%的员工认为推广线上产品和业务和普及金融知识是开展普惠金融业务不可或缺的措施。

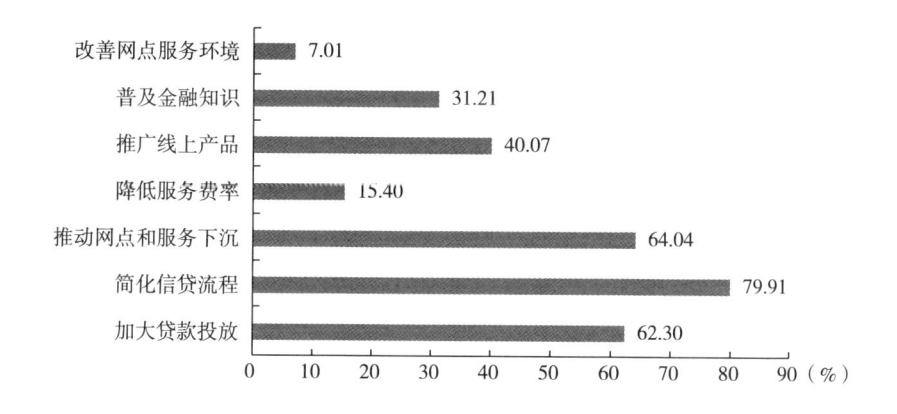

改善网点服务环境　7.01
普及金融知识　31.21
推广线上产品　40.07
降低服务费率　15.40
推动网点和服务下沉　64.04
简化信贷流程　79.91
加大贷款投放　62.30

图4-44　银行员工对普惠金融业务发展的建议

资料来源：笔者根据调研数据整理所得。

（三）银行机构持续支持和帮助持续城乡居民和小微企业纾困

从线下业务数据来看（见图4-45），四成（40.91%）的员工认为疫情缩小了银行的线下存取款业务规模，35.26%的员工认为疫情缩小了银行的线下贷款业务规模，31.23%的员工认为疫情缩小了线下理财业务规模。从线上业务数据来看（见图4-46），11.05%的员工认为疫情缩小了线上转账业务规模，12.44%的员工认为疫情缩小了线上贷款业务规模，11.53%的员工认为疫情缩小了线上理财业务规模。从这个结果可以看出，疫情对银行线下业务有一定影响，但对线上业务影响很少。另外，受政策传导、业务营销压力和绩效考核任务等因素影响，74.26%的银行员工对继续开展普惠金融贷款业

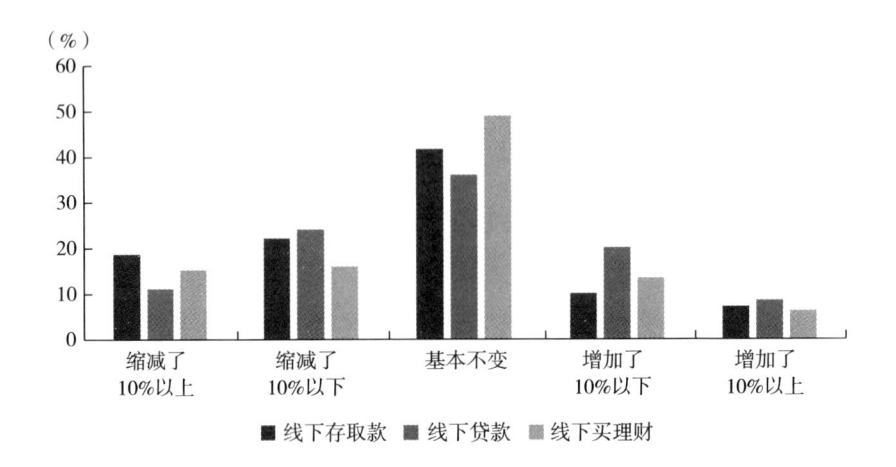

图4-45 疫情对银行开展线下金融业务的影响

资料来源：笔者根据调研数据整理所得。

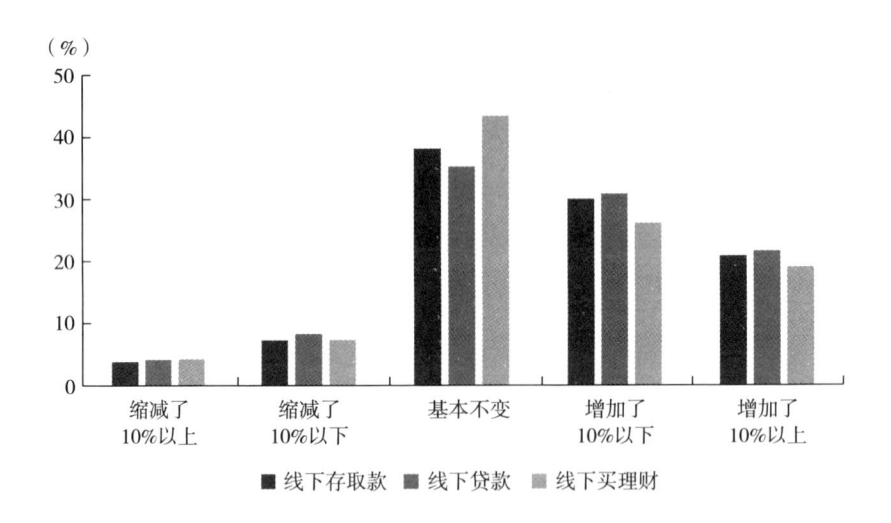

图4-46 疫情对银行开展线上金融业务的影响

资料来源：笔者根据调研数据整理所得。

务持积极态度，并且认为客户的身份、贷款经历、信用记录以及社会关系是开展普惠金融贷款业务最主要的因素。事实上，为缓解受疫情冲击影响较大的小微企业还贷压力，浙江省银行业持续加大政策支持力度，不仅给予企业一定期限的临时性延期还本安排，还实施无还本续贷、中期流动资金贷款，帮助企业纾困，解决融资困难问题。浙江省银保监局统计数据显示，2021年年底，浙江省银行业已为47.1万户普惠型小微企业的5470.3亿元的贷款提供延期还本支持；为3765户普惠型小微企业的99.7亿元贷款应付的4945.4万元利息提供延期付息支持；通过为56.1万户普惠型小微企业的7634.3亿元贷款提供无还本续贷6609.9亿元，帮助其节约转贷成本76.3亿元；通过提供13217.7亿元中期流贷服务，为企业节约转贷成本约103亿元。

（四）业务竞争压力和政策支持缺位问题有待重视

一是银行员工认为市场压力较大。62.42%的银行员工认为，制约银行发展普惠金融因素主要来源于业务竞争压力，特别是在大型银行将业务下沉到中小城市后，市场竞争压力更为明显（见图4-47）。二是部分政策传导落地效果有限，需加强政策精准性。受疫情影响，多数小微企业面临需求不振、订单萎缩的情况，即便符合留抵退税的政策要求，其作用也非常有限；加之延期还款政策申请条件比较苛刻，即便许多小微企业达到政策条件，也会使其征信"隐

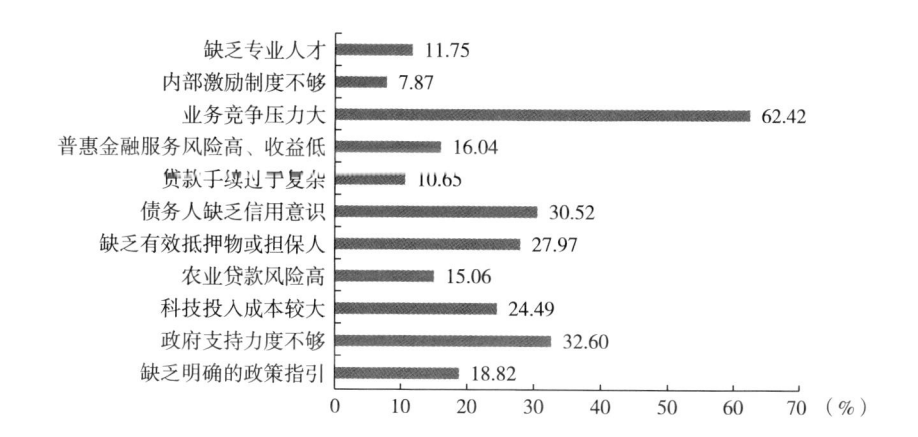

| 制约因素 | 百分比(%) |
|---|---|
| 缺乏专业人才 | 11.75 |
| 内部激励制度不够 | 7.87 |
| 业务竞争压力大 | 62.42 |
| 普惠金融服务风险高、收益低 | 16.04 |
| 贷款手续过于复杂 | 10.65 |
| 债务人缺乏信用意识 | 30.52 |
| 缺乏有效抵押物或担保人 | 27.97 |
| 农业贷款风险高 | 15.06 |
| 科技投入成本较大 | 24.49 |
| 政府支持力度不够 | 32.60 |
| 缺乏明确的政策指引 | 18.82 |

图4-47 制约银行开展普惠及金融业务的主要因素

资料来源：笔者根据调研数据整理所得。

性"受损。调查数据显示，除了受债权人缺乏信用意识、缺乏有效抵押物或担保人，32.60%的银行员工认为，地方政府的支持力度不足、科技投入投入产出比不高是制约当前各个银行普惠金融发展的主要因素，特别是政府风险补偿力度和地方信用担保体系建设等方面存在短板（见图4-47）。

## 第四节　本章小结

本章从不同维度分析了浙江省高质量发展建设共同富裕示范区的经济基础。分析结果表明，浙江省建设共同富裕示范区主要有以下优势：一是经济发展基础较好。浙江省区域经济保持较快增长，人均GDP已经达到高收入国家门槛，产业结构合理且仍存在较大升级空间，总抚养比保持在较低水平，人口红利尚未完全释放，为进一步做大财富蛋糕奠定了基础；浙江省不同区域经济发展水平普遍较高，区域发展较为均衡，农村地区人均可支配收入与城镇地区相比差距较小，为进一步缩小收入差距创造了条件；市场化程度较高，民营经济发达，市场主体活跃，为共同富裕示范区建设中创新体制机制提供了合适的土壤；科技创新走在全国前列，为进一步提高经济发展质量提供了科技支撑；教育水平良好，人口素质保持在较高水平，对于提高低收入群体收入、减少机会不平等具有重要意义。二是金融业发展水平较高。传统金融业发展较好，为地方经济发展提供了有效的金融支持；特别是数字普惠金融业发展较快，能够在一定程度上提高金融发展的普惠程度，在优化资源配置的同时，减少金融发展所可能产生的收入极化效应。总体上看，浙江省在建设共同富裕示范区方面具有良好的基础。

从潜在的问题来看，第一，浙江省仍然面临一定程度的发展不平衡问题，包括区域发展不平衡、城乡发展不平衡等；第二，随着经济发展进入新阶段以及人均收入水平的提高，未来一个时期浙江省所面临的收入分配问题将更加突出。特别是，浙江省民营经济发达、科技创新活跃，不同群体更容易出现收入差距加大的问题。在这种情况下，建设共同富裕示范区对于解决浙江省发展中的不平衡问题以及潜在的收入差距加大等问题具有十分重要的意义。

# 第五章　浙江金融发展支持共同富裕的主要经验

在中国进入高质量发展的新时期，浙江省作为高质量发展建设共同富裕示范区，承担着探索路径、积累经验、提供示范的重要历史使命。作为高质量发展建设共同富裕示范区的一个主要投入要素，浙江省金融业在实践探索推进共同富裕过程中发挥着重要作用，并形成了一批可复制推广和社会认可的共富模式和经验。鉴于此，结合浙江省高质量建设共同富裕示范区，本章首先对金融发展支持共同富裕的政策进行系统性梳理，并在此基础上对浙江省金融发展支持共同富裕的经验进行全面分析。

## 第一节　党的领导是金融发展促进共同富裕的根本保障

中国共产党对金融工作的全面领导不仅决定了中国特色金融发展的根本性质，也为金融促进共同富裕指明了道路。党的十八大以来，党中央高度重视农村工作，坚持领导全社会之力深入推进金融支持脱贫攻坚、乡村振兴以及巩固拓展脱贫攻坚成果同乡村振兴有效衔接等工作，并在消除绝对贫困和增加农民收入、推进城乡融合和区域协调发展等方面取得了巨大成就，为促进共同富裕奠定扎实物质基础。2020年10月，随着脱贫攻坚取得绝对性胜利，党的十九届五中全会明确提出，要"扎实推动共同富裕，到2035年，人民生活更加美好，人的全面发展、全体人民共同富裕取得更为明显的实质性进展"。为支持浙江率先打造和展示共同富裕美好社会的基本图景，发布了《中共中央 国务院关于支持浙江高质量发展建设共同富裕示范区的意见》（2021年5月20日）（以下简称《意见》），并明确提到"浙江高质量发展建设共同富裕示范区，2025年取得明显实质性进展，2035年基本实现共同富裕"。这一重大政策的出台不仅肯定了浙江在长期探索解决发展不平衡不充分问题中取得的经验和成效，也对继续引领浙江探索建设共同富裕示范区赋予新的时代使命。[1] 2021年7月，为全面落实《意见》，浙江省委、省政府在党中央的领导下，勇担使命、塑造变革，创新突破，并发布《浙江高质量发展建设共同富裕示范区实施方案（2021—2025年）》（以下简称《实施方案》），以此着力解决发展不平衡不充分问题和群众急难愁盼问题，扎实推动共同富裕美好社会建设。为有效推动建立与浙江共同富裕示范区建设相适应的金融体制机制，在国务院金融委的直接指挥下，中国人民银行、银保监会等金融管理部门先后颁布《关于金融支持深度贫困地区脱贫攻坚的意见》《关于做好全面推进乡村振兴重点工作的意见》《关于金融支持巩固拓展脱贫攻坚成果全面推进乡村振兴的意见》《关于金融支持浙江高质量发展建设共同富裕示范区的意见》，以此不断增强金融服务的均衡性和可及性（见表5-1）。

表5-1 国家和浙江省政府出台的部分金融支持共同富裕的政策文件

| 时间 | 发文主体 | 制度法规条文 |
| --- | --- | --- |
| 2015年11月29日 | 中共中央、国务院 | 《关于打赢脱贫攻坚战的决定》（中发〔2015〕34号） |

---

[1] 杨卫军、王燕楠：《习近平总书记关于共同富裕的重要论述探析》，《求知》2022年第7期。

续表

| 时间 | 发文主体 | 制度法规条文 |
| --- | --- | --- |
| 2016年3月16日 | 中国人民银行、国家发展改革委、财政部、中国银监会、中国证监会、中国保监会、国务院扶贫开发领导小组办公室 | 《关于金融助推脱贫攻坚的实施意见》（银发〔2016〕84号） |
| 2017年9月25 | 中共中央办公厅国务院办公厅 | 《关于支持深度贫困地区脱贫攻坚的实施意见》（厅字〔2017〕41号） |
| 2017年12月15日 | 中国人民银行、中国银监会、中国证监会、中国保监会 | 《关于金融支持深度贫困地区脱贫攻坚的意见》（银发〔2017〕286号） |
| 2020年12月16日 | 中共中央、国务院 | 《关于实现巩固拓展脱贫攻坚成果同乡村振兴有效衔接的意见》（中发〔2020〕30号） |
| 2021年6月29日 | 中国人民银行银保监会证监会财政部农业农村部 | 《关于金融支持巩固拓展脱贫攻坚成果全面推进乡村振兴的意见》（银发〔2021〕171号） |
| 2021年5月20日 | 中共中央、国务院 | 《关于支持浙江高质量发展建设共同富裕示范区的意见》（国务院公报2021年第18号） |
| 2021年7月10日 | 中共浙江省委、浙江省人民政府 | 《浙江高质量发展建设共同富裕示范区实施方案（2021—2025年）》 |
| 2022年3月18日 | 中国人民银行、中国银保监会、中国证券会、国家外汇管理局和浙江省人民政府 | 《关于金融支持浙江高质量发展建设共同富裕示范区的意见》（银发〔2022〕60号） |

资料来源：根据调查资料整理所得。

为配合全面助力金融支持共同富裕，中国人民银行杭州中心支行、中国银保监会浙江分局、中国证监会浙江分局以及浙江省地方金融监管局等地方金融管理部门围绕《实施方案》先后从数字变革、收入差距、绿色金融、乡村振兴、公共服务、高质量发展等，出台了一系列支持金融高质量建设共同富裕示范区行动计划或实施方案。例如，浙江银保监局等10部门出台《浙江银行业保险业支持"6+1"重点领域助力碳达峰碳中和行动方案》、浙江银保监局出台《浙江银行业保险业支持26县跨越式高质量发展行动方案（2021—2025年）》等（见表5-2）。

表 5-2　　　浙江省金融监管部门出台的部分支持
共同富裕的政策文件

| 时间 | 发文主体 | 制度法规条文 |
| --- | --- | --- |
| 2021 年 7 月 20 日 | 浙江银保监局等 10 部门 | 《浙江银行业保险业支持"6+1"重点领域助力碳达峰碳中和行动方案》 |
| 2021 年 6 月 1 日 | 中国人民银行杭州中心支行、浙江银保监局、省发展改革委、省生态环境厅、省财政厅 | 《关于金融支持碳达峰碳中和的指导意见》（杭银发〔2021〕67 号） |
| 2021 年 6 月 1 日 | 中国人民银行杭州中心支行、浙江银保监局、省发展改革委、省生态环境厅、省财政厅 | 《浙江省绿色金融支持碳达峰碳中和实施方案》（浙金管〔2021〕59 号） |
| 2021 年 7 月 20 日 | 浙江省促进中小企业和民营企业发展工作领导小组办公室、浙江银保监局、中国人民银行杭州中心支行、浙江省地方金融监管局和浙江省经信厅 | 《规范银行业金融机构对民营企业贷款保证担保的实施意见》（浙经信企业〔2021〕107 号） |
| 2021 年 8 月 30 日 | 浙江省地方金融监督管理局、中国证监会浙江监管局 | 《关于发挥资本市场作用助推经济转型升级的若干意见》（浙金融办〔2015〕18 号） |
| 2021 年 10 月 13 日 | 浙江银保监局 | 《关于做好能源保供和能耗"双控"金融工作的通知》（浙银保监发〔2021〕204 号） |
| 2021 年 11 月 19 日 | 浙江银保监局 | 《浙江银行业保险业支持 26 县跨越式高质量发展行动方案（2021—2025 年）》 |
| 2021 年 12 月 1 日 | 浙江银保监局 | 《进一步加快推动农业保险高质量发展行动方案》（浙银保监办发〔2021〕171 号） |
| 2022 年 1 月 13 日 | 中国人民银行杭州中心支行等 10 部门 | 《关于金融赋能山区 26 县跨越式高质量发展助力共同富裕示范区建设的实施意见》（杭银发〔2021〕156 号） |
| 2022 年 2 月 25 日 | 浙江银保监局 | 《关于稳定预期激发活力提升金融服务质效的实施意见》（浙银保监办发〔2021〕171 号） |
| 2022 年 3 月 18 日 | 浙江银保监局 | 《浙江银行业保险业支持高质量发展建设共同富裕示范区工作方案（2022 年度）》（浙银保监办发〔2022〕33 号） |
| 2022 年 6 月 9 日 | 浙江银保监局、中国人民银行杭州中心支行 | 《关于优化新市民金融服务的通知》 |

续表

| 时间 | 发文主体 | 制度法规条文 |
| --- | --- | --- |
| 2022年9月1日 | 浙江银保监局、省农业农村厅、省财政厅 | 《关于开展政策性玉米种植保险的通知》 |
| 2022年9月2日 | 浙江银保监局、长三角一体化示范区执委会 | 《长三角生态绿色一体化发展示范区关于加快科创金融发展的实施意见》 |

资料来源：根据调查资料整理所得。

同时，各市政府在浙江省委的引领和指导下，结合自身经济发展水平、产业特色以及地方财政实力等，因地制宜从金融视角出台了诸多地方配套方案。例如，舟山市金融办和银保监舟山分局联合出台《关于金融支持激发市场主体活力的实施意见》，中国人民银行嘉兴中心支行出台《关于金融支持保供保畅保增长的实施意见》（嘉政办发〔2022〕18号），宁波市银保监局和财政局联合出台《关于财政支持普惠金融高质量发展促进共同富裕先行市建设的实施意见》（甬财金〔2022〕117号），这些为高质量建设符合地方发展特色的共同富裕示范区提供了政策指引（见表5-3）。

表5-3　浙江省部分地级市政府部门出台的有关金融支持共同富裕的政策文件

| 时间 | 发文主体 | 制度法规条文 |
| --- | --- | --- |
| 2021年11月18日 | 舟山市金融办、银保监舟山分局 | 《金融支持舟山高质量发展建设共同富裕示范区先行市的若干措施》 |
| 2022年4月11日 | 嘉兴市人民政府 | 《关于金融支持激发市场主体活力的实施意见》（嘉政办发〔2022〕18号） |
| 2022年6月2日 | 中国人民银行嘉兴市中心支行 | 《2022年嘉兴市货币信贷工作的指导意见》 |
| 2022年6月2日 | 中国人民银行嘉兴市中心支行 | 《关于金融支持保供保畅保增长的实施意见》 |
| 2022年9月6日 | 宁波银保监局、财政局 | 《关于财政支持普惠金融高质量发展促进共同富裕先行市建设的实施意见》（甬财金〔2022〕117号） |

资料来源：根据调查资料整理所得。

另外，为充分发挥金融机构的支撑保障作用，全面率先助力浙江高质量建设共同富裕示范区，一些金融机构也先后出台了行动方案和实施意见。例如，中国银行制定了《支持浙江高质量发展建设共同富裕示范区行动计划》、财通证券制定了《关于发挥省属券商作用全力推进高质量发展建设共同富裕示范区的通知》、浙商银行制定了《全面率先助力共同富裕示范区建设实施意见》等（见表5-4）。

表5-4　部分金融机构出台的金融支持共同富裕的政策文件

| 时间 | 发文主体 | 制度法规条文 |
| --- | --- | --- |
| 2021年9月10日 | 中国银行 | 《支持浙江高质量发展建设共同富裕示范区行动计划》 |
| 2021年9月30日 | 财通证券 | 《关于发挥省属券商作用全力推进高质量发展建设共同富裕示范区的通知》（财券董办字〔2021〕388号） |
| 2022年5月13日 | 浙商银行 | 《全面率先助力共同富裕示范区建设实施意见》（浙商银〔2022〕213号） |
| 2022年7月6日 | 财通证券 | 《财通证券"一企一策"助力高质量发展建设共同富裕示范区行动方案（2022—2025年）》（财券董办字〔2022〕208号） |

总体来看，浙江金融发展支持共同富裕是在中央政府顶层设计、浙江省政府部门主导推动以及金融机构积极配合下实施完成的。具体特点有：第一，金融监管部门（包括中国人民银行、中国银保监会、中国证监会等）根据党中央和国务院制定的浙江高质量发展建设共同富裕示范区的方案，从宏观层面顶层设计对应的金融机制体制。第二，省级金融监管部门在金融支持浙江高质量发展建设共同富裕示范区的整个过程制定实施方案以及行使协调和指导等职能。根据浙江省的《实施方案》以及上级金融监管部门制定的方案内容，中国人民银行杭州中心支行、中国银保监会浙江分局、中国证监会浙江分局以及浙江省地方金融监管局等部门根据浙江省金

融业的实际情况，制定具体的行动方案，为辖内金融机构提供更为适合地方特色的行动指引和保障机制。第三，辖内金融机构积极配合、有序推进金融支持浙江高质量发展建设共同富裕示范区。根据浙江省政府、金融监管部门的要求，辖内各金融机构根据自身实际情况，因地制宜地配合完成金融支持浙江高质量发展建设共同富裕示范区工作。

## 第二节　以金融手段支持经济高质量发展

第一，建设多层次资本市场，推动资本赋能科技创新。为做好区域性股权市场创新试点工作，浙江省政府出台多项财税支持政策，研究推动证券公司在区域性股权市场中开展普惠金融服务，支持浙江股权交易中心向上探索有效对接新三板、北交所的通道以及向下结合县域经济发展特点推广县域企业服务基地模式，推动资本市场服务直达当地小微企业。2021年以来，浙江股权交易中心已在长兴、嘉善、德清等10个县域建立服务基地，2022年8月在衢州市成立省内首家区域股权市场创新培育平台，帮助科创企业提供股改融资、托管登记、规范辅导、上市培育等服务。同时，各地方政府通过为企业制定上市培育清单、成立凤凰行动等政府产业共富主题基金（见表5-5）等措施，重点投向当地拟上市公司、专精特新企业、并购重组项目和上市公司再融资。例如，2022年2月16日，宁波市成立了"凤凰行动"投资基金。该基金按照"市级投资基金+区县投资基金"模式进行运作，其中，市级投资基金一期规模达20亿元，由宁波市国资国企改革发展母基金出资，区县（市）原则上按照1：1的比例进行联合投资，同时撬动更多的社会资本共同参与。又例如，专精特新"小巨人"企业科润智控已于2022年7月13日成功在北交所上市，成为衢州首家北交所上市企业。可以看出，浙江省科创企业在资本市场获得融资、上市或挂牌的数量位居全国前列。截至

2021年年底，浙江省境内A股上市公司数量为605家，通过浙江股权交易中心遴选的、具有成长性的科创企业已超过1200家，新增小微企业融资72.3亿元。

表5-5　　浙江省发起设立的部分产业共富主题基金情况

| 序号 | 基金名称 | 基金规模 | 发起设立区域 | 主要投向 | 开展进度 |
| --- | --- | --- | --- | --- | --- |
| 1 | 常山县柚富股权投资基金 | 20亿元 | 衢州市常山县 | 智能制造、新能源、新材料、大消费等领域 | 2022年3月落地 |
| 2 | 遂昌革命老区共富母基金 | 10亿元 | 丽水市遂昌县 | 带动革命老区红色产业、智能制造、半导体、新能源、人工智能、新材料、数字化、大消费、大健康等行业项目 | 拟落地 |
| 3 | 金采（龙游）农文旅基金 | 10亿元 | 衢州市龙游县 | 龙游县和衢州市农业农村及农文旅方向产业项目及相关科技产业和绿色经济 | 2022年6月落地 |

资料来源：笔者根据调研数据整理所得。

---

**专栏5-1：财通证券积极制定企业上市培育清单，推动多层次资本市场建设**[①]

财通证券是浙江省一家富有特色的地方性证券控股集团，前身为创立于1993年的浙江财政证券公司，2017年10月在上海证券交易所挂牌上市，为唯一省属券商。浙江省金融控股有限公司、浙江省财务开发有限公司、台州市金融投资集团有限公司为财通前三大股东，持股分别为29.03%、3.23%、2.96%。

---

① 根据调研数据整理所得。

近年来，为积极响应省政府高质量发展建设共同富裕示范区口号，充分发挥资本对共富的作用，财通证券与杭州市临平区签订合作协议，积极制定企业上市培育的"三张清单"，并为其提供适应性的服务。具体而言：第一张清单是"准在审清单"，即进入辅导期，但2022年暂不申报上市的企业清单（目前有34家），其服务重点是向上做好与证监会、沪深交易所、省市金融办等沟通对接，并联合保荐机构，根据现行上市审核标准，精准服务在审企业答复相关问题，审慎评估其未来上市的可行性，排出时间表，加速审核进程。第二张清单是"准辅导清单"，即未来两年符合上市条件，但还未进入辅导期的企业清单（目前已梳理出31家），其服务重点是坚持"请下来+走上去"相结合，派送金融顾问调查和输送金融服务，了解企业上市意愿、宣传辅导上市对企业未来发展的意义、帮助企业梳理上市堵点和规划上市路径，同时组团赴交易所举办专场论证会，及时解决企业困难。第三张清单是"后备清单"，即虽不符合上市条件，但有上市意愿的企业（如专精特新企业、"隐形冠军"企业、未来工厂和有股权投资机构入股的企业等）清单（目前已梳理出92家），其服务重点是坚持内挖外引相结合，通过召开项目招引对接会招引更多的县外拟上市企业，同时深挖本土上市资源，动态更新企业后备资源库，推动后备企业未来上市。

第二，推进金融机构数字化转型，满足重点群体的金融服务需求。作为科技强省，浙江省近年来设立了互联网银行，并推进传统金融机构"贷款码"下沉到农村地区，拓宽农民融资渠道。同时，浙江省还积极参与指导金融机构与各地村委合作共建数字乡村，推动金融机构在大数据、云计算等数字技术方面的创新应用，以此精准滴灌金融需求、提高风控能力。例如，2019年以来，蚂蚁集团的网商银行积极探索通过将卫星遥感、大气传感器和土壤传感器等技术应用到农业信贷领域，并结合 AI 模型算法，动态获取种植大户的作物全生长周期遥感影像和光照、水肥、温湿等实时数据，同时建立水稻、小麦、玉米等的农业作物全生长周期识别模型以及地块、云块识别模型，以此为农村金融信贷提供精准风险评估支持。2022 年 6 月末，网商银行在浙江省内累计服务涉农客户 66.8 万户，累计投放涉农信贷 2944 亿元。同时，为解决进城"零工"人员的日常金融需求，浙江省银行机构努力降低新市民金融服务门槛，减免"开户""代发薪资""汇款转账"等主要金融服务的相关费用。此外，浙江省银行机构还积极利用数字化技术试点启用"浙里新市民"平台，并结合新市民积分等研发创业担保贷款、再就业小额贷款等专属金融产品，解决"零工"人员的创业需求和就业需求。根据调查资料显示，截至 2022 年 6 月末，浙江省辖内银行机构已为进城务工人员开设服务专柜 240 多个，部分银行开设务工人员线上服务专区，提供专属金融服务。

---

**专栏 5-2：网商银行利用"大山雀"技术识别主粮作物和经济作物，解决农户贷款难**[①]

"大山雀"是网商银行开发的一种卫星遥感信贷技术，其基本原理是农户首先用手机在地图上圈出自己的土地并确认地块，然后网商银行利用卫星遥感卫星图像识别地块上的农作物面积和作物类型，解决农户种的是什么，种多大，种的好不好的问题，同时通过风控模型预估产量和价值，向农户提供贷款额度与

---

① 根据调研数据整理所得。

合理的还款周期，解决农民因缺乏抵押担保品而准确授信的问题。目前，"大山雀"技术一般以5—7天为一周期，实时更新地块卫星影像和识别结果，监测农作物长势，判断作物所处的育苗期、拔节期或收购期等阶段，进而分析农户在插秧、打药、追肥和收割等不同生产时期的资金需求。2019年开始，网商银行就积极探索通过卫星遥感技术结合AI模型算法获取大规模可信动态数据，来服务全国的种植大户。目前，网商银行已经基于深度神经网络、Mask-RCNN等AI模型算法，建立了28个卫星识别模型，如可识别水稻、小麦、玉米、苹果等主粮作物和经济作物全生长周期的模型，地块识别模型、云块识别模型、风控模型、时间序列模型。其中，风控模型是对农户申贷时间做出合理性评价，并对不同地区在不同季节节点的农户给予不同的授信，满足其在各个生产经营周期所需的资金；时间序列模型是通过分析各地历史气候数据，然后预测未来一段时间内气候可能出现的情况，形成基于"地域—气候—作物—农户"的全方位种植评价体系，根据历史温度、湿度、降水、风速和光照等预测农作物的产量和损益，从而精准识别贷款风险。自2015年网上银行成立至今，网商银行服务了约4000万个中小微企业和农户，其中县域及以下的用户占比超过一半。

第三，搭建共享开放的数智金融平台。为提升服务实体经济和百姓普惠金融的能力，促进银企政信用信息共享和应用，浙江省依托信息科技手段，努力从政府侧、金融机构侧、企业侧、居民侧综合集成，对金融综合服务平台数据、产业数据、企业信用信息服务平台数据和多个政府部门公共数据等进行对接并共享。目前，浙江省已搭建了数智化区域金融运行体系，形成"平台+大脑+场景应用"的运作机制。其中，所建成的"金融专题库"是国内唯一具有金融行业标准化的公共数据专用指标库。当地金融机构利用政府部门高价值的数据（如税务、工商等）进行动态分析，精准感知和掌握中小企业和个体工商户的金融需求，打破信息孤岛，同时在高效率地为其配置信贷资金，以此有效防范金融风险，提升金融服务的覆盖率、可得性、满意度。截至2021年年底，浙江省已实现部分公共数据共享，日均数据调用量在40万—50万次，其中66.2%的被查询企业为注册资本100万元以下的小微企业；累计交易量突破2.03万亿元，支持直接对接授信6664亿元，服务16.63万家企业（含个体工商户）授信，其中88.4%在3天内完成授信，17.2%为首贷户，26.4%为纯信用贷款，93.3%为普惠型小微贷款。

第四，推动科技金融服务生态，赋能科技创新企业和先进制造业高质量发展。为打造与科技产业相匹配的高质量金融供给体系，培育科技创新体系和先进制造业集群项项目，浙江省积极推进科创金融改革，通过财政奖补、风险补偿、保费补贴等方式强化科创金融激励机制，引导金融机构设立科技支行和科技特色支行。目前，浙江省已设立了50家科技支行，183家科技特色支行。为有效精准支持科创企业、先进制造业和绿色低碳的信贷融资需求，浙江省积极建立外部合作机制，搭建科技金融的生态圈，并运用智能风控系统和多维度评价模型对不同类型、不同阶段和不同领域的科技型企业提供专利质押融资、绿色信贷、品牌贷款等金融产品和服务，同时还推动"人才贷""人才创业险"等专项金融服务，灵活支持科技人才创新创业融资。截至2023年6月末，科技型企业已从金融机构获得贷款资金1.37万亿元。另外，浙江省还积极开展开发性金融支持科创中小微企业试点工作，并在全国率先试点知识产权线上质押登记，保证质押登记实时线上办理和"T+1"出证，实现办理贷款"一次也不用跑"。截至2023年6月末，浙江省政策性金融机构已累计向85家科技企业授信15.3亿元。此外，为满足科技企业和先进制造业的风险保障需求，浙江省地方金融监督管理局联合省市场监管局等多个部门积极开展知识产权保险创新试点，将保险机制融入知识产权治理体系，并围绕知识产权创造、运用、保护"三大环节"，创新和推广全链条知识产权保险产品，通过将知识产权保险纳入全省专利转化专项计划支持方向等举措，实现知识产权保险服务支撑。截至2022年年末，浙江省科技保险实现保费收入6亿元，同比增长30.0%。

## 第三节　发挥金融在缩小差距方面的作用

第一，加大对小微企业和"三农"领域的信贷支持，缩小企业间差距。浙江省银行业金融机构扎实推进小微企业"增氧滴灌"工程，针对不同群体金融需求创新金融产品，优化金融供给，优化金融供给，持续落实"4+1"小微金融服务工作，突破融资"难、贵、慢"瓶颈，不断提升小微企业金融服务覆盖面和获得感。截至2021年年底，浙江辖内普惠型小微企业贷款和涉农贷款余额分别为2.7万亿元和4.74万亿元，分别比年初增加6070.6亿元和7040.1亿元，增长率分别为28.6%和17.5%。作为专业服务小微企业的股份制银行，浙商银行设计了一系列"共富贷"产品，帮助小微企业稳定经营、持续增收。截至2022年6月，浙商银行普惠型小微贷款余额1073.18亿元，占各项贷款比重达23.64%（省内），近1/4贷款直接投放给单户授信总额1000万元及以下的小微企业。作为服务"三农"的银行代表，浙江农商联合银行不断提升"三农"金融服务覆盖面、可得性和满意度，加快实现"农户小额普惠贷款"等"富农"产品"一站式"服务，探索"农户家庭资产负债表融资模式"，支持农业生产、农村发展和农民增收，助力共同富裕。2022年6月，浙江农商联合银行累计为956.8万户农户提供授信，授信总额14409亿元，使用贷款农户358万户，贷款余额4855亿元。

## 专栏5-3：浙江通过探索"农户家庭资产负债表融资模式"助力农民共同富裕[①]

自2020年起，中国银保监会浙江银保监局先后在台州、衢州等地区试点开展"农户家庭资产负债表融资模式"。2021年11月，中国银保监会浙江监管局印发《关于推广农户家庭资产负债表融资模式 进一步深化农村信用体系建设的通知》（浙银保监办发〔2021〕148号），并在全辖范围内正式推广"农户家庭资产负债表融资模式"，以此盘活农村沉睡资产、解决农民资产"贷不通""贷不准""贷不稳"三大难题。农户家庭资产负债表融资模式是在农户缺乏抵押物情况下推出的一种金融创新，即银行通过多渠道采集整合共享信息及其他内外部农户的家庭信息，编制农户家庭资产负债表，基于农户家庭净资产，统筹考量农户家庭年收入、人品等资信信息和村两委会议授信情况，丰富完善农户家庭信用授信评估模型，并为农户发放小额信用贷款。与传统按照农户房产、林权、土地承包经营权等资产进行授信不同，农户家庭资产负债表融资模式是在传统农户信用贷款授信模式基础上，客户经理上门采集农户信息，并从财务化视角对农户各类难以抵押的固定资产（如车辆、农机具）、权利类资产（如经济合作社股权、海域使用权）、活体资产（如禽类、畜类、水产）、金融资产（如理财、保单）和无形资产（农户的人品、道德和各类荣誉）等进行系统性计量和估值，以此建立家庭资产负债表，并进行精准画像，以此提高农户贷款额度。目前，该模式已在涉农银行机构以及部分地区的城商行、村镇银行已推广运行。多家农商银行已针对该贷款模式对信贷

---

[①] http://www.cbirc.gov.cn/cn/view/pages/index/index.html.

业务系统进行升级，构建包含前、中、后期的信贷生命周期管理闭环。截至2022年6月末，浙江省银行业已为全省1/4（约270万户）的农户建立了家庭资产负债表，其中六成以上的农户获得授信，农户户均授信余额大幅提升，有效提高了农户贷款覆盖面、满足度。

第二，助力山区26县实现高质量发展，缩小地区差距。浙江省地方金融监管局联合多个部门出台《浙江银行业保险业支持26县跨越式高质量发展行动方案（2021—2025年）》，明确银行业保险业支持山区26县发展的工作目标和18项重点任务，推动银行机构积极将信贷资源向薄弱地区倾斜。当地银行机构结合当地产业发展特色，按照"一县一策""一县一品"原则将金融资源向山区县投入，将金融创新优先向山区县试点，助力山区26县经济跨越式发展，着力打造具有县域地方特色的共富样本。例如，台州、丽水等多个山区的县级人民银行根据地方特色产业、金融发展基础等情况，牵头制定金融支持"一县一方案"，力求提高金融支持精准性。例如，台州市的三门县重点突出支持"鲜甜三门"特色产业，围绕"2+4"农业主导产业（三门青蟹和小海鲜2大水产品，和柑橘、甜瓜、茶叶、西蓝花4大农产品），创新定制、扩面推广"青蟹贷""青蟹商标贷""塘租贷"等信贷产品；台州市的仙居县聚焦"康养仙居"等，围绕国家级旅游度假区创建暨环神仙居大花园"微改造、精提升"行动，加大景区开发、民宿行业发展、沿线景观改造、河道整治、特色小镇建设、乡村旅游集群化的金融支持，充分发挥旅游银行示范引领作用；龙泉市针对龙泉宝剑与龙泉青瓷产业，快速推出"龙泉剑瓷共富贷"，为当地25名剑瓷师傅提供3710万元资金支持。浙江省银保监局统计数据显示，截至2021年年底，山区26县各项存款1.3万亿元，比年初增加1487.5亿元、增长率为12.8%；山区26县各项贷款1.4万亿元，比年初增加2343.9亿元、增长20.9%，高于各项贷款平均增速 5.2 个百分点。此外，为贯彻落实脱贫攻坚、乡村振兴、服务"三农"等工作要求，浙江省证券机构重点支持有条件的山区县企业上市融资、发行债券和 ABS，帮助其提质增效、降本减负，同时在山区 26 县创新设立采农文旅共富基金、参与乡村振兴结对帮扶，以资源赋能、投资创新和产融结合等方式助力山区 26 县特色主导产业发展。2019 年以来，浙江省上市公司、证券公司累计投入脱贫攻坚帮扶资金近 4 亿元。截至 2022 年 6 月，注册地在山区 26 县的上市企业共有 49 家，覆盖率达 69%。其中，山区 26 县的 A 股上市企业 43 家，2022 年 1—6 月山区 26 县新增上市公司 3 家。

### 专栏 5-4：浙商银行推出龙泉剑瓷共富贷，为小微企业精准滴灌[①]

宝剑与青瓷是龙泉传统文化产业，当地为数不少的小微企业从事剑瓷经营。然而，苦于缺少资产抵押，银行融资屡屡碰壁。为充分发挥股份制银行助力龙泉剑瓷产业提速振兴，浙商银行针对龙泉市经营青瓷、宝剑行业的融资难点进行充分调查和大数据，同时结合其经营场景、资信和商业模式，从融资总量、服务精度、融资成本等方面进行优化并设计推出"龙泉剑瓷共富贷"，剑瓷从业人员可以凭借职称证明快速申请和办理贷款，满足其"短、小、频、急"等差异化、个性化的融资需求。该贷款是免抵押、高额度、期限活和低利率的信用保证类贷款。为降低个体工商户和小微企业的交易成本、提升其在业务办理的便利感，浙商银行还探索运用大数据和人工智能等数字技术赋能信贷流程，以"大数据"挖掘"小信用"、以"数据跑"

---

① 根据调研数据整理所得。

替代"客户跑"。目前,浙商银行线下的"龙泉剑瓷共富贷"业务已全面完成"申请在线化、调查移动化、审查数据化、审批模型化、提还款自助化、贷后自动化"的流程再造,已完全实现"客户掌上申、合同无纸签、模型自动审、要素套餐配、线上自助提、贷款循环用"等新型服务功能。截至2022年6月,浙商银行已为龙泉33家剑瓷小微企业提供1937万元资金支持。

## 专栏5-5:财通证券综合运用金融工具,全力探索产业共富、山区共富

为助力稳住经济大盘、促进山区26县传统农业产业的整合及转型,浙江省属券商——财通证券通过子公司财通资本于2022年6月探索成立了农文旅共富基金。这支共富基金是山区26县首支金采农文旅共富基金,其主要财通资本、龙游县汇龙投资发展有限公司、衢州市大花园建设投资发展集团有限公司、金采未来(浙江)城乡融合发展有限公司(以下简称"金采未来公司")共同出资,规模约为10亿元。其中,金采未来公司是实施助农共富计划的主要运营主体。金采未来公司以数字化工具为支撑,联动未来村庄和未来社区城乡两端,强化未来社区需求侧消费端和未来村庄供给侧生产端的联系,打造消费助农、产业富农、科技兴农三位一体的助农新模式。

目前,该共富基金主要以资源赋能、投资创新和产融结合等方式多措并举助力乡村振兴产业发展,积极帮助山区26县引进有利于缩小三大差距、扩中提低、强村富民的重大产业项目

> 落地。具体而言：一是通过定期派送业务骨干去武义、江山、龙游、龙泉、景宁、庆元等地"挂职"锻炼，深度了解农文旅产业方的金融需求，掌握当地优势农业产业（如食用菌、茶、中药材和蜂蜜）发展特色及痛点，以此在乡村振兴路上开启共富"加速度"；二是成立产业基金，并通过证券公司的发挥专业优势，在武义、缙云、龙泉、龙游等地发行地方平台债券，解决当地乡村振兴的资金来源问题；三是通过集合省农业农村厅和省科技厅的助农资源，联合当地政府为茶园提供综合性的金融服务和财富管理，并通过茶旅融合、营销推广、建设区域品牌等方式提高龙游黄茶品牌知名度，带动三大产业增收。截至2022年6月，金采农文旅共富基金已实现亩产增收2万—4万元。

第三，引导财富管理发挥提高中小投资者财产性收入的作用，缩小居民财富差距。浙江省银行业积极研发与广大居民收入水平相匹配的理财产品，帮助中低收入群体增加理财收入。2021年，浙江省金融机构人民币表外理财资产余额11191.60亿元，同比增长9.7%。同时，围绕中小投资者财富增长和提升获得感，浙江证券业支持当地证券公司申请公募业务托管、投资顾问等业务资格，引导上市公司提高现金分红比例，助力提高居民财产性收入。截至2022年6月末，浙江省共有479家公司推出现金分红方案，占全部盈利公司数量的87%，现金分红总额952.61亿元。其中，分红比例在30%以上的公司有288家，50%以上的公司有118家。另外，浙江省证券公司还积极开发和设计与中低收入群体需求相适应的固收、权益、股权等投资工具，同时探索改变代销金融产品的传统收费模式，为中低收入人群提供普惠性财富管理服务。随着中国居民财富收入的持续增长，中国财富管理行业将迎来空前的发展机遇，券商作为财富管理核心机构将长期受益。为积极响应共同富裕示范区建设，财通证券作为浙江唯一的省属券商，积极探索创新推出拓宽居民财产收入的"五类产品"，形成了固收类产品（如财安心、财安宁、财安行等）、低波动"固收+"产品、践行社会责任ESG主题集合计划、本金保障型浮动收益凭证（如财同裕、财长红、财星选等）、"财管家"基金投顾五大类共富型产品（见表5-6）。截至2022年6月，财通证券累计销售公募固收类产品和收益凭证共计132.74亿元，其中公募固收类产品金平均年化收益3.79%—5.19%，收益凭证年化收益3.0%—3.3%，远优于一年内银行存款基准利率（0.35%—1.5%）。

表5-6　　2021-2022年财通证券发行的五类"共富"型产品

| | 产品类型 | 只数 | 销售金额（亿元） | 年化收益率（%） | 备注 |
|---|---|---|---|---|---|
| 2021年 | ESG集合资产管理计划 | 1 | 0.11 | 6.27 | 投资ESG主题资产 |
| | 债券类公募基金 | 16 | 61.04 | 5.19 | 含短债、中短债、长期纯债、二级债基 |
| | "财慧通"收益凭证 | 148 | 24.05 | 3.0—3.3 | 本金保障型固定收益凭证 |
| 2022年上半年 | 财通资管聚丰系列产品 | 4 | 1.53 | 6.73 | 管理费计提与产品净值挂钩，净值在1以下不提管理费，改善了原有收费模式 |
| | 债券类公募基金 | 16 | 32.35 | 3.79 | 含短债、中短债、长期纯债、二级债基 |
| | "财慧通"收益凭证 | 71 | 13.66 | 3.0—3.3 | 本金保障型固定收益凭证 |
| 合计 | — | 256 | 132.74 | — | |

资料来源：根据调研数据整理所得。

第四，扩大农村保险品种、创新保险机制，缩小城乡差距。为完善农村保险保障服务体系，浙江省一方面积极探索省定险种为主、地方特色险种为辅、商业保险补充的农险供给体系，开展生猪"保险+期货"项目,推动发展新型农业经营主体综合保险、水稻完全成本保险等险种。截至2021年年底,浙江省共新增备案108个农险产品、开办14个地方特色险种;全年农业保险风险保障金额513.3亿元,同比增长9.9%;累计支付赔款15.3亿元,同比增长59.1%。同时,为盘活小微企业沉睡资金,有效缓解资金需求压力,浙江省还深化运用保险机制推进保证金领域改革。截至2021年年底,浙江省通过保险机制释放的保证金约2731.8亿元,为企业减负约98.4亿元。另外,浙江省保险业还专门针对广大农村弱势群体创新开展扶贫保险和农村小额保险,并在杭州、丽水等地探索重大自然灾害意外保险,针对农村礼堂、农家乐、民宿等公共安全意外险,在衢州创新开发"美丽乡村建设综合保险",通过保险机制完善农村保障体系、助推美丽乡村建设。截至2021年年底,浙江省已在59个县市区开展农村小额保险,承保467万人次,已理赔8.8万多人次。

### 专栏5-6:人保财险积极创新"保险+期货"模式[①]

"保险+期货"模式是指农业生产主体向保险公司购买根据农产品期货价格开发的价格保险产品,并将价格风险转移至保险公司,然后保险公司通过购买场外期权,将自身承担的价格风险转移给期货公司的风险子公司,最后期货公司风险子公司通过交易所的场内期货与期权进行风险对冲。2021年,生猪期货在大连商品交易所挂牌上市后,"保险+期货"生猪项目也开始在各个省份试点推广。为持续推广该项目,大连商品交易所专门投入专项资金进行支持。

作为重点农业产业,生猪养殖发展备受浙江省衢州市政府的高度重视,农业农村局协同永安期货和人保财险积极向大连

---

[①] 根据调研数据整理所得。

商品交易所争取,将"保险+期货"生猪项目落户在衢州,以此解除生猪价格波动带来的风险。本次试点项目以衢州市的衢江区为核心,辐射龙游、常山、开化三县,总保费共计1992.5万元,其中,外部保费1550万元(交易所额度250万元,永安期货、财通证券和浙商银行捐赠1200万元,大地期货和浙商期货捐赠100万元),市政府出资100万元,农户出资342.5万元。

目前,该项目主要利用大连商品交易所生猪期货合约作为参考价格,对衢州市范围内的中小生猪养殖户提供生猪价格保险产品。为争取养殖户收益最大化,该项目分为交易所支持项目和公益性项目两类。其中,交易所支持分散试点项目由大商所和当地政府提供保费支持,公益性项目由保险公司和浙商银行、财通证券共同提供保费支持,并通过设置保底赔付期权,保证赔付率超过50%。从调研情况来看,愿意参与本项目的养殖户数量较多。此外,本项目还联合浙商银行、财通证券等创新开展了"保险+期货+订单收购""保险+期货+融资"等模式,这些试点的模式有望成为浙江金融助力共同富裕示范区建设的典型样板。

## 第四节 金融发展助推基本公共服务均等化

第一,完善住房保障体系,缓解房价波动对低收入群体造成的财富缩水。安居才能乐业,新市民融入城市生活首先遇到的是住的问题。第七次全国人口普查数据显示(见表5-7),近10年来浙江省居民家庭住房面积逐步增加,2020年家庭户均住房面积和人均住房面积分别为111.27平方米和46.16平方米,较2010年增加6平方米,户均住房间数为2.73间,与2010年相当。分城乡看,住房发展也极不平衡。2020年农村户均住房面积超过140平方米,达到

149.60平方米，比城镇户均住房面积95.30平方米高出约57%，其主要原因是近2/3（75.37%）的农村家庭多为自建住房，而三成以上（39.77%）的城镇家庭多为租赁住房。进一步看（见表5-8），2020年浙江全省家庭户住房自有率为64.71%，其中，自建房占35.01%，自购房占28.63%，而住房性质为租赁（租赁廉租房、公租房或其他住房）的家庭已超过三成（33.65%），可以看出浙江住房难问题依然突出。

表5-7　　　　　　　　2020年浙江省住房状况

| 名称 | 户均住房面积（平方米） | 户均住房间数（间） | 人均住房面积（平方米） |
| --- | --- | --- | --- |
| 浙江省 | 111.27 | 2.73 | 46.16 |
| 城镇 | 95.30 | 2.47 | 39.54 |
| 乡村 | 149.60 | 3.35 | 62.06 |

资料来源：浙江省统计局。

表5-8　　　　　　2020年浙江省城乡住房来源　　　　　　（%）

| 名称 | 自有住房 | 购买新建商品房 | 购买一手房 | 购买原公有住房 | 购买经济适用房/两限房 | 自建住房 | 继承或赠予 | 租赁廉租房/公租房 | 租赁其他住房 | 其他 |
| --- | --- | --- | --- | --- | --- | --- | --- | --- | --- | --- |
| 浙江省 | 64.71 | 14.34 | 8.68 | 1.62 | 4.00 | 35.01 | 1.06 | 4.33 | 29.32 | 1.65 |
| 城镇 | 58.40 | 19.58 | 11.66 | 2.20 | 5.23 | 19.09 | 0.64 | 5.12 | 34.65 | 1.82 |
| 乡村 | 80.66 | 1.05 | 1.12 | 0.13 | 0.88 | 75.37 | 2.11 | 2.34 | 15.77 | 1.2 |

资料来源：浙江省统计局。

为解决住房困难问题，浙江省住房和城乡建设厅出台《关于推进高质量发展建设共同富裕示范区打造"浙里安居"品牌的实施意见》（浙建房〔2021〕32号），多渠道增加保障性租赁住房供给。2022年，浙江省住建厅共建设筹集保障性租赁住房30万套（间），并对不同群体实施不同的住房租售制度。目前，针对买不起房的城镇低保、低收入住房困难家庭提供公租房，对存在阶段性住房困难的新市民、青年人提供保障性租赁住房，对买不起商品房的城镇居民提供共有产权住房，对老旧小区居民推进棚户区、老旧小区改造等。同时，浙江省银行机构也积极支持公租房等保障性住房项目，增加新市民住房供给。例如，中国工商银行浙江省分行为农民工专项租赁房配套租赁住房贷款、基础设施项目贷款和物业经营性贷款等融资产品。截至2021年年底，中国工商银行浙江省分行住房租赁开发贷款余额22.47亿元，同比增长78.05%。中国建设银行与杭州市政府签署战略合作协议，为杭州发展保障性租赁住房提供信贷、不动产投资信托基金（REITs）及专项债券、房源筹集运营、信息系统支撑等一揽子综合服务，其中信贷支持总额不低于500亿元。

为促进房地产市场平稳健康发展，浙江省还积极构建房地产发展长效机制、稳妥处置个别头部房企项目风险，努力做到稳地价、稳房价、稳预期。2022年6月，浙江部分城市统计数据显示，杭州和宁波等新一线城市商品住宅销售价格环比略涨，金华和温州等二线城市环比下降，商品住宅销售价格整体上出现涨幅回落或降幅扩大的局面。从环比来看（见表5-9），2022年6月，杭州、宁波、金华和温州新建商品住宅销售价格环比涨幅分别为1.0%、0.1%、-3.0%和-6.0%，二手住宅销售价格环比涨幅分别为0.6%、0.4%、-5.0%和-7.0%；从同比来看，杭州、宁波、金华和温州新建商品住宅同比涨幅分别为6.3%、0.8%、0.8%和-1.3%，二手住宅销售价格同比涨幅分别为1.4%、-8.0%、-4.6%和-3.5%。

表5-9　2022年6月部分城市商品住宅销售价格变动情况

| 城市 | | 新建商品住宅价格指数 | | | 二手住宅价格指数 | | |
| --- | --- | --- | --- | --- | --- | --- | --- |
| | | 环比 | 同比 | 定基 | 环比 | 同比 | 定基 |
| 一线城市 | 北京 | 100.8 | 105.8 | 110.6 | 100.5 | 104.5 | 115.5 |
| | 上海 | 100.5 | 103.4 | 108.0 | 100.2 | 102.3 | 112.2 |
| | 广州 | 100.3 | 100.3 | 110.6 | 100.5 | 101.2 | 112.6 |
| | 深圳 | 100.2 | 103.6 | 107.3 | 99.0 | 96.6 | 105.1 |

续表

| 城市 | | 新建商品住宅价格指数 | | | 二手住宅价格指数 | | |
|---|---|---|---|---|---|---|---|
| | | 环比 | 同比 | 定基 | 环比 | 同比 | 定基 |
| 新一线城市 | 杭州 | 101.0 | 106.3 | 110.2 | 100.6 | 101.4 | 110.0 |
| | 天津 | 99.8 | 97.6 | 101.7 | 99.6 | 97.4 | 97.3 |
| | 南京 | 100.4 | 100.6 | 106.2 | 99.6 | 96.5 | 102.6 |
| | 合肥 | 100.5 | 99.7 | 105.3 | 100.6 | 97.6 | 103.4 |
| | 宁波 | 100.1 | 100.8 | 105.8 | 100.4 | 99.2 | 107.6 |
| 二线城市 | 金华 | 99.7 | 100.8 | 107.0 | 99.5 | 95.4 | 102.5 |
| | 温州 | 99.4 | 98.7 | 103.1 | 99.3 | 96.5 | 103.1 |

资料来源：国家统计局。

第二，加强金融支持教育体系，推动教育平等。浙江省金融业主动与高等院校、职业院校等进行对接，通过融资支持学校校园建设，提高学校办学质量，并针对考上大学但家庭经济困难的学生，创新推出助学贷。截至2021年年底，浙江省小学学龄儿童入学率为99.99%，与2016年持平；高等教育毛入学率由2016年的57.0%提升至2021年的64.8%，高于全国水平7.0个百分点，高于中等偏上收入国家。

同时，浙江省金融业还积极履行企业社会责任，通过建设金融教育示范基地、积极在农村开展教育公益活动（如捐赠图书、改善学习环境）等措施践行以"人民为中心"发展思想、探索构建金融知识普及长效机制，推动基础教育均衡发展。自2016年以来，人民银行宁波市中心支行积极开展各种形式的金融知识进校园活动。其中，通过与温州大学联合建设的首批金融教育示范基地就是非常有特色的实践做法。通过建设金融教育基地，采取系统讲授与情景互动、动态视频与实物实例等相结合的形式，向社会大众普及存款保险制度、非法集资等金融知识，还通过智能设备模拟体验各种金融业务的办理流程和注意事项，为更多的社会大众扫除对金融知识的认知障碍。截至2021年年底，宁波市区已有8家学生社会实践基地，已为20批次、30所学校的1万余名学生开设金融知识课程。

此外，为解决浙江省地方政府和企业在发展过程中遇到的金融、财务、法律、管理等问题，浙江省于2018年开始探索实践金融顾问制度，选派金融机构、会计师事务所、律师事务所、股权投资机构、相关行业协会等单位的专业人士，深入地方政府、中小企业和农村等开展金融规划、风险防范与处置、法律与财务等工作，为加强金融教育、树立理性财富观等发挥积极作用。该制度实行省级、市级和县（市、区）级三级联动服务机制，其日常的组织管理、制度的建立与完善以及服务活动的开展等均由浙江省金融顾问服务联合会负责。金融顾问制度坚持问题导向，长期采用会议、座谈、论坛、调研和联合招商等多种方式动态了解企业的金融需求，并有针对性地了解企业广泛接入资本、项目和客户等金融资源，促进金融服务资源与实体经济的深度对接。截至2022年5月末，金融顾问制度已在全省11个地市全面铺开，顾问团队已有764人（含拟聘301人），组建了"纾困帮扶""并购重组""银行融资""法务服务"等8个金融顾问专家组和19个工作室，走访服务企业9568家次，为2000多家企业提供各类融资近2300亿元，助力11家企业成功上市；开展讲座、培训180余场，受众面近两万人。

第三，建设多层次、多支柱的社会保障体系，助力老有所养。为破解群众因病致贫返贫、减轻大病患者减轻医疗负担，浙江省政府联合多部门在全省范围内建立"基本医保+大病保险+普惠型商业补充医保"的多层次保障体系，实现从"兜底型"救助模式转向"发展型"福利保障。截至2021年年底，浙江省参加基本养老保险人数增至4423万人，基本医疗保险人数增至5655万人，失业保险、工伤保险、生育保险人数分别增至1794万人、2742万人和1811万人。其中，普惠型商业补充医疗保险投保人数1787.4万人，县域参保率57.8%，为城乡居民减轻医疗费用综合赔付（报销）率约10个百分点。同时，浙江省还在丽水、衢州和绍兴等地市探索发展与基本医疗保险相衔接的普惠型商业医疗补充保险（如"浙丽保""惠衢保""越惠保"等）。截至2021年年底，在杭州开展的"西湖益联保"项目承保470万人次，已理赔47万人次，赔付金额超5.7亿元。积极开展城乡居民大病保险、医疗经办业务、长期护理保险等，在温州龙湾区和经开区、嘉兴海宁、舟山岱山推进长期护理保险服务，支持金华、湖州、丽水等8个地市大病保险项目。此外，浙江银保监局联合多部门专门为新产业新业态和灵活就业人员试点开展专属商业养老保险。试点以来，浙江累计销售专属商业养老保险保单共3.4万件，保费收入共1.4亿元，占首批试点地区总量的比例均超过80%。此外，浙江省保险业还将"住房抵押"与"终身养老年金保险"相结合，积极探索老年人住房反向抵押养老保险机制，帮助老年群体盘活养老资源，提高养老品质。

### 专栏5-7：绍兴"越惠保"减轻群众就医负担[①]

"越惠保"是绍兴市首款惠民型商业补充医疗保险，于2021年1月正式上线，其缴费标准为每人每年100元，不设置年龄、既往病史、健康状况、疾病风险和职业类型等前置条件，凡是参加绍兴市基本医疗保险的人员均可参加商业补充医疗保险。截至2021年年底，绍兴市累计参加"越惠保"306.84万余人，参保率67%，保费收入总额超3亿元，平均参保年龄47.63岁。从赔付上看，2021年，"越惠保"为绍兴市62101个家庭34万余人次减轻医疗费用负担，赔付为总金额2.76亿元，赔付率达90.06%（即赔付总金额占总保费收入比例）；享受"越惠保"

---

① https：//www.zj.gov.cn/.

> 待遇人数占绍兴市住院总人数的16.85%，即平均每6个住院病人中就有1人获得"越惠保"保障。受益对象中，年龄最大的102岁，年龄最小的9个月。其中，单人最高赔付41.08万元。"越惠保"理赔后，患病群众医保综合保障水平提升5.74个百分点，其中医疗总费用4万元以上人群赔付费用占比达90%以上，大幅度降低了患大病家庭的医疗费用支出。

## 第五节　发展绿色金融支持生态文明建设

第一，创新绿色金融账户和绿色信贷产品。为强化金融支持绿色低碳发展，中国人民银行杭州中心支行、浙江省地方金融监督管理局先后出台《关于金融支持碳达峰碳中和的指导意见》（杭银发〔2021〕67号）、《浙江省绿色金融支持碳达峰碳中和实施方案》（浙金管〔2021〕59号），引导金融资源精准、高效支持经济绿色低碳转型。具体而言：一是积极建设六大领域碳账户体系。为践行"双碳"目标，激发居民践行绿色生活理念的内在动力，人民银行衢州中心支行通过挖掘居民低碳行为数据，计算个人绿色金融行为碳减排量和碳积分，创立全国首个"个人碳账户"。截至2021年年底，衢州市共建立碳账户233.8万个。围绕减碳低碳加大绿色金融产品创新力度。二是制定具体的《浙江省碳排放配额抵押贷款操作指引（暂行）》，支持碳交易。截至2021年年底，全省已累计发放碳配额抵（质）押贷款5.5亿元，有效盘活企业"碳资产"。引导金融机构基于企业碳信息创新绿色金融产品。衢州市金融机构创新推出"碳惠贷""碳融通"和"减碳贷"等碳账户专属信贷产品30余款。2021年以来累计发放碳效贷款352笔、授信资金22.9亿元。另外，围绕"排污权"这一环境权益，浙江省还积极运用碳减排支持工具，因地制宜推出"工业碳惠贷"（湖州）、"GEP生态价值贷"（丽水）

等环境权益类绿色金融产品，加大绿色贷款投放力度，助力工业企业绿色低碳转型。2021年年底，浙江绿色信贷余额14801亿元，占各项贷款余额的8.9%。

---

**专栏5-8：中国银行浙江省分行积极推出"碳惠贷"产品**[①]

在"碳达峰、碳中和"工作推进过程中，工业企业的低碳化是重要内容之一。一方面，绿色低碳重点工程、企业降碳减排项目和低碳企业发展等工业低碳化领域业务潜力巨大；另一方面，高碳产业将承受"碳成本"上升、政策管控等转型压力，或将导致银行面临资产质量下降，监管趋严等挑战。为推动重点领域和重点行业实现"碳达峰、碳中和"，中国银行浙江省分行积极创新设计"碳惠贷"产品，以信用授信先行，引领并助力浙江省工业企业开展碳减排工作，从而为国家"碳达峰、碳中和"重点工作贡献金融力量。目前，该产品主要根据当地政府推出的工业企业"碳效码"和"碳画像"，将工业企业碳效评价结果作为重要参考因素纳入到授信流程中，并针对"碳效码"评价表现较好的低碳类企业，以灵活的信用授信政策为其解决在降碳减排项目和低碳发展过程中所需的资金需求问题。该产品现已在湖州、温州试点开展，并后续在全省推广，通过我行普惠与绿色金融的有效融合，对绿色低碳重点工程、企业降碳减排项目和低碳企业发展加大信贷支持力度。

---

① 根据调查资料整理所得。

第二，建立以碳减排为核心的信息披露机制和绿色金融体系。为深入践行《浙江银行业保险业支持"6+1"重点领域 助力碳达峰碳中和行动方案》，湖州、衢州两市先行开展金融机构环境信息披露。截至2021年年底，湖州、衢州两地68家银行业金融机构已全部纳入试点范围。积极探索金融机构碳核算、环境风险压力测试等信息披露核心领域。例如，湖州探索开展县域工业企业贷款碳核算，并为纺织印染、绿色建筑等碳减排重点行业开展环境风险压力测试；衢州基于碳账户探索开展非项目贷款碳核算，并对火电、钢铁、水泥、造纸等高碳行业开展气候风险敏感性压力测试。打造以碳减排为核心的ESG评价数字化系统。依托浙江省企业信用信息服务平台建设"碳账户金融"多跨场景，并通过引入企业碳强度指标，整合17个政府部门、10余个数据源，实现100%线上自动计算。截至2021年年底，湖州市内共1.32万家企业获得ESG评分。另外，支持企业发行碳中和债等绿色债券创新品种。特别是证券公司参与通过债券融资、并购重组、发行和销售ESG基金等方式为当地企业绿色发展提供金融服务。截至2022年6月，浙江共有6家企业发行6只绿色公司债券，融资总额37.2亿元。

## 第六节 深度推进金融融合社会治理

第一，持续优化地方信用环境。制定具体的社会信用体系建设方案。为全面深化"信用浙江"建设，完善社会信用评体系，支撑高质量发展推进共同富裕示范区建设，各地市在积极落实《浙江省政府社会信用体系建设"十四五"规划》基础上，发布社会信用体系建设工作要点，提出推进社会信用体系建设的目标任务（见表5-10），并将各市级部门的数据信息的进行整合，并通过建立多层级企业和农户信用信息收集网络来持续推进地方信用环境。为加快新型农业经营主体建档评级和农户贷款"整村授信"工作，助力打造农村信用体系，中国人民银行杭州中心支行通过编制《农户信用信息档案采集表》、完善信用信息管理系统来推动地方政府、涉农金融机构等共同参与开展农村信用户、信用村（社区）、信用乡（镇、街道）评定工作，并在实现全数据入信的基础上，为浙江服务乡村振兴、高质量发展建设共同富裕示范区赋能金融支持。目前，浙江丽水出台的全国首个省级农村信用体系建设标准——《农村信用体系建设规范》，已成为一套标准化、规范化和制度化的农村信用建设体系，值得在全国推广应用。截至2021年年底，浙江省累计为1198.4万农户、30.1万新型农业经营主体建立信用档案，评定信用农户991.1万户、新型农业经营主体8.07万户，创建信用村（社区）10013个，信用乡（镇、街道）539个。另外，浙江省践行"征信为民"理念，积极开展征信服务网点标准化建设，推出自助查询机、网上银行及手机银行、银联云闪付等查询途径，在打击恶意逃废债群体、净化地方信用环境方面起到极大促进作用。截至2021年年底，信用信息平台共向浙江省社会公众提供信用报告查询431.7万次。

表5-10　2022年浙江省部分地市社会信用体系建设工作要点

| | 主要工作内容 |
|---|---|
| 杭州市 | ①提升信用法治支撑水平；②深化信用数字化改革；③助力优化营商环境；④赋能社会治理现代化；⑤营造社会诚信环境 |
| 宁波市 | ①加强信用法治保障，构建诚信建设长效机制；②夯实基础设施建设，优化信用平台数字化支撑体系；③构建信用监管机制，切实提升监管综合效能；④创新拓展应用场景，深化信用赋能社会有效治理；⑤强化诚信氛围营造，着力提升城市信用建设水平；⑥完善工作保障机制，凝聚信用体系建设合力 |
| 温州市 | ①加快信用数字化改革，提升信用平台服务能级；②聚焦城市信用状况监测，夯实信用建设工作基础；③完善信用应用和监管机制，促进市域治理现代化；④推进信用惠民利企，助力共同富裕示范区建设；⑤加强信用宣传教育，建设诚信文化高地；⑥开展社会信用代码重错码清理 |
| 湖州市 | ①健全信用基础制度；②加强信用数据共享；③构建信用监管闭环；④加强行业信用监管；⑤加强诚信宣传教育 |

续表

| | 主要工作内容 |
|---|---|
| 金华市 | ①工作健全完善信用制度体系；②加强信用信息归集共享；③深入推进"信易贷"工作；④全面提高平台支撑能力；⑤持续推进信用分级分类监管；⑥迭代优化信用应用场景；⑦深入推进信用告知承诺；⑧加强诚信宣传教育工作 |
| 衢州市 | ①夯实信用建设基础，推动信用体系高质量发展；②推进信用数字化改革，提升市场资源配置效率；③健全信用监管机制，激发市场主体活力；④优化社会诚信氛围，打响崇礼守信品牌 |
| 舟山市 | ①加强信用基础支撑，构建覆盖全社会的征信体系；②围绕建设高标准信用示范区目标，助力营商环境建设；③推进信用服务创新，促进经济社会高质量发展 |
| 丽水市 | ①夯实基础建设；②拓展信用应用；③打造信用品牌；④深化信用监管；⑤营造诚信氛围 |

资料来源：各市政府网站。

第二，创新"党建+金融"服务网络，"贷"动基层治理。浙江省政府在丽水、温州、金华和台州等地探索推进农村生产合作、供销合作、信用合作"三位一体"试点改革和农合联综合服务示范点建设，助力各类社会主体参与乡村社区共建共治共享。例如，2021年以来，浙江农信每年选派优秀金融骨干乡镇担任普惠金融特派员，入户调查补充完善农户信用信息，同时通过提供近距离的金融服务。截至2022年4月，浙江农商联合银行已为29041户农合联会员提供授信253.79亿元，发放贷款156.41亿元。另外，围绕"党建共建"平台，浙江余姚等地市还因地制宜地创新"生态绿色加油站""共富金融专员""红色合伙人""道德银行"等机制，将银行储蓄理念引入基层治理，采用积分管理模式开展基层治理工作，同时将积分与村民个人信用挂钩，村民可以根据积分情况享受贷款优先、额度放宽、利率优惠等政策。例如，部分农商行对积分达一定层次的低收入村民提供5万元的纯信用授信，贷款利率最高不超过当期LPR上浮60BP，低于农商行普通贷款加权平均利率2—3个百分点。

## 专栏5-9：中国银行创新应用美丽乡村智慧村务管理平台（生态绿色加油站）[①]

美丽乡村智慧村务管理平台，又称为生态绿色加油站，是集村镇监管、检查、管理、奖励和大数据分析的综合性云端平台，其可以接入监管平台、管理平台、网格员平台和居民查询平台等子系统，并帮助基层村干部实现创新监管和精细管理。该平台是将企业管理制度中的积分管理引入到农村治理当中，同时对党员引领、垃圾分类、星级文明户评定、志愿服务、上学/参军、土地流转和疫情防控等事项进行具象化和积分化处理，以此推动村务服务的标准化和规范化，进而提升基层治理效能。目前，该平台已在嘉兴市嘉善县实现18个村全覆盖，累计服务8695户居民家庭，颇见成效。具体而言：一是居民可以通过家庭"三治"积分兑换了日常用品；二是全镇的污水治理率（现为99%）有较大幅度提升；三是村务积分管理有效改善了村党干部与全体村民共治的关系；四是开辟了银行国有服务进军农村市场的渠道，即村集体在中行开立账户，每户农村家庭需办理中行卡，开通手机银行查询并兑换积分，未兑换积分的农村家庭年终将批量代转入银行卡。当前，该平台除了覆盖嘉兴市嘉善县和海宁市，还在湖州市吴兴区和绍兴市滨海新区等地得到推广和应用。

---

[①] 根据调查资料整理所得。

# 第六章　浙江金融发展影响共同富裕的实证检验
## ——基于居民金融排斥视角

居民是享受金融服务的主要个体，其受到的金融排斥不仅影响了日常生活、工作和消费的规模和结构，也深刻影响了普惠金融市场的可持续发展。关于城乡居民金融排斥的考察分析是研究的一个重要视角，具有重要意义。本章基于由中国银行业协会、中国社会科学院金融研究所、广东二十一世纪环球经济报社2022年联合开展的"银行业普惠金融服务有效性需求"调研数据，首先从储蓄、信贷和保险三个方面对当前浙江省城乡居民金融排斥的维度进行分析，然后将金融排斥程度具体划分为不受排斥、受部分排斥和受严重排斥三种情况，具体分析其影响城乡居民金融排斥的主要因素，以期全面反映浙江省当前城乡居民受金融排斥的现状。

## 第一节　资料来源与样本描述

### 一　资料来源

本章所使用的资料来源于2022年4月中国银行业协会联合中国社会科学院金融研究所和广东二十一世纪环球经济报社对浙江省开展的"城乡居民普惠金融有效性需求"调研数据。本次调研由中国社会科学院金融研究所负责设计调查问卷，广东二十一世纪环球经济报社负责设计调查问卷系统、数据统计和维护工作，中国银行业协会负责开展问卷调查和数据搜集工作。为保证调查样本具有典型性和代表性，首先，中国银行业协会统一将问卷下发给浙江省银行业协会；其次，浙江省银行业协会根据城市商业银行、农村信用社、农村商业银行、村镇银行等银行类型在11个地级市随机选取14—37个管辖行进行调查；再次，参与调查的管辖行根据下辖行和营业网点（无下属单位）的数量，随机选取1—10个下辖行或营业网点完成至少1份城乡居民问卷调查；最后，本次调查共搜集到浙江省城乡居民问卷8015份，剔除无效问卷后，共获得有效问卷7680份，问卷有效率为95.82%。调查内容主要包括城乡居民基本信息、家庭特征、金融素养、贷款经历、参保状况、数字金融使用情况以及对共同富裕的看法和新冠疫情冲击8个板块。

## 二 样本描述

从样本的个人特征来看，男性户主居多，占样本总数的53.63%；户主年龄集中在30—39岁，占样本总数的45.98%；户主文化程度较高，大多为本科，占样本总数的55.18%；仅有少量居民为新市民，占样本总数的18.35%。从样本的家庭经济财富特征来看，2021年家庭平均月收入为1万—2（含）万元的居民最多，占样本总数的33.84%；家庭劳动力占比处于75%（不含）—100%水平的居民居多，占样本总数的41.39%。从城乡居民调查的借贷数据显示，半数以上（52.79%）居民过去三年均有借贷需求，其中，在有借贷需求中的居民中，59.42%的样本居民向银行申请贷过款；在向银行申请贷过款的居民中，96.93%的样本居民的贷款成功获批；在贷款成功获批的居民中，95.72%的样本居民获得的是足额贷款（获批贷款金额大于等于贷款申请金额）。另外，从借贷偏好来看，在有借贷需求的样本中，89.91%的居民仅想向银行贷款，9.00%的居民既想通过银行贷款，也想通过民间（民间高利贷和亲朋好友）借贷，仅有1.09%的居民仅想民间借贷，说明正规金融渠道已成为城乡居民的主要借贷路径。表6-1为样本的基本特征描述。

表6-1　　　　　　　　样本居民个人、家庭和借贷特征

| 名称 | 分类 | 样本数（个） | 比例（%） | 名称 | 分类 | 样本数（个） | 比例（%） |
| --- | --- | --- | --- | --- | --- | --- | --- |
| 性别 | 女 | 3561 | 46.37 | 家庭金融资产 | 5万元（含）以下 | 2024 | 26.35 |
|  | 男 | 4119 | 53.63 |  | 5万—10（含）万元 | 1577 | 20.53 |
| 年龄 | 16—29岁 | 2508 | 32.66 |  | 10万—15（含）万元 | 772 | 10.05 |
|  | 30—39岁 | 3531 | 45.98 |  | 15万—20（含）万元 | 653 | 8.5 |
|  | 40—49岁 | 1039 | 13.53 |  | 20万元以上 | 2654 | 34.56 |
|  | 50—59岁 | 539 | 7.02 | 家庭劳动力 | 25%及以下 | 816 | 10.63 |
|  | 60岁及以上 | 63 | 0.82 |  | 25%（不含）—50% | 1978 | 25.76 |
| 户主文化程度 | 初中及以下文化 | 633 | 8.24 |  | 50%（不含）—75% | 1706 | 22.22 |
|  | 高中（含中专） | 838 | 10.91 |  | 75%（不含）—100% | 3178 | 41.39 |
|  | 大专（含高职） | 1801 | 23.45 | 家庭平均月收入 | 0.3（含）万元以下 | 191 | 2.49 |
|  | 本科 | 4238 | 55.18 |  | 0.3万—0.5（含）万元 | 701 | 9.13 |
|  | 研究生 | 170 | 2.21 |  | 0.5万—1（含）万元 | 1851 | 24.1 |
| 新市民 | 否 | 6271 | 81.65 |  | 1万—2（含）万元 | 2599 | 33.84 |
|  | 是 | 1409 | 18.35 |  | 2万—5（含）万元 | 1606 | 20.91 |
| 借贷需求 | 无 | 3626 | 47.21 |  | 5万元以上 | 732 | 9.53 |
|  | 有 | 4054 | 52.79 | 借贷偏好 | 仅想向银行贷款 | 3643 | 89.91 |
| 申请贷款 | 否 | 1645 | 40.58 |  | 仅想向民间借贷 | 44 | 1.09 |
|  | 是 | 2409 | 59.42 |  | 两者均想 | 350 | 9.00 |
| 贷款获批 | 否 | 74 | 3.07 | 到银行网点距离 | 1公里（含）以内 | 3383 | 44.05 |
|  | 是 | 2335 | 96.93 |  | 1—5公里（含） | 3356 | 43.7 |
| 足额贷款 | 否 | 100 | 4.28 |  | 5—10公里（含） | 695 | 9.05 |
|  | 是 | 2235 | 95.72 |  | 10公里以上 | 246 | 3.20 |

## 第二节　城乡居民金融排斥的维度分析

根据调查情况来看，当前浙江省城乡居民受到的金融排斥主要有

储蓄排斥、信贷排斥和保险排斥三类,因此本节主要从这三个方面展开分析。借鉴已有研究,我们按照问卷中城乡居民阐述的原因,将储蓄排斥分为地理排斥、自我排斥和条件排斥,将信贷排斥分为地理排斥、自我排斥、价格排斥、条件排斥、评估排斥和营销排斥,将保险排斥分为自我排斥、价格排斥和营销排斥。关于城乡居民金融排斥的类型、表现形式和原因如表6-2所示。

表6-2 浙江省城乡居民金融排斥的类型、表现形式和原因

| 总体类型 | 具体类型 | 表现形式和原因 |
| --- | --- | --- |
| 储蓄排斥 | 地理排斥 | 距离银行网点远 |
| | 自我排斥 | 个人资金匮乏、其他家庭成员已进行储蓄、不需要金融服务 |
| | 条件排斥 | 银行要求提供的证明文件不完善、贷款用途不符、基于银行方面的其他原因 |
| 信贷排斥 | 地理排斥 | 银行网点太少,距离附近的银行网点太远 |
| | 自我排斥 | 不懂申请贷款流程,银行申请贷款太麻烦,没有关系 |
| | 价格排斥 | 贷款利息,申请贷款的费用太多 |
| | 条件排斥 | 提供不了符合条件的抵质押物或担保人 |
| | 评估排斥 | 有逾期记录,提供的抵质押物或担保人不足,不满足准入资质 |
| | 营销排斥 | 产品不能满足个人需求 |
| 保险排斥 | 自我排斥 | 没听过保险,认为保险是浪费钱 |
| | 价格排斥 | 保险价格过高 |
| | 营销排斥 | 对保险宣传不到位,不了解相关产品 |

如表6-3所示,首先从储蓄排斥情况来看,样本居民受到储蓄排斥共计2503户,主要表现为自我排斥、地理排斥和条件排斥,其占储蓄排斥样本的比重分别为95.24%、3.46%和1.29%。从自我排斥来看,其产生的主要原因有三:一是受新冠疫情影响,城乡居民的个人资金比较匮乏,近1年内没有能力在银行储蓄;二是其他家庭成员已进行储蓄,不需要本人储蓄;三是部分城乡居民因年龄偏大、受教育程度较低,对银行柜面业务以及ATM自助机进行存取款流程

不太熟悉，因而不愿意再将多余的钱存入银行机构。从地理排斥和条件排斥来看，其产生的主要原因是银行物理网点撤并，导致城乡居民特别是农村居民距离银行物理网点远、办理业务不便所致。

表6-3  浙江省城乡居民金融排斥具体情况

| 类型 | 储蓄 户数（户） | 储蓄 比例（%） | 信贷 户数（户） | 信贷 比例（%） | 保险 户数（户） | 保险 比例（%） |
| --- | --- | --- | --- | --- | --- | --- |
| 地理排斥 | 91 | 3.46 | 735 | 42.12 | — | — |
| 自我排斥 | 2503 | 95.24 | 889 | 50.94 | 1875 | 26.42 |
| 价格排斥 | — | — | 348 | 19.94 | 1623 | 50.70 |
| 条件排斥 | 34 | 1.29 | 51 | 2.92 | — | — |
| 评估排斥 | — | — | 40 | 2.29 | — | — |
| 营销排斥 | — | — | 73 | 1.83 | 3598 | 22.87 |

注：同一居民的信贷排斥存在多个维度，可能存在重复计算问题，因此不同类型的排斥数据加总不等于信贷排斥的总数。

其次，从信贷排斥情况来看，样本居民受到信贷排斥共计1745户，主要表现为地理排斥、自我排斥、价格排斥、条件排斥、评估排斥和营销排斥，其占信贷排斥的比重分别为42.12%、50.94%、19.94%、2.92%、2.294%和1.83%。从地理排斥来看，其存在的主要原因是城乡居民认为周围银行的物理网点太少（专指城商行、农商行和村镇银行），距离最近的物理网点太远导致办理贷款手续不是很方便所致。从自我排斥来看，其存在的主要原因有三：一是城乡居民认为自己不是非常熟悉申请贷款流程，因而不愿意在银行贷款；二是认为申请银行贷款过于麻烦，提交的银行流水、财产证明等个人材料较多，因而更愿意选择从亲朋好友等民间渠道借款；三是认为自己没有亲戚或朋友在银行工作，没有关系贷不到，因而自我选择放弃在银行贷款。从价格排斥来看，其存在的主要原因是因贷款申请费用（如抵押品的评估费）、申请时间以及较高的贷款利息等显性成本和其他难以量化的隐性成本所致。从条件排斥来看，其产生的主要原因是城乡居民无法向银行提供符合条件的抵质押物或担保人。从评估排斥来看，其产生的主要原因有三：一是城乡居民有贷款逾期记录；二是城乡居民向银行提供的抵质押物或担保人不足；三是城乡居民不满足银行的贷款资质。从营销排斥来看，其产生的主要原因是银行提供的贷款产品不能满足城乡居民的需求。

最后，从保险排斥情况来看，样本居民受到保险排斥共计7096户，主要表现为自我排斥、价格排斥和营销排斥，其占保险排斥样本的比重分别26.42%、22.87%和50.70%。从自我排斥来看，其产生的主要原因有两：一是自己对保险不是很了解；二是认为买保险是一种无效投资、纯属浪费钱，这与当前保险市场发展的现实情况比较吻合。从价格排斥来看，其产生的主要原因是居民家庭收入有限，只想满足基本的生活需求，这与保险产品价格可能过高形成一定的反差，从而导致居民投保缺乏一定的积极性。从营销排斥来看，其产生的主要原因是保险公司对保险产品宣传不到位，导致诸多居民都不了解相关产品。正因价格排斥和营销排斥的存在，导致保险市场出现供需"双冷"局面。

## 第三节　城乡居民金融排斥的程度分析

### 一　金融排斥程度的界定

为进一步分析城乡居民金融排斥的程度，本节将进一步对金融排斥的程度分为不受排斥、受部分排斥和受严重排斥三种情况，并基于调查数据对城乡居民金融排斥程度进行量化。其中，对于储蓄排斥来讲，不受排斥是指城乡居民近1年有储蓄且有银行账户，受部分排斥是指城乡居民近1年无储蓄但有银行账户，受严重排斥城乡居民近1年无储蓄且没有银行账户；对于信贷排斥来讲，不受排斥是指城乡居民近3年在银行申请过贷款且获得足额贷款（获得银行贷款的金额大于等于申请银行贷款的金额），受部分排斥是指城乡居民近3

年在银行申请过贷款,但只获得了不足额贷款,受严重排斥是指城乡居民近3年有借贷需求,但没有向银行申请过贷款;对于保险排斥来讲,不受排斥是指城乡居民近1年有参保且参保种类在2(含)个以上,受部分排斥是指城乡居民近1年有参保且参保种类只有1个,受严重排斥是指城乡居民近1年无参保。表6-4所示为城乡居民金融排斥程度划分标准。

**表6-4　　　　　　　　浙江省城乡居民金融排斥程度划分**

| 类型 | 不受排斥 | 受部分排斥 | 受严重排斥 |
| --- | --- | --- | --- |
| 储蓄 | 近1年有储蓄且有银行账户 | 近1年无储蓄但有银行账户 | 近1年无储蓄且没有银行账户 |
| 信贷 | 近3年在银行申请过贷款且获得足额贷款 | 近3年在银行申请过贷款,但只获得了不足额贷款 | 近3年有借贷需求,但没有向银行申请过贷款 |
| 保险 | 有参保且参保种类在2(含)个以上 | 有参保且参保种类只有1个 | 无参保 |

### 二　金融排斥程度的基本事实

从表6-5给出的金融排斥程度来看,浙江省城乡居民目前在保险方面的排斥程度最为严重,在信贷方面的排斥程度次之,在储蓄方面的排斥程度相对较轻,说明浙江省城乡居民的保险诉求没有得到有效满足。从不同区域来看,浙江省城乡居民的储蓄排斥程度、信贷排斥程度和保险排斥程度没有表现出明显的差异(见表6-6)。区分新市民和非新市民来看,新市民的储蓄排斥程度和信贷排斥程度要明显高于非新市民,而保险排斥程度明显低于非新市民,这与当前浙江省对新市民推行实施的惠民保政策有很大关系(见表6-7)。

表6-5　　　　　　　浙江省城乡居民受金融排斥的情况

| 类型 | 不受排斥 户数(户) | 比例(%) | 受部分排斥 户数(户) | 比例(%) | 受严重排斥 户数(户) | 比例(%) | 受排斥合计 户数(户) | 比例(%) |
|---|---|---|---|---|---|---|---|---|
| 储蓄 | 5079 | 66.13 | 2190 | 28.52 | 411 | 5.35 | 2601 | 33.87 |
| 信贷 | 2235 | 56.16 | 100 | 2.51 | 1645 | 41.33 | 1745 | 43.84 |
| 保险 | 584 | 7.60 | 4594 | 59.82 | 2502 | 32.58 | 7096 | 92.40 |

表6-6　　　　　　浙江省不同区域城乡居民受金融排斥的情况

| 地区 | | 不受排斥 户数(户) | 比例(%) | 受部分排斥 户数(户) | 比例(%) | 受严重排斥 户数(户) | 比例(%) | 受排斥合计 户数(户) | 比例(%) |
|---|---|---|---|---|---|---|---|---|---|
| 浙北 | 储蓄 | 1529 | 65.62 | 680 | 29.18 | 121 | 5.19 | 801 | 34.37 |
| | 信贷 | 666 | 56.30 | 22 | 1.86 | 495 | 41.84 | 517 | 43.70 |
| | 保险 | 174 | 7.47 | 1417 | 60.82 | 739 | 31.72 | 2156 | 92.54 |
| 浙南 | 储蓄 | 1332 | 66.43 | 563 | 28.08 | 110 | 5.49 | 673 | 33.57 |
| | 信贷 | 533 | 53.89 | 27 | 2.73 | 429 | 43.38 | 456 | 46.11 |
| | 保险 | 120 | 5.99 | 1082 | 53.97 | 803 | 40.05 | 1885 | 94.02 |
| 浙中 | 储蓄 | 1042 | 65.95 | 439 | 27.78 | 99 | 6.27 | 538 | 34.05 |
| | 信贷 | 464 | 56.52 | 29 | 3.53 | 328 | 39.95 | 357 | 43.48 |
| | 保险 | 136 | 8.61 | 1002 | 63.42 | 442 | 27.97 | 1444 | 91.39 |
| 浙西 | 储蓄 | 632 | 65.70 | 286 | 29.73 | 44 | 4.57 | 330 | 34.30 |
| | 信贷 | 354 | 61.89 | 11 | 1.92 | 207 | 36.19 | 218 | 38.11 |
| | 保险 | 97 | 10.08 | 604 | 62.79 | 261 | 27.13 | 865 | 89.92 |
| 浙东 | 储蓄 | 544 | 67.75 | 222 | 27.65 | 37 | 4.61 | 259 | 32.26 |
| | 信贷 | 218 | 52.53 | 11 | 2.65 | 186 | 44.82 | 197 | 47.47 |
| | 保险 | 57 | 7.10 | 489 | 60.90 | 257 | 32.00 | 746 | 92.90 |

表6-7　　　　　　浙江省新市民和非新市民受金融排斥的情况

| 地区 | | 不受排斥 户数(户) | 比例(%) | 受部分排斥 户数(户) | 比例(%) | 受严重排斥 户数(户) | 比例(%) | 受排斥合计 户数(户) | 比例(%) |
|---|---|---|---|---|---|---|---|---|---|
| 新市民 | 储蓄 | 897 | 63.66 | 410 | 29.10 | 102 | 7.24 | 512 | 36.34 |
| | 信贷 | 416 | 53.75 | 22 | 2.84 | 336 | 43.41 | 358 | 46.25 |
| | 保险 | 133 | 9.44 | 750 | 53.23 | 526 | 37.33 | 1276 | 90.56 |

续表

| 地区 | | 不受排斥 | | 受部分排斥 | | 受严重排斥 | | 受排斥合计 | |
|---|---|---|---|---|---|---|---|---|---|
| | | 户数（户） | 比例（%） | 户数（户） | 比例（%） | 户数（户） | 比例（%） | 户数（户） | 比例（%） |
| 非新市民 | 储蓄 | 4182 | 66.69 | 1780 | 28.38 | 309 | 4.93 | 2089 | 33.31 |
| | 信贷 | 1819 | 56.74 | 78 | 2.43 | 1309 | 40.83 | 1387 | 43.26 |
| | 保险 | 451 | 7.19 | 3844 | 61.30 | 1976 | 31.51 | 5820 | 92.81 |

首先，从储蓄排斥程度来看，受储蓄排斥的城乡居民比例为33.87%，其中受部分排斥和受严重排斥的城乡居民比例为28.52%和5.35%。从区域分布来看，浙北、浙南、浙中、浙西和浙东的城乡居民受到储蓄排斥的情况并没有明显差异。其中，从受部分排斥的比例来看，浙西地区最大（29.73%），而浙东地区最低（27.65%），二者之间差异很小；从受严重排斥的比例来看，浙中地区最大（6.27%），而浙西地区最低（4.57%）；从不受排斥的比例来看，浙东地区最大（67.75%），而浙北地区最低（65.62%）。进一步区分新市民和非新市民来看，新市民受部分排斥的比例（29.10%）和受严重排斥的比例（7.24%）明显高于非新市民受部分排斥的比例（28.38%）和受严重排斥的比例（4.93%）。

其次，从信贷排斥程度来看，受信贷排斥的城乡居民比例为92.40%，其中受部分排斥和受严重排斥的城乡居民比例为59.82%和32.58%。从区域分布来看，浙北、浙南、浙中、浙西和浙东的城乡居民受到信贷排斥的情况也没有明显差异。其中，从受部分排斥的比例来看，浙中地区最大（3.53%），而浙北地区最低（1.86%）；从受严重排斥的比例来看，浙东地区最大（44.82%），而浙西地区最低（36.19%）；从不受排斥的比例来看，浙西地区最大（61.89%），而浙北地区最低（52.53%）。进一步区分新市民和非新市民来看，新市民受部分排斥的比例（2.84%）和受严重排斥的比例（43.41%）明显高于非新市民受部分排斥的比例（2.43%）和受严重排斥的比例（40.83%）。

最后，从保险排斥程度来看，受保险排斥的城乡居民比例为92.40%，其中受部分排斥和受严重排斥的城乡居民比例为59.82%和32.58%。从区域分布来看，浙北、浙南、浙中、浙西和浙东的城乡居民受到保险排斥的情况略有差异。其中，从受部分排斥的比例来看，浙中地区最大（63.42%），而浙南地区最低（53.97%）；从受严重排斥的比例来看，浙南地区最大（40.05%），而浙西地区最低（27.13%）；从不受排斥的比例来看，浙西地区最大（10.08%），而浙南地区最低（5.99%）。进一步区分新市民和非新市民来看，新市民受部分排斥的比例（53.23%）明显低于非新市民受部分排斥的比例（61.30%），而受严重排斥的比例（37.33%）明显低于非新市民受严重排斥的比例（31.51%）。

## 第四节 影响城乡居民金融排斥的因素选取与说明

从现有研究来看，不同类型金融排斥的影响因素有一定差异。本节结合已有研究和调查数据，从个人特征、家庭经济财富特征、社会资本、突发事件和地区特征5个方面选择了共同影响储蓄排斥、信贷排斥和保险排斥的一组控制变量。

（1）个人特征。相对于女性来讲，男性迫于家庭生计压力，会拥有更强的资金需求,[1] 因而参与储蓄、信贷和保险等金融活动的行为越积极，受到排斥的可能性就越大。而女性在选择金融产品时有规避风险的倾向。[2] 我们将城乡居民为男性的赋值为1，女性的赋值为0。年龄对城乡居民参与金融活动的影响会通过其自身的财富、收

---

[1] 黎翠梅、陈巧玲：《传统农区农户借贷行为影响因素的实证分析——基于湖南省华容县和安乡县农户借贷行为的调查》，《农业技术经济》2007年第5期。

[2] 王静、吴海霞、霍学喜：《信贷约束、农户融资困境及金融排斥影响因素分析》，《西北农林科技大学学报》（社会科学版）2014年第3期。

入和生活需求等产生不同的影响。一般来讲，金融排斥表现出天然的人文特征，14岁以下及65岁以上的居民受到的金融排斥的程度较深。① 随着年龄增长，城乡居民从事生产经营和其他投资活动的精力较为有限，参与储蓄、贷款和保险等金融活动的积极性越低，受到排斥的可能性就越小。② 我们将城乡居民的年龄在29岁及以下的赋值为1，30—39岁的赋值为2，40—49岁的赋值为3，50—59岁的赋值为4，60岁及以上的赋值为5。城乡居民受教育程度越高，学习和接受金融知识的能力就越强，对涉及储蓄、贷款和保险等金融活动的理解就越深入，其参与储蓄、贷款和保险的积极性就越高，受到排斥的可能性也就越大。③ 我们将城乡居民的受教育程度为初中及以下的赋值为1，高中（含中专）的赋值为2，大专（含高职）的赋值为3，本科的赋值为4，研究生的赋值为5。婚姻为城乡居民提供了抵御外部风险的条件，其能通过提高风险承受能力和财富水平，来影响自身参与储蓄、贷款和保险等金融活动的积极性，因而受到排斥的可能性就越小。我们将婚姻状况为未婚的城乡居民的赋值为1，已婚的赋值为2，离异的赋值为3，丧偶的赋值为4。户籍类别也是影响居民参与储蓄、贷款和保险等金融活动的主要原因。长期实行的城乡分离政策使得劳动力市场分割为两部分，农村居民和城镇居民在收入、就业和保险等方面存在巨大差距，农村地区比城镇地区更易受到金融排斥。④ 一般而言，城镇居民参与储蓄、贷款和保险等金融活动的条件要明显优于农村居民，而农村居民常因为距离金融机构网点太远、收入水平低、没有正当职业等因素而受到严重的

---

① 吕勇斌、邓薇、颜洁：《金融包容视角下我国区域金融排斥测度与影响因素的空间分析》，《宏观经济研究》2015年第12期。
② 贺莎莎：《农户借贷行为及其影响因素分析——以湖南省花岩溪村为例》，《中国农村观察》2008年第1期。
③ Kochar, A., "An Empirical Investigation of Rationing Constraints in Rural Credit Markets in India", Journal of Development Economics, 1997, 53 (2), 339-371.
④ 甘宇、徐芳：《信贷排斥的城乡差异——来自2629个家庭的经验证据》，《财经科学》2018年第2期。

排斥。我们将非农业户籍的城乡居民赋值为0，农业户籍的赋值为1。

（2）家庭经济财富特征。家庭收入和财富既是城乡居民参与储蓄、贷款和保险等金融活动的前提，也是金融风险承受能力大小的重要体现，其决定了城乡居民是否能参与储蓄、贷款和保险等金融活动以及参与这些金融活动的程度，会影响居民从正规渠道和非正规渠道融资的能力。[1] 一般来讲，家庭经济收入和财富水平越高，城乡居民参与储蓄、贷款和保险等金融活动与使用金融服务的资源就越多，获得金融机构提供的金融服务的概率就越大，受到金融排斥的可能性就越小。[2] 我们将家庭月收入在0.3万元（含）以下的城乡居民赋值为1，在0.3万—0.5（含）万元的赋值为2，0.5万—1（含）万元的赋值为3，1万—2（含）万元的赋值为4，2万—5（含）万元的赋值为5，5万元以上的赋值为6。家庭金融资产在5万元（含）以下的城乡居民赋值为1，在5万—10（含）万元的赋值为2，10万—15（含）万元的赋值为3，15万—20（含）万元的赋值为4，20万元以上的赋值为5。家庭支出反映了家庭负担。一般而言，投资支出和消费支出多的家庭，他们的经济财富也多，受到金融排斥的可能性就越小；利息支出和其他支出多的家庭，他们不仅对金融的风险抵抗性较弱，而且可能面临的生活压力较大，因而受到金融排斥的可能性就越大。我们将家庭每月最大支出为日常支出的城乡居民赋值为1，家庭每月最大支出为投资支出的赋值为2，家庭每月最大支出为意外支出的赋值为3，家庭每月最大支出为消费支出的赋值为4，家庭每月最大支出为利息支出的赋值为5，家庭每月最大支出为其他支出的赋值为6。

---

[1] 梁爽、张海洋、平新乔等：《财富、社会资本与农户的融资能力》，《金融研究》2014年第4期；周洋、任柯蓁、刘雪瑾：《家庭财富水平与金融排斥——基于CFPS数据的实证分析》，《金融经济学研究》2018年第2期。

[2] 吴卫星、齐天翔：《流动性、生命周期与投资组合相异性——中国投资者行为调查实证分析》，《经济研究》2007年第2期；何兴强、史卫、周开国：《背景风险与居民风险金融资产投资》，《经济研究》2009年第12期。

（3）社会资本。现阶段，中国仍然是一个注重"传统"的关系型社会，城乡居民在长期的相处中自然而然形成的社会资本直接影响着其工作和生活，并对促进参与储蓄、贷款和保险等金融活动起着不可忽视的作用。随着社会资本的提高，居民发生正规金融机构贷款行为的概率与信贷规模均呈上升趋势，也会影响居民从非正规渠道融资的能力。[1] 事实上，城乡居民对储蓄、贷款和保险等金融活动具有典型的区域特征，而借助一定的社会资本积累能有效缓解金融排斥。从理论上来看，社会资本对城乡居民金融排斥的影响主要体现在两个方面：一是社会资本的信息传递效应。信息不对称通常会加大正规金融机构搜寻城乡居民信息的成本，增加对城乡居民的金融排斥概率，导致一些居民在面临资金困难时，更倾向于选择民间借贷；而借助政府或银行资本，可以促进居民与金融机构之间的业务往来，有效提高正规金融机构对居民信息的获取能力和还款评估能力，加大对居民的金融服务支持力度。[2] 二是社会资本的替代效应。因难以提供合法、有效的抵押品或提供不了足额的抵押品，一些居民很难满足正规金融机构所要求的贷款条件，常常受到严重的金融排斥，此时民间借贷成为这些居民贷款的首选；而借助政府或银行资本，可以增强农户与正规金融机构之间的信任关系，并充当类似于抵押品，在一定程度上会降低居民金融排斥的概率。[3] 政府通过制定一些财政措施，可以降低低收入群体的金融风险，提高金融

---

[1] 梁爽、张海洋、平新乔等：《财富、社会资本与农户的融资能力》，《金融研究》2014年第4期。

[2] 许月丽、张忠根、战明华：《社会资本视角下的利率市场化与农村正规金融的经济绩效》，《世界经济》2013年第5期；张龙耀、江春：《中国农村金融市场中非价格信贷配给的理论和实证分析》，《金融研究》2011年第7期。

[3] Biggart, N., and R. Castanias, "Collateralized Social Relations: The Social in Economic Calculation", *American Journal of Economics and Sociology*, 2001, 60 (2), 471–500；赵振宗：《正规金融、非正规金融对家户福利的影响——来自中国农村的证据》，《经济评论》2011年第4期；王静、吴海霞、霍学喜：《信贷约束、农户融资困境及金融排斥影响因素分析》，《西北农林科技大学学报》（社会科学版）2014年第3期。

第六章　浙江金融发展影响共同富裕的实证检验　173

机构参与金融活动的积极性，① 缓解金融排斥程度。鉴于上述分析，我们选择了政府资本和银行资本两个变量，其中，我们用"城乡居民是否有亲戚为政府干部的？"这个问题代表政府资本，若"有亲戚为政府干部"的赋值为1，若"无亲戚为政府干部"的赋值为0；用"城乡居民是否有亲戚为金融机构员工的？"这个问题代表金融资本，若"有亲戚为金融机构员工"的赋值为1，若"无亲戚为金融机构员工"的赋值为0。

（4）突发事件。从实践中来看，突发事件对城乡居民的影响非常重要。一般来讲，有"红白事"、建房或买房以及有重大疾病的家庭，他们需要大量的支出，因而受到储蓄和保险排斥的可能性就越大。另外，他们对资金的需求也比较旺盛，在家庭收入和财富水平可观的情况下，受到信贷排斥的可能性较小。鉴于此，我们将用"您家去年是否有'红白事'？""您家去年是否建房或买房？"以及"您家是否有重大疾病？"三个问题代表突发性事件，若"有'红白事'""有建房或买房"以及"有重大疾病"的分别赋值为1，若"无'红白事'""无建房或买房"以及"无重大疾病"的分别赋值为0。

（5）地区特征。在地区特征层面，主要选取了住所到最近金融机构的距离以及区域位置两个变量。已有研究表明，城乡居民所居住地方到最近金融机构的距离直接影响着其是否能享受到储蓄、贷款和保险等金融服务以及享受效果。一般来讲，住所到最近金融机构的距离越近，获取的金融信息越便利，城乡居民参与储蓄、贷款和保险等金融服务的可能性就越大，而通过增加交通、通信等基础设施可以提高居民与金融机构之间的接触性，降低金融机构增设物理网点的成本，受到金融排斥的可能性就越低。② 我们用"您的住所

---

① 郭新明：《政府在普惠金融中的作用》，《中国金融》2015年第16期。
② 张宇、赵敏：《农村普惠金融发展水平与影响因素研究——基于西部六省的实证分析》，《华东经济管理》2017年第3期。

到最近金融机构的距离"这个问题来表示,其中,"您的住所到最近金融机构的距离在1(含)公里之内"的赋值为1,1—5公里(含)的赋值为2,5—10公里(含)的赋值为3,10公里以上的赋值为4。另外,浙江的金融结构具有显著的区域特征。[①] 由于各地经济发展水平、市场发育程度、金融制度等都存在一定差异,导致城乡居民储蓄、贷款和保险等金融活动积极性以及受到排斥的可能性也存在一定差异。因此,本章预期,不同地区城乡居民金融排斥程度也可能存在差异。在变量设置中,本节引入虚拟变量,以反映不同地区城乡居民金融排斥程度的差异。其中,若调查的城乡居民在浙北地区(在杭州、湖州和嘉兴)的则赋值1,若在浙南地区(在温州和台州)的则赋值2,若在浙中地区(在绍兴和金华)的则赋值3,若在浙西地区(在丽水和衢州)的则赋值4,若在浙东地区(在宁波和舟山)的则赋值5。

表 6-8　　　　　　　　变量的含义与描述性分析结果

| 变量类型 | 变量名称 | 变量描述 | 均值 | 方差 |
| --- | --- | --- | --- | --- |
| 被解释变量 | 储蓄排斥 | 不受排斥=0,受部分排斥=1,受严重排斥=2 | 0.39 | 0.59 |
| | 贷款排斥 | 不受排斥=0,受部分排斥=1,受严重排斥=2 | 0.85 | 0.98 |
| | 保险排斥 | 不受排斥=0,受部分排斥=1,受严重排斥=2 | 1.25 | 0.58 |
| 解释变量 | 户主个人特征 性别 | 男=1,女=0 | 0.54 | 0.50 |
| | 年龄(以"29岁及以下"为参照组) | 30—39岁:是=1;否=0 | 0.46 | 0.50 |
| | | 40—49岁:是=1;否=0 | 0.14 | 0.34 |
| | | 50—59岁:是=1;否=0 | 0.07 | 0.26 |
| | | 60岁及以上:是=1;否=0 | 0.01 | 0.09 |

① 董敏、袁云峰:《区域金融结构对经济效率影响的实证研究——基于浙江面板数据的分析》,《中央财经大学学报》2012年第1期。

第六章　浙江金融发展影响共同富裕的实证检验　175

续表

| 变量类型 | 变量名称 | 变量描述 | 均值 | 方差 |
|---|---|---|---|---|
| 解释变量 | 户主个人特征 | 文化程度（以"初中及以下"为参照组） | 高中（含中专）：是＝1，否＝0 | 0.11 | 0.31 |
| | | | 大专（含高职）：是＝1，否＝0 | 0.23 | 0.42 |
| | | | 本科：是＝1，否＝0 | 0.55 | 0.50 |
| | | | 研究生：是＝1，否＝0 | 0.02 | 0.15 |
| | | 婚姻状况（以"未婚"为参照组） | 已婚：是＝1，否＝0 | 0.67 | 0.47 |
| | | | 离异：是＝1，否＝0 | 0.02 | 0.15 |
| | | | 丧偶：是＝1，否＝0 | 0.00 | 0.06 |
| | | 户籍类别 | 农业户籍＝1，非农业户籍＝0 | 0.44 | 0.50 |
| | 家庭经济财富特征 | 家庭月收入［以"0.3万元（含）以下"为参照组］ | 0.3万—0.5（含）万元：是＝1，否＝0 | 0.09 | 0.29 |
| | | | 0.5万—1（含）万元：是＝1，否＝0 | 0.24 | 0.43 |
| | | | 1万—2（含）万元：是＝1，否＝0 | 0.34 | 0.47 |
| | | | 2万—5（含）万元：是＝1，否＝0 | 0.21 | 0.41 |
| | | | 5万元以上：是＝1，否＝0 | 0.10 | 0.29 |
| | | 家庭金融资产［以"5万元（含）以下"为参照组］ | 5万—10（含）万元：是＝1，否＝0 | 0.21 | 0.40 |
| | | | 10万—15（含）万元：是＝1，否＝0 | 0.10 | 0.30 |
| | | | 15万—20（含）万元：是＝1，否＝0 | 0.09 | 0.28 |
| | | | 20万元以上：是＝1，否＝0 | 0.35 | 0.48 |
| | | 家庭每月最大支出（以"日常支出"为参照组） | 投资支出：是＝1，否＝0 | 0.07 | 0.25 |
| | | | 意外支出：是＝1，否＝0 | 0.00 | 0.07 |
| | | | 消费支出：是＝1，否＝0 | 0.10 | 0.31 |
| | | | 利息支出：是＝1，否＝0 | 0.30 | 0.46 |
| | | | 其他支出：是＝1，否＝0 | 0.01 | 0.08 |
| | 社会资本 | 有亲戚为政府干部 | 是＝1，否＝0 | 0.14 | 0.35 |
| | | 有亲戚为银行员工 | 是＝1，否＝0 | 0.48 | 0.50 |
| | 突发事件 | 是否有"红白事" | 是＝1，否＝0 | 0.10 | 0.30 |
| | | 是否建房或买房 | 是＝1，否＝0 | 0.33 | 0.47 |
| | | 是否有重大疾病 | 是＝1，否＝0 | 0.04 | 0.21 |
| | 地区特征 | 住所到最近金融机构的距离［以"1（含）公里之内"为参照组］ | 1—5公里（含）：是＝1，否＝0 | 0.44 | 0.50 |
| | | | 5—10公里（含）：是＝1，否＝0 | 0.09 | 0.29 |
| | | | 10公里以上：是＝1，否＝0 | 0.03 | 0.18 |
| | | 区域位置（以"浙北"为参照组） | 浙南：是＝1，否＝0 | 0.26 | 0.44 |
| | | | 浙中：是＝1，否＝0 | 0.21 | 0.40 |
| | | | 浙西：是＝1，否＝0 | 0.13 | 0.33 |
| | | | 浙东：是＝1，否＝0 | 0.10 | 0.31 |

## 第五节 影响城乡居民金融排斥的模型构建

### 一 模型构建

根据前文分析可知，城乡居民有 3 种不同程度的金融排斥，即不受排斥、受部分排斥和受严重排斥三个层次，这属于有序多分类离散变量，因此，本节选用有序 Logit 模型（Ordered Logit Model）来分析城乡居民金融排斥的影响因素。一般而言，在有序 Logit 模型中，因变量的观测值 $y_i$ 为排序结果，$y_i$ 的取值为 1、2、3（其意义与自变量 $x_i$ 的值相同），自变量 $x_i$ 为因变量 $y_i$ 取值的各影响因素，多个自变量 $x_i$ 都可能解释因变量 $y_i$ 的取值结果，因变量 $y_i$ 可以是多个自变量 $x_i$ 的线性表示，因此，可以得到因变量 $y_i$ 关于自变量 $x_i$ 的线性方程组。通过以上阐述，本节建立的函数表达式为：

$$y^* = X\beta + \varepsilon \tag{6-1}$$

其中，$y$ 表示因变量，代表的是城乡居民受到的 3 种不同程度的金融排斥；$X$ 表示自变量组成的向量；$\beta$ 表示自变量 $x_i$ 所对应的待估计系数，即各自变量 $x_i$ 对因变量 $y$ 的解释程度。令 $c_i$（$i=0$，1，2）为 Cutoff Point（临界值或阀值），由于 $y$ 值取决于 $y^*$ 和 Cutoff Point 的比较关系，则 $y$ 值可表示为：

$$y = \begin{cases} 0, & y^* \leq c_0; \\ 1, & c_0 < y^* \leq c_1; \\ 2, & y^* > c_2 \end{cases} \tag{6-2}$$

其中，$y=0$、1、2，依次表示实际意义为：不受排斥、受部分排斥和受严重排斥。由于上述 $y$ 值的表述，根据数学中条件概率的知识，可得到（6-3）式，即 $y$ 对 $X$ 的响应概率的方程组：

$$\begin{cases} P(y=0 \mid X, \beta) = P(y^* \leq c_0 \mid X, \beta) = \varphi(c_0 - X\beta) \\ P(y=1 \mid X, \beta) = P(c_0 < y^* \leq c_1 \mid X, \beta) = \varphi(c_1 - X\beta) - \varphi(c_0 - X\beta) \\ P(y=2 \mid X, \beta) = P(y^* > c_2 \mid X, \beta) = 1 - \varphi(c_2 - X\beta) \end{cases}$$

$$\tag{6-3}$$

## 二 进一步说明

为了确保问卷可靠性，在进行模型回归之前，我们首先采用了信度指数（Cronbach's α）对问卷数据的信度进行了检验。从检验获得调查样本数据的可信度 Cronbach's α 系数来看，其值为 0.786，说明样本数据的整体可信度较高。其次，我们采用了方差膨胀因子（VIF）检验了自变量之间多重共线性。从检验结果来看，VIF 值为 1.05—2.29，远小于 10，说明自变量之间不存在明显多重共线性。再次，由于较难解释自变量估计系数的经济意义，我们报告了"发生率比"（incidence rate ratio）。最后，从模型的对数似然比统计量、LR 统计量的结果来看，其均在 1% 的统计性水平上显著，说明三个模型的整体拟合效果较好。

## 第六节 影响城乡居民金融排斥的实证结果分析

本节给出了城乡居民在储蓄排斥、信贷排斥和保险排斥的影响因素的实证回归结果（见表 6-9 至表 6-11）。

表 6-9　　影响城乡居民受储蓄排斥程度因素的实证结果

| 变量 | | | 储蓄排斥 | | |
|---|---|---|---|---|---|
| | | | 系数 | 发生率比 | 百分比（%） |
| 户主个人特征 | 性别 | 男 | 0.295*** | 1.343 | 34.30 |
| | 年龄 | 30—39 岁 | 0.014 | 1.014 | 1.40 |
| | | 40—49 岁 | -0.099 | 0.906 | 9.40 |
| | | 50—59 岁 | -0.174 | 0.840 | 16.00 |
| | | 60 岁及以上 | -1.497*** | 0.224 | 77.60 |
| | 文化程度 | 高中（含中专） | 0.198 | 1.219 | 21.90 |
| | | 大专（含高职） | 0.226* | 1.253 | 25.30 |
| | | 本科 | 0.167 | 1.182 | 18.20 |
| | | 研究生 | 0.032 | 1.033 | 3.30 |

续表

| 变量 | | | 储蓄排斥 | | |
|---|---|---|---|---|---|
| | | | 系数 | 发生率比 | 百分比（%） |
| 户主个人特征 | 婚姻状况 | 已婚 | -0.072 | 0.930 | 7.00 |
| | | 离异 | 0.337** | 1.400 | 40.00 |
| | | 丧偶 | 0.745** | 2.106 | 110.60 |
| | 户籍类别 | 农业户籍 | 0.079 | 1.083 | 8.30 |
| 家庭经济财富特征 | 家庭月收入 | 0.3万—0.5（含）万元 | -0.665*** | 0.515 | 48.50 |
| | | 0.5万—1（含）万元 | -0.757*** | 0.469 | 53.10 |
| | | 1万—2（含）万元 | -0.834*** | 0.434 | 56.60 |
| | | 2万—5（含）万元 | -0.925*** | 0.397 | 60.30 |
| | | 5万元以上 | -0.910*** | 0.403 | 59.70 |
| | 家庭金融资产 | 5万—10（含）万元 | -0.511*** | 0.600 | 40.00 |
| | | 10万—15（含）万元 | -0.555*** | 0.574 | 42.60 |
| | | 15万—20（含）万元 | -0.505*** | 0.603 | 39.70 |
| | | 20万元以上 | -0.845*** | 0.430 | 57.00 |
| | 家庭每月最大支出 | 投资支出 | 0.308*** | 1.361 | 36.10 |
| | | 意外支出 | 0.505 | 1.657 | 65.70 |
| | | 消费支出 | -0.194** | 0.824 | 17.60 |
| | | 利息支出 | 0.180*** | 1.197 | 19.70 |
| | | 其他支出 | -0.349 | 0.706 | 29.40 |
| 社会资本 | 政府资本 | 有亲戚为政府干部 | -0.037 | 0.963 | 3.70 |
| | 金融资本 | 有亲戚为金融机构员工 | -0.255*** | 0.775 | 22.50 |
| 突发事件 | "红白事" | 有"红白事" | -0.151* | 0.860 | 14.00 |
| | 建（买）房 | 有建房或买房 | 0.325*** | 0.723 | 27.70 |
| | 疾病 | 有重大疾病 | 0.130 | 0.878 | 12.20 |
| 地区特征 | 住所到最近金融机构的距离 | 1—5公里（含） | 0.029 | 1.029 | 2.90 |
| | | 5—10公里（含） | 0.186** | 1.205 | 20.50 |
| | | 10公里以上 | 0.426*** | 1.531 | 53.10 |
| | 区域位置 | 浙南 | -0.074 | 0.928 | 7.20 |
| | | 浙中 | -0.021 | 0.979 | 2.10 |
| | | 浙西 | -0.180** | 0.835 | 16.50 |
| | | 浙东 | -0.176** | 0.839 | 16.10 |

续表

| 变量 | 储蓄排斥 | | |
|---|---|---|---|
| | 系数 | 发生率比 | 百分比（%） |
| Cut1 | -0.520*** | -0.520 | 152.00 |
| Cut2 | 1.777*** | 1.777 | 77.70 |
| Pseudo R² | 0.042 | | |
| Log Pseudo Likelihood | -5799.857 | | |
| WaldChi2 | 463.86*** | | |
| 样本量 | 7680 | | |

注：\*、\*\*和\*\*\*分别表示在10%、5%和1%的水平上显著。

## 一 影响城乡居民储蓄排斥的结果分析

（1）个人特征。从表6-9的结果来看，男性、60岁及以上、大专（含高职）以及离异和丧偶的城乡居民对储蓄排斥程度有显著的影响。具体而言，性别对城乡居民受到储蓄排斥的程度在1%的统计性水平上具有显著的正向影响。在其他条件相同的情况下，男性受到储蓄排斥的程度比女性更大，其是女性受到储蓄排斥程度的1.343倍，即男性受到储蓄排斥的程度比女性受到储蓄排斥的程度要高34.3%。随着居民年龄的增长，城乡居民受到储蓄排斥的程度反而降低，年龄在60岁及以上的城乡居民受到储蓄排斥的程度更为明显，并且在1%的统计性水平上具有显著的负向影响。这个结果也意味着年龄在60岁及以上的城乡居民，其受到储蓄排斥的程度是年龄在29岁及以下的城乡居民的0.224倍，即下降77.6%。文化程度为大专（含高职）的城乡居民受到储蓄排斥的程度更为明显，并且在1%的统计性水平上具有显著的正向影响。这个结果也意味着文化程度为大专（含高职）的城乡居民，其受到储蓄排斥的程度是文化程度为初中及以下的1.253倍，比文化程度为初中及以下的城乡居民受到储蓄排斥的程度要高25.3%。从这点来看，并不是学历越低，受到储蓄排斥的程度越高，要关注学历为大专的城乡居民受储蓄排斥的情况。婚姻状态为离异和丧偶的城乡居民，其受到储蓄排斥的程度更为明显，分别在1%和5%的统计性水平上具有显著的正向影响。这个结果也意味着离异和丧偶的城乡居民，其受到储蓄排斥的程度分别是未婚的城乡居民的1.400倍和2.106倍，即受到储蓄排斥的程度将提高40%和110.6%。出现这个结果可能的原因是在中国传统观念中，离异和丧偶的城乡居民可能比未婚的城乡居民受到歧视和偏见的可能性更大。

（2）家庭经济财富特征。从表6-9的结果来看，家庭月收入、家庭金融资产、家庭投资支出、家庭消费支出和家庭利息支出对城乡居民储蓄排斥程度均有显著的影响。具体而言，家庭月收入对城乡居民储蓄排斥程度在1%的水平上有显著的负向影响，这说明在其他条件相同的情况下，随着家庭月收入的增加，城乡居民受到储蓄排斥的程度反而在显著减小。这个结果与中国的实际情况相吻合，即家庭收入越高的城乡居民受到的储蓄排斥越低。家庭月收入在0.3万—0.5（含）万元、0.5万—1（含）万元、1万—2（含）万元、2万—5（含）万元和5万元以上的城乡居民，其受到储蓄排斥的程度分别是家庭月收入在0.3（含）万元以下的城乡居民的0.515倍、0.469倍、0.434倍、0.397倍和0.403倍。家庭金融资产对城乡居民储蓄排斥程度均在1%的水平上有显著的负向影响，这说明在其他条件相同的情况下，随着家庭月收入的增加，城乡居民受到储蓄排斥的程度在显著减小，即家庭收入越高的城乡居民受到的储蓄排斥程度越低，这与家庭收入水平表现出类似的结果。家庭金融资产在5万—10（含）万元、10万—15（含）万元、15万—20（含）万元和20万元以上的城乡居民，其受到储蓄排斥的程度分别是家庭金融资产在5万元以下的城乡居民的0.600倍、0.574倍、0.603倍和0.430倍。家庭每月最大支出中的投资支出和利息支出对城乡居民储蓄排斥程度均在1%的水平上有显著的正向影响，即随着投资支出和利息支出的增加，城乡居民受到储蓄排斥的程度越高，这一结果也非常符合实际。投资支出和利息支出的增加，代表着居民没有过多闲钱进行储蓄，因而受到自我排斥的可能性很大。家庭每月最大支出为投资支出和利息支出的城乡居民，其受到储蓄排斥的程度分别是家庭每月最大支出为日常支出的城乡居民的 1.361 倍和 0.824 倍。而家庭每月最大支出中的消费支出对城乡居民储蓄排斥程度在 5% 的水平上有显著的负向影响，即随着消费支出的增加，城乡居民受到储蓄排斥的程度越来越低。家庭每月最大支出为消费支出的城乡居民，其受到储蓄排斥的程度是家庭每月最大支出为日常支出的城乡居民的 1.197 倍。从这个结果可以看出，与日常性支出相比，增加一定的消费支出才是降低居民储蓄排斥程度的关键因素。

（3）社会资本。从表 6-9 的结果来看，仅金融资本对城乡居民储蓄排斥程度在 1% 的水平上有显著的负影响，这说明在其他条件相同的情况下，有亲戚为金融机构员工的城乡居民，其受到的储蓄排斥的程度反而在显著减小。有亲戚为金融机构员工的城乡居民，其受储蓄排斥的程度是没有亲戚为金融机构员工的城乡居民的 0.775 倍，比没有亲戚为金融机构员工的城乡居民受储蓄排斥的程度要低 22.5%。出现这个结果可能的原因有两个：一是在金融机构工作的亲戚可能存在一定揽储任务，会首先选择向身边的亲朋好友进行营销，鉴于人情和面子，城乡居民会在亲戚所在的银行进行一定的储蓄，从而受到的储蓄排斥程度显著减少；二是由于城乡居民认识在金融机构工作的亲戚，其办理业务可能要较没有在金融机构工作的亲戚更为通畅和高效，其在享受的服务态度等方面存在明显差异。出现政府资本对城乡居民储蓄排斥程度影响不显著的原因可能是即便是政府官员，其既不能直接干预和影响居民的储蓄行为，也不能干预银行对居民的储蓄行为，因为不能显著影响城乡居民受储蓄排斥的程度。

（4）突发事件。从表 6-9 的结果来看，有"红白事"和有建房或买房对城乡居民储蓄排斥程度有显著的影响。具体而言，有"红白事"对城乡居民储蓄排斥程度在 10% 的水平上有显著的负影响，这说明在其他条件相同的情况下，有"红白事"的城乡居民，其受到储蓄排斥的程度反而在显著减小。有"红白事"的城乡居民，其受到储蓄排斥的程度是没有"红白事"的城乡居民的0.860倍，比没有"红白事"的城乡居民受储蓄排斥的程度低14%。有建房或买房对城乡居民储蓄排斥程度在1%的水平上有显著的正影响，这说明在其他条件相同的情况下，有建房或买房的城乡居民，其受到储蓄排斥的程度反而在显著增加，这一结果也比较符合实际情况。有建房或买房的城乡居民，其受到储蓄排斥的程度是没有建房或买房的城乡居民的0.723倍，即要比没有建房或买房的城乡居民受储蓄排斥的程度高27.7%。出现这个结果可能的原因是有建房或买房的城乡居民必然会购买一定的装修材料、家具等，这产生的消费支出必然会影响城乡居民自身的储蓄行为和储蓄能力，进而受到储蓄排斥程度的可能性更大一些。

（5）区域位置。从表6-9的结果来看，住所到最近金融机构的距离在5公里以上以及浙西和浙东对城乡居民受储蓄排斥程度均有显著的影响。具体而言，住所到最近金融机构的距离在5—10公里（含）和10公里以上对城乡居民受储蓄排斥程度有显著的正向影响，这说明在其他条件相同的情况下，距离最近金融机构越远的城乡居民，其受到储蓄排斥的程度在增加。住所到最近金融机构的距离在5—10公里（含）和10公里以上的城乡居民，其受到储蓄排斥的程度分别是住所到最近金融机构的距离在1（含）公里之内的城乡居民的1.205倍和1.531倍，即其要比住所到最近金融机构的距离在1（含）公里之内的城乡居民受储蓄排斥的程度分别高20.5%和53.1%。出现这个结果非常符合实际，距离金融机构网点越远，其获取金融相关信息以及去办理金融业务的成本就越高，受到储蓄排斥的可能性就大。浙西和浙东对城乡居民受储蓄排斥程度均有显著的负影响，这说明在其他条件相同的情况下，处在浙西和浙东地区的城乡居民，其受到储蓄排斥的程度在显著降低，即处在浙西和浙东地区的城乡居民,其受到储蓄排斥的程度分别是处在浙北地区的城乡居民的是 0.835 倍和 0.839 倍,其比处在浙北地区的城乡居民受到储蓄排斥的程度要低 16.5% 和 16.1%。出现这个结果可能有两方面原因,一是浙西地区在普惠金融、绿色金融方面的创新工作走在全国前列,因为这个地区的城乡居民受储蓄排斥程度的可能性要相对较低;二是浙东地区因经济发展水平处在浙江前列,因而这个地区的城乡居民的人均收入水平普遍较高,受储蓄排斥程度的可能性也要相对较低。

## 二 影响城乡居民信贷排斥的结果分析

(1)个人特征。从表 6-10 的结果来看,30—59 岁、大专(含高职)、离异和非农业户籍的居民对信贷排斥程度有显著的影响。具体而言,随着居民年龄的增长,处在 30—39 岁、40—49 岁和 50—59 岁三个不同年龄段的城乡居民均在 1% 的统计性水平上对其受到的信贷排斥程度有显著的负向影响,即其受到的信贷排斥程度会呈现不同程度的显著减少,其分别是于 29 岁及以下的城乡居民的 0.589 倍、0.485 倍和 0.494 倍,其比 29 岁及以下的城乡居民受信贷排斥的程度分别低 41.1%、54.2% 和 50.6%。处在 40—49 岁的城乡居民受到的信贷排斥最低是因为这个年龄段的城乡居民家庭财富和收入水平较其他年龄的城乡居民较高且稳定,是银行青睐的主要对象。之所以出现年龄在 60 岁及以上的城乡居民对其信贷排斥程度没有显著的负向影响可能与当前银行对贷款的年龄限制有很大关系。文化程度为大专(含高职)的城乡居民受到信贷排斥的程度更为明显,并且在 1% 的统计性水平上具有显著的正向影响。这个结果也意味着文化程度为大专(含高职)的城乡居民,其受到信贷排斥的程度是文化程度为初中及以下的城乡居民的 1.372 倍,比初中及以下的城乡居民受到信贷排斥的程度明显低 37.2%。出现这个结果可能与浙江省对灵活就业人群的支持力度有一定关系。事实上,由于浙江省灵

表 6-10　影响城乡居民受贷款排斥程度因素的实证结果

| 变量 | | | 贷款排斥 | | |
|---|---|---|---|---|---|
| | | | 系数 | 发生率比 | 百分比（%） |
| 户主个人特征 | 性别 | 男 | -0.104 | 0.901 | 9.90 |
| | 年龄 | 30—39 岁 | -0.529*** | 0.589 | 41.10 |
| | | 40—49 岁 | -0.724*** | 0.485 | 51.50 |
| | | 50—59 岁 | -0.705*** | 0.494 | 50.60 |
| | | 60 岁及以上 | -0.358 | 0.699 | 30.10 |
| | 文化程度 | 高中（含中专） | -0.079 | 0.924 | 7.60 |
| | | 大专（含高职） | 0.316* | 1.372 | 37.20 |
| | | 本科 | 0.197 | 1.218 | 21.80 |
| | | 研究生 | 0.144 | 1.155 | 15.50 |
| | 婚姻状况 | 已婚 | -0.029 | 0.971 | 2.90 |
| | | 离异 | -0.389* | 0.678 | 32.20 |
| | | 丧偶 | -0.130 | 0.878 | 12.20 |
| | 户籍类别 | 农业户籍 | 0.133* | 1.143 | 14.30 |
| 家庭经济财富特征 | 家庭月收入 | 0.3 万—0.5（含）万元 | -0.580* | 0.560 | 44.00 |
| | | 0.5 万—1（含）万元 | -0.909*** | 0.403 | 59.70 |
| | | 1 万—2（含）万元 | -1.037*** | 0.354 | 64.60 |
| | | 2 万—5（含）万元 | -1.400*** | 0.247 | 75.30 |
| | | 5 万元以上 | -1.149*** | 0.317 | 68.30 |
| | 家庭金融资产 | 5 万—10（含）万元 | -0.012 | 0.989 | 1.10 |
| | | 10 万—15（含）万元 | 0.258** | 1.294 | 29.40 |
| | | 15 万—20（含）万元 | 0.080 | 1.083 | 8.30 |
| | | 20 万元以上 | -0.057 | 0.945 | 5.50 |
| | 家庭每月最大支出 | 投资支出 | -0.520*** | 0.594 | 40.60 |
| | | 意外支出 | 0.765 | 2.150 | 115.00 |
| | | 消费支出 | -0.575*** | 0.563 | 43.70 |
| | | 利息支出 | -0.640*** | 0.527 | 47.30 |
| | | 其他支出 | -0.453 | 0.636 | 36.40 |
| 社会资本 | 政府资本 | 有亲戚为政府干部 | 0.076 | 1.079 | 7.90 |
| | 金融资本 | 有亲戚为金融机构员工 | 0.053 | 1.054 | 5.40 |

续表

| 变量 | | | 贷款排斥 | | |
|---|---|---|---|---|---|
| | | | 系数 | 发生率比 | 百分比（％） |
| 突发事件 | "红白事" | 有"红白事" | -0.200* | 0.819 | 18.10 |
| | 建（买）房 | 有建房或买房 | 0.913*** | 0.401 | 59.90 |
| | 疾病 | 有重大疾病 | 0.748*** | 0.473 | 52.70 |
| 地区特征 | 住所到最近金融机构的距离 | 1—5公里（含） | 0.032 | 1.032 | 3.20 |
| | | 5—10公里（含） | 0.232* | 1.262 | 26.20 |
| | | 10公里以上 | 0.483** | 1.620 | 62.00 |
| | 区域位置 | 浙南 | 0.067 | 1.069 | 6.90 |
| | | 浙中 | 0.009 | 1.009 | 0.90 |
| | | 浙西 | -0.309*** | 0.734 | 26.60 |
| | | 浙东 | 0.150 | 1.162 | 16.20 |
| Cut1 | | | -1.817*** | -1.817 | 281.70 |
| Cut2 | | | -1.698*** | -1.698 | 269.80 |
| Pseudo R² | | | 0.096 | | |
| Log Pseudo Likelihood | | | -2812.905 | | |
| WaldChi2 | | | 500.55*** | | |
| 样本量 | | | 3980 | | |

注：*、**和***分别表示在10％、5％和1％的水平上显著。

活就业人群较多，且多集中于学历为大专毕业或本科毕业的人群，因而其受到信贷排斥的可能性相对较低。出现文化程度在本科及以上的城乡居民对其受到信贷排斥的影响不显著可能有两方面原因：一是浙江省数字金融发展比较发达，大部分学历较高的群体可通过蚂蚁金服等数字金融手段来获取贷款，并按时还款，因而不会遭受严重的信贷排斥；二是这部分人群学历本身较高，对新事物的认知接受程度越高，能迅速掌握贷款业务办理流程、并能充分准备所需要提供的贷款资料、抵押物品或担保人，其非常容易获得贷款，因而遭受信贷排斥的可能性较低。在婚姻状态中，仅有离异的城乡居民对其受信贷排斥的程度在10％水平上有显著的负向影响。这个结果也意味着离异的城乡居民,其受到信贷排斥的程度是未婚的城乡居民的 0.678 倍,即比未婚的城乡居民受到信贷排斥程度要高出 32.2%。出现这个结果可能与人们对离异人群有一定歧视或偏见有关。非农业户籍的居民对其受到信贷排斥程度的影响在 10% 的水平上有显著的正影响。这意味着,非农业户籍的居民,其受到信贷排斥程度的影响是农业户籍的居民的 1.143 倍,要比农业户籍的居民受到信贷排斥程度的明显低 14.3%。这个结果与当前中国的实际十分相符,即有农业户籍的居民在信贷市场上的抵押难、贷款难和担保难问题一直制约其生产经营的主要因素。

(2) 家庭经济财富特征。从表 6-10 的结果来看,家庭月收入、家庭金融资产为 10 万—15(含)万元以及家庭每月最大支出为投资支出或消费支出或利息支出的城乡居民对其受信贷排斥有显著的影响。具体而言,家庭月收入在 0.3 万—0.5(含)万元、0.5 万—1(含)万元、1 万—2(含)万元、2 万—5(含)万元和 5 万元以上的城乡居民对其受到信贷排斥的程度均至少在 10% 水平上有显著的负向影响,说明随着家庭月收入水平的提高,其受到信贷排斥有明显的减弱。这个结果意味着家庭月收入在 0.3 万—0.5(含)万元、0.5 万—1(含)万元、1 万—2(含)万元、2 万—5(含)万元和 5 万元以上的城乡居民,其受到信贷排斥的程度分别是家庭月收入在 0.3(含)万元以下的城乡居民的 0.560 倍、0.403 倍、0.354 倍、0.247 倍、0.317 倍,分别比家庭月收入在 0.3(含)万元以下的城乡居民受到信贷排斥程度低 44%、59.7%、64.6%、75.3% 和 68.3%。这个结果比较符合中国的实际情况,即收入水平越高,受到信贷排斥的可能性越低。在家庭金融资产中,仅有 10 万—15(含)万元对城乡居民受信贷排斥的程度在 1% 水平上有显著的正向影响,其是家庭金融资产在 5 万元以下的城乡居民的 1.294 倍,即比家庭金融资产在 5 万元以下的城乡居民受金融排斥高 29.4%。出现这个结果可能的原因是,家庭金融资产在 10 万—20(含)万元的城乡居民属于中等收入水平群体，这些群体投资金融资产既有获取收益的可能性，也可能面临很大的风险，其家庭财富存在不可估量，相较于只有5万元以下的城乡居民，其可能承担的风险损失较大，因而受到信贷排斥的可能性较大。在家庭每月最大支出中，投资支出、消费支出和利息支出均对城乡居民受信贷排斥的程度在1%的水平上有显著的负向影响，即随着投资支出、消费支出和利息支出的增加，城乡居民受到信贷排斥的程度越来越低。这个结果意味着，家庭每月最大支出为投资支出、消费支出和利息支出的城乡居民，其受到信贷排斥的程度分别是家庭每月最大支出为日常支出的城乡居民的0.594倍、0.563倍和0.527倍，分别比家庭每月最大支出为日常支出的城乡居民受到信贷排斥的程度低40.6%、43.7%和47.3%。出现这个结果可能与投资支出、消费支出和利息支出从一定层面上代表居民家庭财富能力，家庭每月支出越多，说明家庭能承担的各种类型的能力就越强，受到银行信贷排斥的可能性就越低。

（3）社会资本。从表6-10的结果来看，政府资本和金融资本并没有对城乡居民受金融排斥程度起到任何缓解作用。出现这个结果的原因是：尽管借助政治关系或银行关系，会大大增加居民获取资源配置的机会，并降低受金融排斥程度的可能性，但由于浙江省人员流动性较大，如果认识的不是本地的政府官员或本地的金融机构员工，也很难在当地获得银行贷款。另外，这也与我们对社会资本的度量方式较为简单有一定关系。

（4）突发事件。从表6-10的结果来看，有"红白事"、有建房或买房和有重大疾病均对城乡居民储蓄排斥程度有显著的影响。具体而言，有"红白事"对城乡居民信贷排斥程度在10%的水平上有显著的负影响，这说明在其他条件相同的情况下，有"红白事"的城乡居民，其受到信贷排斥的程度反而在显著减小。有"红白事"的城乡居民，其受到信贷排斥的程度是没有"红白事"的城乡居民的0.819倍，即要比没有"红白事"的城乡居民受信贷排斥的程度低18.1%。有建房或买房对城乡居民信贷排斥程度在1%的水平上有显著的正影响，这说明在其他条件相同的情况下，有建房或买房的城乡居民，其受到信贷排斥的程度反而在显著增加，这一结果也比较符合实际情况。有建房或买房的城乡居民，其受到信贷排斥的程度是没有建房或买房的城乡居民的0.401倍，即比没有建房或买房的城乡居民受信贷排斥的程度高出59.9%。出现这个结果可能的原因是由于有建房或买房的城乡居民需要大量的装修资金或首付资金，其还款压力比没有建房或买房的城乡居民更大，因而受到信贷排斥程度的可能性更大一些。有重大疾病对城乡居民信贷排斥程度在1%的水平上有显著的正影响，这说明在其他条件相同的情况下，有重大疾病的城乡居民，其受到信贷排斥的程度相对较高，这一结果也比较符合实际情况。有重大疾病的城乡居民，其受到信贷排斥的程度是没有重大疾病的城乡居民的0.473倍，即比没有重大疾病的城乡居民受信贷排斥的程度高出52.7%。出现这个结果可能的原因是由于有重大疾病的城乡居民需要支付大量的医疗费和药费，若其贷款，还款压力要明显大于没有重大疾病的城乡居民，因而受到信贷排斥程度的可能性更大一些。

（5）区域位置。从表6-10的结果来看，住所到最近金融机构的距离在5公里以上以及浙西对城乡居民受信贷排斥程度均有显著的影响。具体而言，住所到最近金融机构的距离在5—10公里（含）和10公里以上的对城乡居民受信贷排斥程度有显著的正向影响，这说明在其他条件相同的情况下，住所到最近金融机构的距离在5—10公里（含）和10公里以上的城乡居民其受到信贷排斥的程度分别是住所到最近金融机构的距离在1（含）公里之内的城乡居民的1.262倍和1.620倍，即比住所到最近金融机构的距离在1（含）公里之内的城乡居民受储蓄排斥的程度分别高26.2%和62.0%，这个结果与前文储蓄排斥的结果保持一致。出现这个结果与城乡居民办理信贷业务的成本较高有关。浙西对城乡居民受信贷排斥程度均有显著的负影响，这说明在其他条件相同的情况下，处在浙西地区的城乡居民，其受到储蓄排斥的程度最低，其是处在浙北地区的城乡居民的是0.734倍，比处在浙北地区的城乡居民受到信贷排斥的程度要低26.6%。

### 三 影响城乡居民保险排斥的结果分析

（1）个人特征。从表6-11的结果来看，男性、30岁及以上、大专（含高职）及以上、丧偶的居民对保险排斥程度有显著的影响。具体而言，性别对城乡居民受到保险排斥的程度在1%的统计性水平上具有显著的正向影响。在其他条件相同的情况下，男性受到保险排斥的程度比女性更大，是女性受到保险排斥程度的1.142倍，即比女性受到保险排斥程度要高34.3%。随着年龄的增长，处在30—39岁、40—49岁、50—59岁和60岁及以上四个不同年龄段的城乡居民均在1%的统计性水平上对其受到的保险排斥程度有显著的负向影响，其分别是29岁及以下的城乡居民的0.788倍、0.627倍、0.666倍和0.439倍，比29岁及以下的城乡居民受保险排斥的程度分别低21.2%、37.3%、33.4%和56.1%。出现这个结果可能的原因是：年龄小的居民对保险相关的知识不够了解，而随着年龄的增长，其所积累的人生阅历会提高居民的风险厌恶程度，因而更愿意通过保险服务来平滑自己的消费支出、规避未来可能发生的风险和损失。大专（含高职）、本科和研究生三个不同文化程度的城乡居民均至少在10%的统计性水平上对其受到的保险排斥程度有显著的负向影响，其分别是初中及以下的城乡居民的0.946倍、0.653倍和0.654倍，比初中及以下的城乡居民受保险排斥的程度分别低34.7%、34.6%和28.2%。出现这个结果可能的原因是文化程度低的居民对保险的作用不够了解、认为不需要保险或者理赔程序比较复杂，而随着文化程度的提高，更多的居民利用保险来预防风险，愿意花费更多的收入来为下一代购买保险，相应地更不容易受到保险排斥。丧偶的居民在5%的统计性水平上对其受到的保险排斥程度有显著的正向影响,其是未婚居民的 2.165 倍,比未婚居民的保险排斥的程度高 116.5%。这个结果与储蓄排斥和信贷排斥的结果保持一致。

**表 6-11　影响城乡居民受保险排斥程度因素的实证结果**

| 变量 | | | 保险排斥 | | |
|---|---|---|---|---|---|
| | | | 系数 | 发生率比 | 百分比（%） |
| 户主个人特征 | 性别 | 男 | 0.133*** | 1.142 | 14.20 |
| | 年龄 | 30—39 岁 | -0.239*** | 0.788 | 21.20 |
| | | 40—49 岁 | -0.466*** | 0.627 | 37.30 |
| | | 50—59 岁 | -0.406*** | 0.666 | 33.40 |
| | | 60 岁及以上 | -0.824*** | 0.439 | 56.10 |
| | 文化程度 | 高中（含中专） | -0.055 | 0.946 | 5.40 |
| | | 大专（含高职） | -0.427*** | 0.653 | 34.70 |
| | | 本科 | -0.425*** | 0.654 | 34.60 |
| | | 研究生 | -0.331* | 0.718 | 28.20 |
| | 婚姻状况 | 已婚 | -0.102 | 0.903 | 9.70 |
| | | 离异 | -0.130 | 0.878 | 12.20 |
| | | 丧偶 | 0.772** | 2.165 | 116.50 |
| | 户籍类别 | 农业户籍 | 0.056 | 1.058 | 5.80 |
| 家庭经济财富特征 | 家庭月收入 | 0.3 万—0.5（含）万元 | -0.232 | 0.793 | 20.70 |
| | | 0.5 万—1（含）万元 | -0.493*** | 0.611 | 38.90 |
| | | 1 万—2（含）万元 | -0.471*** | 0.624 | 37.60 |
| | | 2 万—5（含）万元 | -0.567*** | 0.567 | 43.30 |
| | | 5 万元以上 | -0.482*** | 0.617 | 38.30 |
| | 家庭金融资产 | 5 万—10（含）万元 | -0.122* | 0.885 | 11.50 |
| | | 10 万—15（含）万元 | -0.168* | 0.845 | 15.50 |
| | | 15 万—20（含）万元 | -0.298*** | 0.742 | 25.80 |
| | | 20 万元以上 | -0.337*** | 0.714 | 28.60 |
| | 家庭每月最大支出 | 投资支出 | 0.088 | 1.092 | 9.20 |
| | | 意外支出 | 0.533 | 1.705 | 70.50 |
| | | 消费支出 | -0.029 | 0.972 | 2.80 |
| | | 利息支出 | -0.069 | 0.934 | 6.60 |
| | | 其他支出 | -0.103 | 0.902 | 9.80 |

续表

| 变量 | | | 保险排斥 | | |
|---|---|---|---|---|---|
| | | | 系数 | 发生率比 | 百分比（%） |
| 社会资本 | 政府资本 | 有亲戚为政府干部 | 0.021 | 1.021 | 2.10 |
| | 金融资本 | 有亲戚为金融机构员工 | -0.200*** | 0.819 | 18.10 |
| 突发事件 | "红白事" | 有"红白事" | -0.192** | 0.825 | 17.50 |
| | 建（买）房 | 有建房或买房 | 0.444*** | 0.641 | 35.90 |
| | 疾病 | 有重大疾病 | -0.259** | 0.772 | 22.80 |
| 地区特征 | 住所到最近金融机构的距离 | 1—5公里（含） | 0.160*** | 1.174 | 17.40 |
| | | 5—10公里（含） | 0.088 | 1.092 | 9.20 |
| | | 10公里以上 | 0.298** | 1.348 | 34.80 |
| | 区域位置 | 浙南 | 0.319*** | 1.376 | 37.60 |
| | | 浙中 | -0.152** | 0.859 | 14.10 |
| | | 浙西 | -0.308*** | 0.735 | 26.50 |
| | | 浙东 | 0.041 | 1.042 | 4.20 |
| | Cut1 | | -3.968*** | -3.968 | 496.80 |
| | Cut2 | | -0.591*** | -0.591 | 159.10 |
| | Pseudo R² | | 0.036 | | |
| | Log Pseudo Likelihood | | -6430.563 | | |
| | WaldChi2 | | 461.01*** | | |
| | 样本量 | | 7680 | | |

注：*、**和***分别表示在10%、5%和1%的水平上显著。

（2）家庭经济财富特征。从表6-11的结果来看，家庭月收入在0.5万元以上和金融资产为5万元的城乡居民对其受到保险排斥的程度有显著的影响。具体而言，家庭月收入在0.5万—1（含）万元、1万—2（含）万元、2万—5（含）万元和5万元以上的城乡居民对其受到保险排斥的程度均在1%水平上有显著的负向影响，说明随着家庭收入的提高，其受到信贷排斥有明显的减弱。这个结果意味着家庭月收入在0.5万—1（含）万元、1万—2（含）万元、2万—5（含）万元和5万元以上的城乡居民，其受到保险排斥的程度分别是家庭月收入在0.3（含）万元以下的城乡居民的0.611倍、0.624倍、0.567倍和0.617倍，分别比家庭月收入在0.3（含）万元以下的城乡居民受到保险排斥程度低38.9%、37.6%、43.3%和38.3%。这个结果也比较符合中国实际情况，即收入水平越高，受到保险排斥的可能性越低。另外，家庭月收入0.5万元以下的城乡居民对其受到保险排斥的程度的影响并不显著，这说明尽管购买保险的门槛很低，但并不是所有收入水平的居民都可以购买保险，低收入水平的居民还是存在很大的保险排斥。在家庭金融资产中，5万—10（含）万元、10万—15（含）万元、15万—20（含）万元和20万元以上的城乡居民对其受到的保险排斥程度均至少在10%水平上有显著的负向影响，其分别是家庭金融资产在5万元以下的城乡居民的0.885倍、0.845倍、0.742倍和0.714倍，即分别比家庭金融资产在5万元以下的城乡居民受金融排斥低11.5%、15.5%、25.8%和28.6%。这个结果也与实际情况相符，即家庭金融资产越多的居民，其受到保险排斥的可能性就越低。家庭每月最大支出对居民受保险排斥的程度并没有显著的影响，出现这个结果可能的原因是保险支出本就属于家庭支出的一部分，无论是作为不包含保险的投资支出或其他非投资支出，每月最大的支出本身对保险排斥不会产生显著的影响，而支出的多少可能才是影响居民受保险排斥程度的主要因素。

（3）社会资本。从表6-11的结果来看，政府资本对城乡居民受保险排斥程度没有起到任何缓解作用，而金融资本对城乡居民保险排斥程度在1%的水平上有显著的负影响，这说明在其他条件相同的情况下，有亲戚为金融机构员工的城乡居民，其受到的保险排斥的程度在显著减小。有亲戚为金融机构员工的城乡居民，其受保险排斥的程度是没有亲戚为金融机构员工的城乡居民的0.819倍，比没有亲戚为金融机构员工的城乡居民对保险排斥的程度要低18.1%。出现这个结果可能的原因是，有亲戚为金融机构员工的居民，其可以通过亲戚的传播渠道来获取更多有关保险的知识，进而提高其购买保险的意愿，降低受保险排斥的概率。出现政府资本对城乡居民保险排斥程度影响不显著的原因可能是即便是政府官员只能通过宣传渠道提高居民对保险的认知能力和风险防范意识，但并没有权利干涉居民参与保险的意愿和行为，因而不能显著影响城乡居民受保险排斥的程度。

（4）突发事件。从表6-11的结果来看，有"红白事"、有建房或买房和有重大疾病均对城乡居民保险排斥程度有显著的影响。具体而言，有"红白事"对城乡居民信贷排斥程度在5%的水平上有显著的负影响，这说明在其他条件相同的情况下，有"红白事"的城乡居民，其因收到多余的礼金，可能会有更强的意愿去购买保险，因而受到保险排斥的程度在减小。有"红白事"的城乡居民，其受到保险排斥的程度是没有"红白事"的城乡居民的0.825倍，即要比没有"红白事"的城乡居民受信贷排斥的程度低17.5%。有建房或买房对城乡居民保险排斥程度在1%的水平上有显著的正影响，这说明在其他条件相同的情况下，有建房或买房的城乡居民，其受到保险排斥的程度反而在显著增加，这一结果也比较符合实际情况。有建房或买房的城乡居民，其受到保险排斥的程度是没有建房或买房的城乡居民的0.641倍，即比没有建房或买房的城乡居民受保险排斥的程度高出35.9%。出现这个结果可能的原因是由于有建房或买房的城乡居民需要大量的装修资金或首付资金，其还款压力较大，没有更多的闲钱购买保险，因而受到信贷排斥程度的可能性更大一些。有重大疾病对城乡居民信贷排斥程度在5%的水平上有显著的负影响，这说明在其他条件相同的情况下，有重大疾病的城乡居民，要支付大量的医疗费和药费，其购买保险的意愿也更强烈，因而受到保险排斥的程度较低，这一结果也比较符合实际情况。有重大疾病的城乡居民，其受到信贷排斥的程度是没有重大疾病的城乡居民的0.772倍，即比没有重大疾病的城乡居民受信贷排斥的程度高出22.8%。

(5) 区域位置。从表6-11的结果来看，住所到最近金融机构的距离在1—5公里（含）、10公里以上以及浙南、浙中和浙西等地对城乡居民受保险排斥程度均有显著的影响。具体而言，住所到最近金融机构的距离在1—5公里（含）和10公里以上的对城乡居民受保险排斥程度有显著的正向影响，这说明在其他条件相同的情况下，住所到最近金融机构的距离在1—5公里（含）和10公里以上的城乡居民其受到保险排斥的程度分别是住所到最近金融机构的距离在1（含）公里之内的城乡居民的1.174倍和1.348倍，即比住所到最近金融机构的距离在1（含）公里之内的城乡居民受储蓄排斥的程度分别高17.4%和34.8%。从这个结果来看，住所到最近金融机构的距离与是否购买保险以及受保险排斥的程度并没有太大的关系，只要购买保险的意愿不强烈，即使离金融机构的距离不是很远，其受到保险排斥的可能性也会很高。浙南对城乡居民受保险排斥程度有显著的正影响，这说明在其他条件相同的情况下，处在浙南地区的城乡居民，其受到保险排斥的程度较高，其是处在浙北地区的城乡居民的1.376倍，比处在浙北地区的城乡居民受到信贷排斥的程度要高37.6%。这一点似乎与实际情况不太相符，可能的原因是尽管浙南地区实行的惠民保已初见成效，但其仍然处在试点运行阶段，还没有完全达到全覆盖。浙中和浙西对城乡居民受保险排斥程度均有显著的负影响，这说明在其他条件相同的情况下，处在浙中和浙西地区的城乡居民，其受到保险排斥的程度较低，其分别是处在浙北地区的城乡居民的0.859倍和0.735倍，分别比处在浙北地区的城乡居民受到信贷排斥的程度要低14.1%和26.5%。

## 第七节 本章小结

本章利用2022年的调查数据，选取金融排斥这一重要微观视角进行考察分析，在客观描述和分析浙江省城乡居民金融排斥类型和表现原因基础上,对金融排斥进行量化,进而对影响浙江省城乡居民储蓄排斥、信贷排斥和保险排斥的主要因素进行系统性的实证研究,力求全面反映浙江省城乡居民金融排斥的现状,以此更好助力浙江省金融业高质量发展,扎实推动共同富裕。从研究结论来看,第一,就金融排斥的三个维度而言,浙江省城乡居民在储蓄维度和信贷维度表现最为普遍的是自我排斥,在保险维度表现最为普遍的是营销排斥。第二,就金融排斥程度而言,浙江省城乡居民在储蓄、信贷和保险均受到一定排斥,但排斥最为严重的是保险、其次是信贷,最后是储蓄。第三,从影响城乡居民储蓄排斥、信贷排斥和保险排斥的因素来看,文化程度为大专(含高职)、家庭月收入在0.5万元以上、家庭金融资产为10万—15(含)万元和20万元以上、有"红白事"、有建房或买房、住所到最近金融机构在10公里以上以及位于浙西均是影响城乡居民储蓄排斥、信贷排斥和保险排斥的共同因素。

# 第七章　金融发展支持共同富裕中存在的问题

中华人民共和国成立以来，中国金融业取得了长足发展，在促进财富积累、缩小收入差距等方面发挥了重大作用。同时，金融发展也产生了一些阴暗面。当前，中国正处于加快推进共同富裕的历史发展阶段，对金融发展提出了更高要求。从目前的情况看，金融发展在促进共同富裕中所发挥的作用还不够充分。本章将围绕促进共同富裕中的重点领域，对金融支持中存在的薄弱环节进行分析。

## 第一节　金融支持创新力度不够

党的二十大报告指出，"科技是第一生产力、人才是第一资源、创新是第一动力"，[①] 要坚持创新在中国式现代化建设全局中的核心地位。创新对经济高质量发展和财富积累都具有重要意义。从实际来看，中国现有金融体系对科技创新的支持还不充分。突出表现在以下几个方面。

第一，间接融资体系与科创型企业的金融需求之间存在不匹配。中国金融体系是以银行为主导的间接金融体系。从社会融资规模的构成来看，2021年中国社会融资规模增量为32.01万亿元，其中，

---

① 习近平：《高举中国特色社会主义伟大旗帜　为全面建设社会主义现代化国家而团结奋斗——在中国共产党第二十次全国代表大会上的报告》，人民出版社2022年版，第33页。

对实体经济发放的人民币贷款增加20.91万亿元，在社会融资规模增量中占比65.3%。从金融业机构总规模来看，截至2022年年底，中国金融业机构总资产为419.6万亿元，同比增长9.8%，其中，银行业、证券业、保险业机构总资产分别为379.4万亿、13.1万亿、27.2万亿元，银行业机构总资产占比90.4%；金融机构所有者权益为37.3万亿元，其中，银行业、证券业、保险业机构所有者权益分别为31.4万亿、3.2万亿、2.7万亿元，银行业机构所有者权益占比84.1%（见表7-1）。这种以银行为主导的间接金融体系与科创型企业的金融需求存在内在的不匹配性。一是银行的低风险偏好与科技创新型企业高风险特征存在不匹配。一方面，与直接融资相比，作为一种金融中介，商业银行通过向公众吸收存款并将其转化为贷款。由于涉及广大社会公众的利益，银行风险偏好相对较低，在资金投向上更加偏好低风险的投资项目。另一方面，科创型企业的业务发展通常具有很大不确定性，未来收入和现金流波动性较高，整体风险相对较高，特别是对于那些处于早期阶段的科创型企业来说尤其如此。因此，银行的金融供给在风险偏好上与科创型企业的金融需求之间存在内在的不匹配。二是银行基于抵押的信贷模式与科创型企业的轻资产属性存在不匹配。长期以来，银行在为企业提供融资时形成了主要基于抵押的信贷模式，需要借款企业提供相应的抵押品作为信用增级措施；与其他企业相比，科创型企业具有轻资产属性，通常很少拥有银行抵押所需要的土地、房产、大型设备等，一般很难满足银行的抵押物要求。科创型企业的核心资产主要包括高素质人才、知识产权等，而这些资产在向银行融资过程中所发挥的作用还比较有限。以知识产权质押融资为例，目前在知识产权价值评估和变现流转等方面还存在较多障碍，权威产权评估机构缺乏，产权评估标准流程不统一，导致银行风险处置困难；与知识产权质押融资业务有关的风险缓释机制尚未形成，难以调动银行的积极性。

表 7-1　　　　　　　　　中国金融体系结构特征

| | 2018 年 | | 2019 年 | | 2020 年 | | 2021 年 | | 2022 年 | |
|---|---|---|---|---|---|---|---|---|---|---|
| | 金额（万亿元） | 占比（%） | 金额（万亿元） | 占比（%） | 金额（万亿元） | 占比（%） | 金额（万亿元） | 占比（%） | 金额（万亿元） | 占比（%） |
| 金融业机构总资产 | 293.5 | — | 318.7 | — | 353.2 | — | 382.0 | — | 419.6 | — |
| 其中：银行业 | 268.2 | 91.4 | 290.0 | 91.0 | 319.7 | 90.5 | 344.8 | 90.3 | 379.4 | 90.4 |
| 　　　证券业 | 7.0 | 2.4 | 8.1 | 2.5 | 10.2 | 2.9 | 12.3 | 3.2 | 13.1 | 3.1 |
| 　　　保险业 | 18.3 | 6.2 | 20.6 | 6.5 | 23.3 | 6.6 | 24.9 | 6.5 | 27.2 | 6.5 |
| 金融业机构负债 | 267.7 | — | 289.4 | — | 321.2 | — | 346.6 | — | 382.3 | — |
| 其中：银行业 | 246.6 | 92.1 | 265.5 | 91.7 | 293.1 | 91.3 | 315.3 | 91.0 | 348.0 | 91.0 |
| 　　　证券业 | 4.8 | 1.8 | 5.8 | 2.0 | 7.5 | 2.3 | 9.4 | 2.7 | 9.9 | 2.6 |
| 　　　保险业 | 16.3 | 6.1 | 18.1 | 6.2 | 20.6 | 6.4 | 22.0 | 6.3 | 24.5 | 6.4 |
| 金融机构所有者权益 | 25.8 | — | 29.3 | — | 32.0 | — | 35.4 | — | 37.3 | — |
| 其中：银行业 | 21.7 | 83.9 | 24.5 | 83.6 | 26.6 | 83.2 | 29.5 | 83.3 | 31.4 | 84.1 |
| 　　　证券业 | 2.1 | 8.3 | 2.3 | 7.9 | 2.6 | 8.2 | 3.0 | 8.3 | 3.2 | 8.6 |
| 　　　保险业 | 2.0 | 7.8 | 2.5 | 8.5 | 2.8 | 8.6 | 2.9 | 8.3 | 2.7 | 7.2 |

资料来源：中国人民银行。

第二，现有直接融资体系无法适应科创型企业的融资需求。经过多年发展，中国直接融资体系已经粗具规模，已经形成了包括主板市场、中小板市场、创业板市场、新三板市场、四板市场在内的多层次资本市场体系。尽管资本市场的风险偏好高于银行，但在支持科创型企业方面还存在很多不足。例如，目前资本市场上市标准总体偏高。以科创板为例，在科创板上市的企业市值和财务指标需要满足一定的标准，而大部分科创型企业很难达到这些要求。受此影响，资本市场对科创型企业的金融支持相对比较有限。

## 第二节　居民获取财产性收入渠道不畅

财产性收入是指通过资本参与社会生产和生活活动所产生的收入，其来源渠道包括家庭拥有的动产（如银行存款、有价证券、车辆、收藏品等）和不动产（如房屋等）所获得的收入，包括出让财产使用权所获得的利息、租金、专利收入，财产营运所获得的红利收入，财产增值收益等。财产性收入是居民可支配收入中的重要组成部分，增加财产性收入是提高居民财富的重要途径。现阶段，中国居民财产性收入普遍不高，成为制约居民财富增长的一个因素。

第一，财产性收入在居民可支配收入中占比偏低。根据城乡一体化调查数据，2021年，中国居民平均人均可支配收入35128元，其中财产性收入3076元，在全部人均可支配收入中占比8.8%。区分城镇居民和农村居民来看，城镇居民平均人均可支配收入47412元，财产性收入5052元，财产性收入在城镇人均可支配收入中占比10.7%；农村居民平均人均可支配收入18931元，财产性收入469元，财产性收入在农村人均可支配收入中占比2.5%。可以看到，无论是城镇还是农村居民，财产性收入占比普遍不高。特别是农村地区，这一比例仅为2.5%，财产性收入对居民收入的贡献几乎可以忽略，凸显了农村居民在获取财产性收入方面的巨大差距。与之相比，近年来美国居民财产性收入在可支配收入中占比总体上超过40%。从趋势上看，近年来中国居民财产性收入在可支配收入中占比呈现一定的上升趋势，但幅度比较小。其中，全国居民财产性收入与人均可支配收入的比例从2013年的7.8%增加到2021年的8.8%，提高1个百分点；城镇居民从2013年的9.6%增加到2021年的10.7%，提高1.1个百分点；农村居民从2013年的2.1%增加到2021年的2.5%，提高0.4个百分点。可以看到，农村居民财产性收入占比的增长幅度要落后于城镇居民，农村居民在获取财产性收入方面与城镇居民的差距呈现扩大趋势。

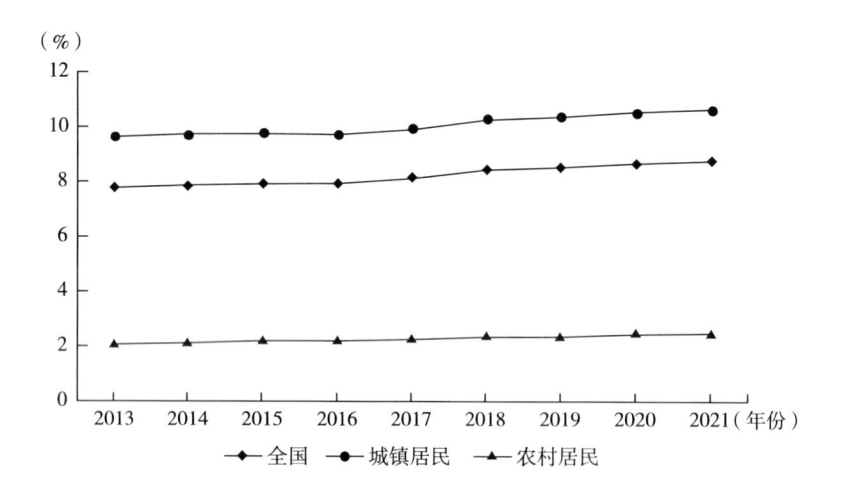

**图 7-1 财产性收入在人均可支配收入中的占比**

资料来源：Wind 数据库。

第二，居民财产性收入构成较为单一。实际中，中国居民财产性收入的来源较为单一，主要集中于利息收入和租金收入，而股息、红利收入占比则非常低。从利息收入看，中国利息收入以银行存款利息为主，来自其他生息资产的利息收入很少。与之相比，美国居民利息收入来源更加多元，既包括银行存款利息收入，也包括居民从雇员养老金计划中所获利息收入，后者在居民利息净收入中占比超过 30%。从租金收入看，出租房屋收入在中国居民财产性收入中占比较高，在农村地区尤其如此。与之相比，在日本、美国等发达国家，以土地为代表的自然资源的租金收入普遍不是居民财产性收入主要来源。从股息、红利收入看，中国居民财产性收入中的股息红利收入占比非常低，而发达国家财产性收入中股息红利占比普遍较高。以美国为例，2019 年股息与分红收入在全部收入中占比接近 40%。之所以出现这种情况主要有两方面原因：一是中国居民持有的股权资产份额相对较少。受资本市场发展滞后等因素影响，中国居民中持有股权资产的比例还比较少。二是中国上市公司分红比例偏低。2021年上市公司分红占净利润总额的比例约为34%。与之相比，美国上市公司分红可以达到其净利润的50%—70%。

第三，居民投资渠道较为狭窄。一是居民可投资的金融产品非常有限。首先，金融机构提供的财富管理产品较为有限。目前金融机构提供的金融服务以融资类服务为主，除了存款，用于居民保值增值的财富管理类产品还比较少。其次，资本市场波动较大。与成熟国家资本市场相比，中国资本市场中个人投资者占比较高，市场投机氛围浓厚，与普通居民较低的风险偏好很难匹配，对于那些中低收入群体来说尤其如此。二是中国金融市场和服务广度有待拓宽。尽管普惠金融发展较快，但目前仍有一部分居民被排斥在金融体系之外。经济落后地区、中低收入人群尤其是贫困人群获得的金融资源相对较少，获取财产性收入渠道有限。三是中国实行较严格的外汇管制制度。大部分居民难以参与国际投资市场，对居民投资形成制约，即使那些风险偏好较高的投资者也很难通过投资国际市场获得收益，也很难通过投资国际市场分散投资风险。

## 第三节　金融发展普惠程度有待提升

提高金融发展的普惠程度对于满足低收入群体金融需求、提高低收入群体收入、缩小收入差距具有重要作用。现阶段，中国金融发展的普惠程度还有待进一步提升。

第一，财政与金融的协同不够。一是二者之间缺乏有效协同。从实际中看，并非所有的市场主体都会产生金融需求，也并非所有的资金需求都需要通过金融手段来满足。财政与金融在支持普惠金融发展过程中还没有形成有效协同，政策交叉与政策空白的情况经常发生，影响了普惠金融业务的实际效果。二是二者之间的分工边界有待进一步厘清。从财政层面看，财政名义上不仅承担了农村基础设施建设的资金，还在农业生产过程中部分承担了本应由金融承担的职能；从金融层面看，一些财政拮据的地区，地方政府为追求政绩会利用行政手段诱导中小金融机构为农村基础设施建设提供资金，使得中小金融机构变相承担了部分财政职能。

第二，政策性金融的普惠功能有待进一步强化。政策性金融作为财政与金融的结合，是发挥财政资金支持和引导作用的重要渠道，目前在推进普惠金融发展的过程中还存在一些短板。一是政策性金融体系存在缺位。当前的政策性金融体系主要以三家政策性银行为主，对于农业这种具有准公共物品性质而言，其天然的生产脆弱性、不确定性和高风险性特征更需要有完善的政策性保险体系和政策性担保体系来支持，但国家在这方面的重视程度还不够。二是政策性金融的精准性有待提高。目前，在农村普惠金融领域，政策性金融过于注重粮棉油等传统农产品产量的支持，尚不足以覆盖国民经济薄弱环节，对农村基础设施、公共服务、特色产业、专项扶贫、就业就学等方面的金融服务需求的匹配度还有待加强。

第三，中小金融机构普惠金融服务能力不足。中小金融机构主要面向普惠群体，是农村地区提供普惠金融服务的主力军。从目前情况来看，中小金融机构在提供普惠金融方面的能力还存在较大不足。一是大银行业务下沉对中小金融机构的挤压。近年来，在国家政策支持和监管考核要求下，大银行纷纷成立了普惠金融部门，并利用其广泛的网点布局、资金成本低和品牌知名度高等优势将业务范围快速拓展到中小城市和广大农村地区，导致农村中小金融机构流失了一些优质客户，一定程度上挤压了农村中小金融机构的生存空间。二是网点成本偏高损害了中小金融机构绩效。目前中小金融机构经营状况总体较差，经营风险较高。其中，网点运营成本高企已成为部分中小金融机构运营成本居高不下的一个重要原因。一方面，随着乡镇人口外流以及互联网等科技手段的应用，物理网点对中小金融机构的重要性明显降低，部分网点客流量和业务量急剧下降，产生的收益十分有限；另一方面，维持一个网点运行需要投入大量人力物力，部分中小金融机构的网点员工占全部员工比例超过1/3，运营成本居高不下。在这种情况下，部分网点的利润贡献非常少甚至为负。三是中小金融机构治理效率亟待提升。首先，内部治理效率不高。与大型金融机构相比，中小金融机构虽然按照公司章程建立起了形式完备的治理架构，但在实际运转中基本有"形"无"神"，内部治理效率较低，权力配置集中在少数人手中，形成严重的"内部人控制"；另外，股东行为不规范在中小金融机构中也较为普遍。其次，省联社体制与现代公司治理存在冲突。省联社在省政府指导下成立，既要代表省政府对农金机构行使行政管理职能，又要为农金机构提供科技信息、数据、产品研发等方面服务，还要作为金融市场经营主体按照市场规则经营。这种"准政府+准行会+准金融企业"的畸形体制剥夺了农金机构按照现代公司管理模式经营的权利。从实际中看，省联社架空农金机构股东大会的情况时有发生，导致一些民营企业在参与改制并成为农商行股东后仍无法充分行使股东权利；同时，省联社利用行政权力过度干预农金机构人事权，严重弱化了农金机构独立开展业务和金融创新的主观能动性，这种矛盾在改制后的农商行中尤为突出。近期，浙江等地已经率先开展省联社改革，但从全国来看，深化省联社改革仍有很长的路要走。

第四，对新市民群体的金融支持存在短板。根据银保监会2022年3月发布的《关于加强新市民金融服务工作的通知》，新市民主要是指因本人创业就业、子女上学、投靠子女等原因来到城镇常住，未获得当地户籍或获得当地户籍不满三年的各类群体，包括但不限于进城务工人员、新就业大中专毕业生等，目前约有3亿人。习近平总书记指出，促进共同富裕的一个关键是要"着力扩大中等收入群体规模"。[①] 其中，新市民群体是中等收入群体的重要组成部分。从实际中看，现有金融体系对新市民群体的金融服务还存在较大短板。首先，新市民群体进入城市时间较短，工作稳定性差，难以提供有

---

① 习近平：《扎实推动共同富裕》，《求是》2021年第20期。

效收入证明和抵质押物，因而经常受到银行的信贷排斥。以浙江省为例，2022年中国社会科学院金融研究所调查数据显示，浙江有51.92%的样本新市民中有贷款需求且受到过银行供给型排斥。其次，新市民群体就业范围分散于多个行业，其金融需求涉及就业创业、生活消费、住房、子女教育等多个方面，金融需求差异较大且存在较强的个性化特征，而当前金融机构提供的标准化产品过于单一，很难与新市民群体的金融需求相匹配。

## 第四节　金融支持房地产长效机制尚不成熟

作为居民持有财富的一种主要形式，房地产价格波动以及房地产市场的发展对社会财富差距和家庭收入不平等产生重要影响。从金融角度看，能否构建金融支持房地产市场健康发展的长效机制对于促进共同富裕至关重要。现阶段，中国金融体系在支持房地产市场发展方面还存在一些问题。

第一，信贷扩张成为助推房价上涨的一个重要因素。大量研究表明，信贷波动与房价波动高度相关，信贷膨胀是导致房价上涨的一个重要原因。[1] 图7-2反映了2011年以来中国70个大中城市新建商品住宅价格同比增速与M2同比增速之间的关系。可以看到，在新建商品住宅价格上涨之前大多经历了较为明显的信贷扩张。例如，在2012年6月至2013年12月的一轮房价增速上涨周期之前，从2012年6月开始M2增速便出现了明显的上升。受影子银行业务发展等因素影响，信贷与房价之间的这种关系在2016年以来有所弱化。总体上看，信贷扩张对房价上涨产生了明显的影响，相应地，房价变动导致的收入差距变动与信贷投放也存在着直接的关系。

---

[1] Mian, A., and A. Sufi, "The Consequences of Mortgage Credit Expansion: Evidence from the US Mortgage Default Crisis", *Quarterly Journal of Economics*, 2009, 124 (4), 1449-1496；王云清、朱启贵、谈正达：《中国房地产市场波动研究——基于贝叶斯估计的两部门DSGE模型》，《金融研究》2013年第3期。

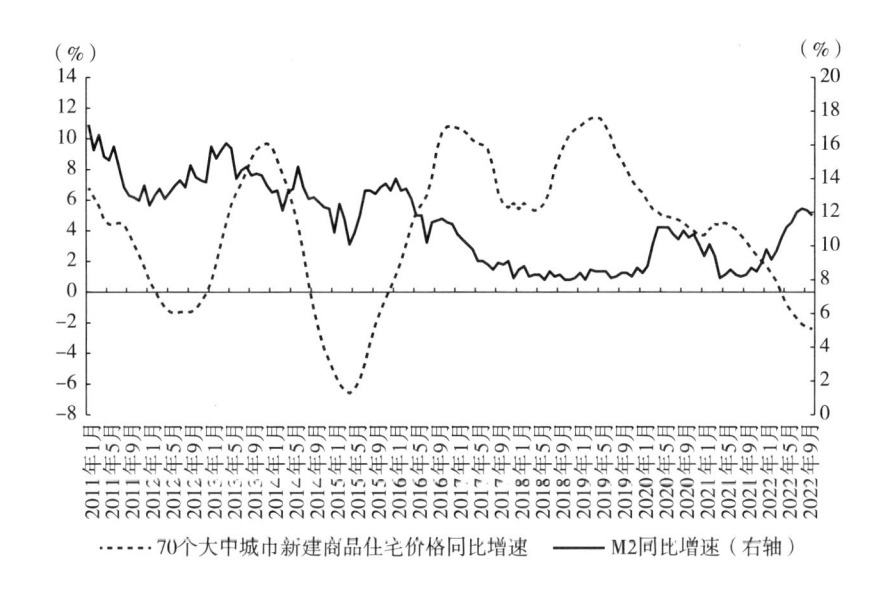

图 7-2　M2 增速与房屋价格增速变动

资料来源：Wind 数据库。

第二，现阶段房地产金融风险处于较高水平。一方面，银行房地产贷款风险上升明显，部分中小银行风险较为突出。2021 年年底，中国工商银行、中国农业银行、中国银行、中国建设银行四大行房地产行业不良贷款率分别为 4.79%、3.39%、5.05%、1.85%，房地产行业不良贷款在全部不良贷款中分别占比 11.53%、11.46%、16.62%、5.09%，不良贷款余额和不良贷款率呈"双升"态势；其他银行中，中信银行、招商银行、平安银行、兴业银行等银行房地产行业（对公）不良贷款率分别为 3.63%、1.39%、0.22%、1.08%，较上年分别增加 0.28 个、1.16 个、0.01 个、0.16 个百分点。[1] 尽管如此，现阶段国有大行、股份制银行等大型银行整体不良贷款率较低且拨备计提充足，总体风险可控；与之相比，部分中小银行房地产贷款主要投向房地产市场风险较高的中小城市，风险

---

[1] 资料来源：各银行年报。

更为突出。另一方面,房地产企业融资形势仍然偏紧,流动性压力较大。部分龙头房地产企业先后出现违约,进一步恶化了房地产行业的融资环境。未来一个时期,可能会出现更多的房地产企业出现违约风险。

第三,对保障性住房建设的金融支持力度不够。当前中国正在加快构建以公租房、保障性租赁住房、共有产权住房为主的住房保障体系,通过保障性住房改善低收入群体的居住条件。目前在金融支持保障性住房建设方面还存在一些问题。一是金融机构、社会资金进入缺乏积极性。与商品房相比,经济适用房、共有产权房等保障性住房建设投资回收期长,经营和管理成本相对较高,对商业资金和社会资本缺乏吸引力。其中,租赁类保障性住房经营管理更加复杂,租金收益低,回收期可能更长,其面临的融资难度会更大。总体上看,中国在保障性住房领域尚未形成可持续的融资支持体系。二是融资方式较为单一。目前针对保障性住房的融资方式以贷款为主,在REITs等新型融资方式方面还处于起步阶段,对金融机构在保障性住房融资方面的风险分担方式还不健全。

第四,以数量型工具为主的调控政策加速房企风险暴露。在之前较长一个时期,中国房地产金融供给端的调控政策以数量型工具为主,如针对房地产贷款的"两道红线"(银行房地产贷款占比和个人住房贷款占比不得超过一定比例)等,从数量上对银行向房地产行业的贷款投放进行了严格管控。当房地产行业处于上行期,上述政策对于抑制房价、防止房地产市场过热发挥了重要作用。但当房地产行业转入下行期,其弊端开始显现:一方面,数量型工具过于刚性对房企造成较大冲击。例如,由于银行存在贷款额度管控,部分房企即使愿意支付更高利率也无法获得贷款,由此陷入流动性危机。另一方面,对不同银行采取"一刀切"式的贷款额度管控降低了银行的灵活性。由于受贷款额度管控,一些银行即使在风险较低、有能力的情况下也无法向房地产行业投放资金,降低了信贷投放的灵活性。以数量型工具为主的调控政策在加速房企风险暴露的同时，会反过来导致银行房地产贷款风险的上升。

## 第五节　金融支持公共服务均等化存在短板

公共服务均等化是指要为社会公众提供基本的、大致均等的公共物品和公共服务。公共服务均等化有助于公平分配，实现公平和效率的统一，是实现共同富裕的基础保障。现阶段，中国金融体系在支持公共服务均等化方面还存在一些短板。

第一，金融支持教育均等化有待提升。教育是国计民生和社会发展的重要基石，教育均等化是公共服务均等化的一个核心内容。教育服务的均等化不仅关系到现阶段不同群体的收入差距，对财富的代际传承也会产生重要影响。现阶段，中国金融体系对教育领域的支持还有待提升。一是投向教育领域的金融资源占比较少。数据显示，截至2019年年底，金融机构投向教育行业的人民币贷款余额4219亿元，在金融机构全部人民币贷款余额占比0.28%，占比总体非常低。从趋势上看，投向教育领域的贷款在全部人民币贷款余额占比近年来呈现明显的下降趋势。从2010年的0.80%下降到2019年的0.28%，下降0.52个百分点，反映出金融业对教育领域支持力度的下降。另外，从助学贷款来看，截至2021年年底，金融机构普惠金融领域贷款中助学贷款余额1468亿元，在全部普惠金融领域贷款中占比0.55%，与2018年年底的0.78%相比下滑0.23个百分点。二是对教育领域中的薄弱环节支持力度不够。比如，在乡村教育、新市民群体教育、职业教育等领域，现有金融体系对上述领域的支持力度也较为有限，其金融服务以贷款融资为主，金融产品和服务模式比较单一，不能有效满足其金融需求。上述薄弱环节主要涉及中低收入群体，对共同富裕建设产生直接影响。

第二，金融对医疗卫生领域的支持有待加强。医疗卫生服务是公共服务均等化的另一项重要内容，对于提高社会公众的健康水平和幸福感至关重要。与教育行业类似，现阶段金融对医疗卫生领域的支持力度也有待提高。一是投向医疗卫生领域的金融资源较为有限。中国医疗卫生投资主要来源于财政政策性拨款，市场化资金参与程度较低。截至2019年年底，金融机构投向卫生、社会保障和社会福利业的人民币贷款余额5547亿元，在金融机构全部人民币贷款中占比0.36%。这一比例略高于投向教育行业的贷款，但总体比例仍然处于较低水平，说明投向教育行业的金融资源还比较少。从趋势上看，卫生、社会保障和社会福利业贷款在全部贷款中占比相对稳定，2010—2019年总体上保持在0.3%—0.4%的水平。二是金融机构对医疗卫生机构的金融服务有待改进。首先，银行对医疗卫生机构授信普遍设置了较高的准入门槛，一些医疗卫生机构无法获取融资服务。部分银行对医疗卫生行业实行名单制管理，纳入银行授信范围的客户通常是二级甲等以上公立医疗机构，且已纳入医保定点医疗机构范围。其次，医疗卫生机构普遍缺乏有效的抵质押资产。根据《中华人民共和国担保法》有关规定，医院的资产属于公共福利设施，不得用于贷款抵押，而药品作为医疗卫生机构主要资产之一，因具有保质期且属于动产，很难被用作抵质押物。最后，金融机构对于违约医疗卫生机构的资产处置存在障碍。目前中国公立医院采取"收支两条线"，其收入涉及财政，无法直接作为融资还款来源。在这种情况下，如果医院无力还款，银行很难通过诉讼途径处置相关资产，降低了金融机构向医疗卫生机构提供金融服务的意愿。三是保险的保障功能尚未充分发挥。作为公共安全管理中的一种市场化制度安排，目前保险在参与中国公共卫生事件应急响应、风险预防、患者权益保障等方面发挥的作用还比较有限，保险的保障功能未能得到充分发挥，重大灾害保险、医生职业责任保险、健康养老保险等保险产品的开发和普及力度有待提高。

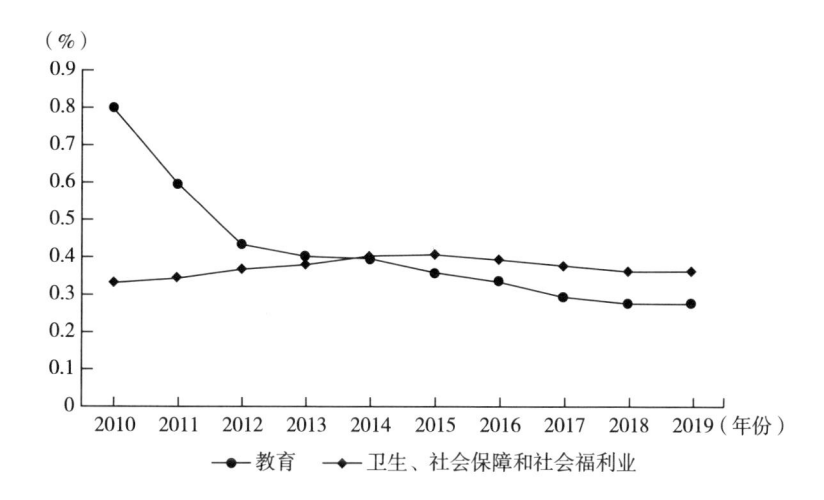

图 7-3　金融机构人民币贷款中不同行业贷款占比

资料来源：Wind 数据库。

## 第六节　慈善金融发展较为滞后

公益慈善在第三次分配中发挥着重要作用。从金融角度看，发展慈善金融促进慈善事业发展，对于通过三次分配促进共同富裕也具有重要的作用。现阶段，中国慈善金融发展还比较滞后。

第一，慈善金融总体规模偏小。以慈善信托为例，自 2016 年 9 月 1 日《中华人民共和国慈善法》开始实施以来至 2022 年 8 月 31 日，在 6 个完整年度中，中国累计备案的慈善信托数量为 934 单，累计备案财产达到 42.51 亿元。可以看到，与其他金融业态相比，中国慈善信托的备案规模还比较小，在促进慈善事业发展方面所起到的作用还比较有限。从趋势上看，以当年 9 月 1 日至次年 8 月 31 日一个完整年度为基准，2016—2021 年各年度备案的慈善信托数量分别为 40、59、130、227、187、291 单，备案规模分别为 8.26 亿、

7.94亿、7.49亿、9.36亿、2.59亿、6.87亿元。① 可以看到，各年度慈善信托备案的单数呈现出一定的增长态势，但备案的规模反而有所下降。可以认为，中国慈善信托的发展还比较缓慢，无论是从规模上还是从增速上都明显滞后于其他金融业态的发展。除了慈善信托，其他慈善金融业态的发展总体上类似，在促进慈善事业发展方面的作用还比较小。

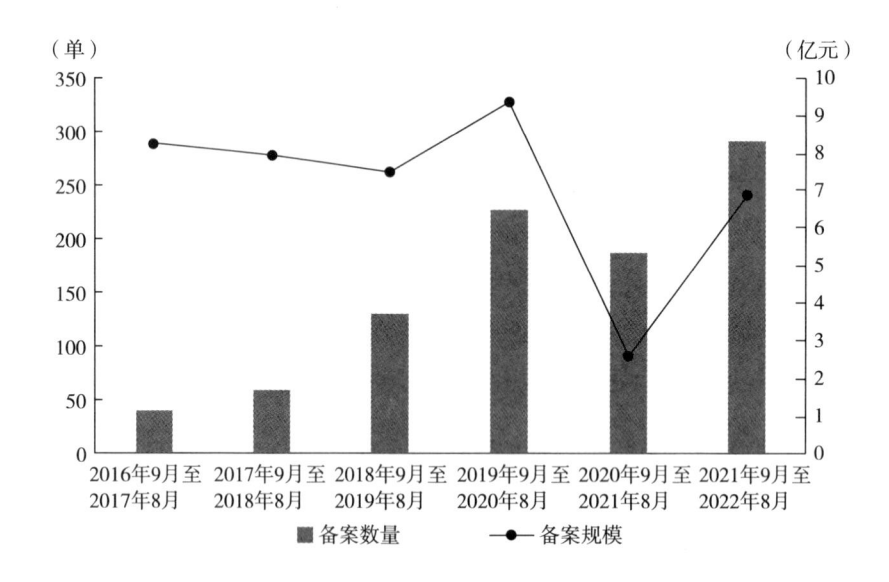

图 7-4 各年度慈善信托备案情况

资料来源：中诚信托慈善信托工作室：《2022慈善信托研究报告》。

第二，慈善金融配套制度不健全。慈善金融业务的发展需要有相关配套制度作为支撑。仍以慈善信托为例，经过多年发展，中国在慈善信托方面的制度框架初步成型，包括《中华人民共和国信托法》（2001）、《中华人民共和国慈善法》（2016）、《慈善信托管理办法》（2017）、《关于调整信托业务分类有关事项的通知》（2022）等。尽管如此，中国慈善信托领域的配套制度仍不完善，特别是操作层面的制

---

① 中诚信托慈善信托工作室：《2022慈善信托研究报告》。

度存在不足，包括信托财产转移制度、信托财产登记制度、信托税收制度等，对慈善信托业务的开展形成制约，降低了慈善金融的资金供给积极性。以税收优惠制度为例，税收优惠政策是慈善信托发展重要的激励手段之一，对于慈善信托业务的发展至关重要。从目前情况看，尽管《慈善信托管理办法》对慈善信托的委托人、受托人和受益人享受税收优惠给出了原则性规定，但关于慈善信托的税收优惠分散于各税种的法律性文件之中，包括《中华人民共和国企业所得税法》《中华人民共和国个人所得税法》等，存在碎片化问题。特别是，实际中关于公益性捐赠支出的认定较为复杂，企业通常需要获取捐赠票据才可以抵税。在这种情况下，企业开展慈善信托业务时如果希望享受税收优惠，必须与具有"公益性捐赠税前扣除资格"的公益组织合作。特别是，现有政策未将委托人以股权设立慈善信托纳入税收优惠范围，导致税收优惠政策落实不到位，损害各类主体开展慈善信托业务的积极性。此外，中国目前还缺乏与《中华人民共和国信托法》相匹配的信托登记制度，信托财产独立性缺乏制度保障，也在一定程度上降低了委托人发起设立慈善信托的意愿。

第三，慈善金融的运作模式有待优化。一是慈善资金运用渠道单一。目前中国对于慈善项目的社会效益测算还存在短板，部分慈善项目没有经过正规的社会效果评估，导致慈善资金可以投放的项目非常有限，限制了慈善金融的作用发挥。二是资金来源渠道较少。中国目前设立的慈善信托以资金信托为主，而股权、动产、不动产和知识产权等其他形式的财产还比较少，没有充分发挥信托工具的多样性和灵活性，不利于慈善信托业务规模的扩大。三是尚未建立可持续的盈利模式。以慈善信托为例，从实际中看，慈善信托业务模式存在操作周期长、规模小等特点，信托公司在开展慈善信托业务时通常需要投入大量的人力，且相关业务人员需要具备较高的专业性，信托公司开展慈善信托业务的积极性不高。

## 第七节　金融科技的作用需要加强

金融科技对共同富裕的积极影响主要体现在以下两个方面：其一，金融机构可以通过优化业务流程，提高金融服务实体经济效率，优化经济资源配置，推动经济高质量发展，促进财富积累；其二，金融科技可以在提高金融服务覆盖面、降低金融服务成本、提高低收入群体收入水平、缩小收入差距等方面发挥重要作用。近年来，中国金融科技快速发展，但实际中金融机构尤其是中小金融机构对金融科技的应用还不够充分；特别是，部分领域甚至存在金融科技作用异化的情形，反而加大了金融业务的风险。

第一，中小金融机构对金融科技的利用不足。近年来大型金融机构纷纷加大科技投入，将科技手段应用于各类金融业务。与之相比，中小金融机构由于自身实力有限，高素质专业人才匮乏，自身金融科技研发能力薄弱，对金融科技的应用主要依托于大型金融机构、外部科技公司、省联社等外部力量，总体发展较为滞后。从目前情况看，随着监管政策的收紧，中小金融机构与外部科技公司的合作势头有所放缓；同时，省联社由于其自身体制问题，对农金机构在金融科技方面的支持也比较有限，滞后于农金机构的发展需求。

第二，金融机构对数据的开发和使用不够。一是缺乏大数据应用的基础数据。目前多数金融机构仅掌握了客户的基本信息，对其行为、交易、偏好以及工商、税收等信息的掌握程度还不够，并且这些数据本身质量不高，不同数据缺乏统一标准，无法充分挖掘数据价值。特别是，工商、税务、社保、交通、金融等大量数据由政府部门掌握，但政府部门在数据开放和共享方面还有很大提升空间。首先，政府本身对数据的管理能力较为薄弱。虽然各个部门在数据采集、处理、发布与传播、整理归档、分析等不同环节中采取了一定的质量控制手段，但整体数据质量还不高，且标准化程度较低。

其次，政府数据开放和共享缺乏制度指引。目前还没有专门部门对政府数据开放和共享进行统筹协调，在数据共享方面缺乏统一的管理标准和指导原则，也没有建立跨部门之间的数据开放和共享机制，导致各个部门之间存在很强的数据壁垒。二是缺乏对大数据的整合能力。金融机构在大数据整合中存在着明显的技术瓶颈和管理瓶颈，既没有将各系统中依靠机构网点、信贷等传统渠道获得的结构化大数据进行有效整合，也没有打通来自物联网、互联网、第三方机构的各类非结构化大数据，缺乏对大数据的整合能力。三是缺乏大数据管理的专业人才。金融机构普遍缺乏精通数据开发、收集、分析和应用的专业人才，导致利用大数据开展新业务的能力明显受阻。

第三，金融机构与科技公司合作有待规范。一是金融机构与外部科技公司的职责边界有待厘清。从实际中看，金融机构与外部科技公司合作中，涉及客户导入、风险评估、资金提供、贷后管理、风险分担等多个环节，不同环节在很多情况下交织在一起，导致金融机构与外部科技公司之间的权利义务和职责边界划分不清。二是一定程度上抬高了金融服务成本。尽管通过与外部科技公司合作有助于扩大金融机构的业务范围，但外部科技公司的逐利性使得金融服务的成本大大增加。特别是，实际中金融业务产生的收益中很大一部分由外部科技公司获得，金融机构往往只能获得略高于资金成本的收益，与其承担的风险并不匹配。三是在风险控制方面过于依赖外部科技公司易引发风险。在金融机构与外部科技公司合作过程中，由外部科技公司负责风险控制在实践中非常普遍，由此导致金融机构在风险控制方面对外部科技公司的高度依赖。一旦外部科技公司出现风险，将会向金融体系内部传导。四是对少数科技巨头的依赖易引发系统性风险。实际中金融机构所依赖的云计算能力、风控所需要的客户交易和行为数据很多情况下被掌握在少数科技巨头手里，容易形成技术和数据垄断风险。如果系统重要性金融机构高度依赖于外部科技公司，或者依赖于外部科技公司的非系统重要性金融机构在数量和资产上达到一定规模,那么依赖外部科技公司的风险将可能会演变成系统性风险。

第四,金融科技的应用产生新的风险。一是诱导消费者过度消费和过度负债。一些科技公司利用大数据等科技手段来识别金融素养和风险防范意识较差的消费群体,如学生群体等,通过"分期、免息、免费"等方式精准营销,诱致他们使用一些游离在金融监管之外且贷款成本较高的金融产品,这不仅会使消费者陷入"过度消费"的陷阱当中,还会背上沉重的债务负担。二是金融科技本身存在缺陷和技术风险。一方面,金融科技本身存在的缺陷(核心算法基本雷同)使科技公司搜集到基本相同的数据信息,这些雷同的数据会促使科技公司对客户群体分层,导致部分对价格不敏感且对科技公司黏性较强的群体难以享受到优惠服务;另一方面,科技本身具有一定的技术不完备性,这种特性所产生的系统漏洞不仅会使金融科技偏离其预期目标,严重时还会受到黑客攻击,形成数据泄露、病毒感染、数据篡改、基础设施瘫痪等风险。

# 第八章　金融发展支持共同富裕的着力点

促进共同富裕是一个庞大的系统性工程，既涉及财富积累，又涉及财富分配。相应地，金融发展支持共同富裕也是一个系统性工程，涉及金融发展的各个方面。在这种情况下，金融发展支持共同富裕的关键在于，规范财富积累机制，围绕共同富裕建设中的重点领域，突出重点加大金融支持力度。既要充分发挥金融发展的资源配置功能，促进经济高质量发展，不断积累财富；又要通过金融手段引导更多资源地流向中低收入群体，提高中低收入群体收入水平，不断缩小收入差距。

## 第一节　规范财富积累机制

党的二十大报告首次提出，"规范财富积累机制"。[①] 规范财富管理机制对于促进财富积累、改善财富分配都具有重要影响。首先，明确财富积累在促进增长方面的关键作用。中国是最大的发展中国家，仍处在社会主义初级阶段。发展始终是解决中国一切问题的基础和关键。实现社会主义现代化这一宏伟战略目标，经济发展是根本。从发展的角度看，财富积累是基础、是前提。改革开放前，中

---

[①] 习近平：《高举中国特色社会主义伟大旗帜　为全面建设社会主义现代化国家而团结奋斗——在中国共产党第二十次全国代表大会上的报告》，人民出版社 2022 年版，第 47 页。

国经济增长主要归因于资本投入，全要素生产率（TFP）对经济增长的贡献微乎其微。改革开放后，多数研究认为，中国经济增长的资本贡献率在50%以上，而TFP贡献率在30%以下，资本积累是经济增长的主要动力。我们的研究表明，未来三十年，资本在推动中国经济增长方面的贡献率仍将稳定在40%—60%的高水平。特别值得注意的是，随着人口老龄化加速、人口峰值提前到来，劳动力的贡献持续为负，即使加上人力资本的贡献，人口对潜在增长的净贡献也在不断下降，且在2040年以后趋于负值，这就意味着资本存量的贡献仍需保持在一个相当高的水平；同时，需要技术进步和TFP贡献来弥补，而技术进步在很大程度上也与资本存量有关。进一步而言，市场经济中的资本要素具有风险承担功能，是创新发展的重要驱动力量。在促进科技自立自强过程中，资本，特别是民营资本能够发挥十分重要的作用。

其次，重视财富积累机制的可持续性。一是稳定预期是可持续财富积累的前提。一方面，有恒产者有恒心，对于财产的保护是稳定预期的关键；另一方面，坚持以经济建设为中心，坚持深化改革开放，坚持和完善社会主义基本经济制度，毫不动摇巩固和发展公有制经济，毫不动摇鼓励、支持、引导非公有制经济发展，是稳定社会预期、促进长期财富积累的重要支撑。二是把握好再分配政策与激励政策的平衡。财富（资本）的积累扩张是其本性，任其无限积累，就会产生两极分化，导致资本与劳动的关系出现失衡。因此，需要通过各类制度与政策安排，包括税收、规制、反垄断和反不正当竞争以及倡导慈善公益等举措，避免财富积累过程中的过度分化。党的二十大报告指出，"分配制度是促进共同富裕的基础性制度"。[①]从国际比较来看，当前中国的再分配政策力度和效果要远小于OECD

---

① 习近平：《高举中国特色社会主义伟大旗帜　为全面建设社会主义现代化国家而团结奋斗——在中国共产党第二十次全国代表大会上的报告》，人民出版社2022年版，第46、47页。

国家。OECD国家经过税收和转移性支付后，基尼系数降幅会高达35.3%，而中国再分配政策使得收入差距的基尼系数仅缩小10%左右。因此，要加强政府的再分配政策力度，纠正财富积累过程中的极化效应；尤其是要在顶层制度设计上充分考虑全球化、金融化、数字化对财富积累机制的重塑以及导致收入与财富差距进一步扩大的可能性，努力降低这些因素对中低收入群体的不利影响。但也要注意把握好再分配政策与激励政策的相容和平衡，不能使再分配政策成为反向激励——抑制市场主体的创造性和活力，由此带来的负面作用可能会压抑整个社会的财富创造，这是需要努力避免的。三是财富积累机制需要法治保障。社会主义市场经济本质上是法治经济，必须以保护产权、维护契约、统一市场、平等交换、公平竞争、有效监管为基本导向，规范财富积累要依法进行。累进税制、房地产税、遗产税等都需要在结合国情、充分论证基础上有序推进。

## 第二节　健全资本市场功能

与银行体系相比，中国资本市场发展相对滞后，在促进共同富裕方面存在较大短板。党的二十大报告指出，要"健全资本市场功能，提高直接融资比重"。[1] 推动资本市场高质量发展、健全资本市场功能在促进科技创新、拓展居民财产性收入渠道等方面可以发挥重要作用。

第一，更好地发挥资本市场在促进科技创新中的作用。与银行信贷融资相比，资本市场股权融资风险偏好相对较高，与科创型企业的高风险特征更加匹配。因此，在支持科技创新方面，要着力构建以"资本市场为主，银行信贷为辅"的金融服务体系。未来一个时

---

[1] 习近平：《高举中国特色社会主义伟大旗帜　为全面建设社会主义现代化国家而团结奋斗——在中国共产党第二十次全国代表大会上的报告》，人民出版社2022年版，第30页。

期，要进一步推动资本市场基础性制度改革，通过促进资本市场高质量发展推动科技创新。一是优化发行上市制度。进一步完善科创板发行上市制度，适当降低股票市场发行准入门槛。推动沪深证券交易所、全国股转系统等股票交易市场建立统一的审核流程和可量化的审核标准。按照发行与上市相分离的原则，推动实现各层次股票市场上市制度差异化、多元化。二是完善信息披露制度。严格监督上市公司信息披露行为，减少信息披露不规范和频繁更正信息等问题，开展上市公司信息披露质量评价，提高信息透明度。三是健全退市制度。建立常态化退市机制，完善转板制度，有序降低高级市场板块退市门槛，简化退市流程，加快低质量公司退出市场，不断提高上市公司质量。四是发挥区域性股权市场的作用。逐步形成完善的交易制度和丰富的产品体系，吸引更多市场主体参与，提高区域性股权市场的活跃程度。加强区域性股权市场与全国性证券交易所的对接和信息共享，发挥区域性股权市场在培育企业上市和新三板挂牌中的"塔基"作用。

第二，发展资本市场拓展居民财产性收入渠道。一是推动更多优质企业上市。以全面实行股票发行注册制为契机，推动更多优秀企业在资本市场上市，为居民提供更加丰富的投资渠道。二是完善上市公司分红机制。规范上市公司分红行为，引导上市公司适度提高分红比例，为投资者提供长期稳定的投资收益。三是加强资本市场监管。打击操纵市场、内幕交易、财务造假等资本市场违法行为，减少资本市场大幅波动对投资者造成的损失。

## 第三节 完善农村土地制度

促进共同富裕，最艰巨最繁重的任务仍然在农村。[①] 土地是农民最重要的财产之一，解决好土地问题对于增加农民财产性收入、促

---

① 习近平：《扎实推动共同富裕》，《求是》2021年第20期。

进共同富裕具有牵一发而动全身的作用。从金融角度看，完善农村土地制度主要涉及以下两个方面。

第一，落实农民土地财产权利增加农民财产性收入。党的二十大报告指出，要"深化农村土地制度改革，赋予农民更加充分的财产权益"。[①] 如前所述，土地是农民最重要的财产之一，相应地，落实农民土地财产权利对于增加农民财产性收入至关重要。一是完善农村征地补偿制度。根据《中华人民共和国土地管理法》，农村土地征收的补偿包括土地补偿费、安置补助费、被征地人群的社会保障费、青苗补偿费和地上附着物补偿费等。未来，要根据各地区经济社会发展实际，适当提高农村征地补偿标准，探索以土地的市场价格作为确定农村土地补偿的依据；优化征地补偿方式，为农民保留一定的发展用地，引导农民以投资入股等方式参与项目开发，帮助失地农民获得可持续的收入来源。二是优化城乡建设用地"增减挂钩"收益分配机制。"增减挂钩"是指将农村宅基地专项清理整治、旧村改造和开展城乡建设用地进行挂钩，在确保耕地不减少、集体建设用地总量不增加的同时，实现城市建设用地需求、改变乡村环境面貌、增加农民土地财产收益等多重目标。自2006年开展试点以来，这项制度已经在全国多个省份落地。未来，要进一步完善城乡建设用地"增减挂钩"利益分配机制，明确土地增值收益的归属，确保农民获得充足的利益补偿。三是完善农村集体经营性建设用地入市制度。在符合相关条件下，允许农村集体经营性建设用地以转让、出租、抵押、入股等方式进行流转，在流转过程中参照国有商业建设用地的定价水平，确保农民能够分享到土地增值收益。

第二，完善农村"两权"抵押贷款相关配套措施。土地承包经营权、住房财产权"两权"是农民最主要的两项财产权利，完善

---

① 习近平：《高举中国特色社会主义伟大旗帜　为全面建设社会主义现代化国家而团结奋斗——在中国共产党第二十次全国代表大会上的报告》，人民出版社2022年版，第31页。

"两权"抵押贷款相关配套措施对于解决农村金融领域有效抵押物不足、释放农村金融需求具有重大意义。一是从国家层面制定"两权"价值评估办法，包括"两权"本身以及地上附着物等部分的价值评估，解决"两权"价值评估的公信力和标准化问题。二是加快发展多种形式的"两权"流转市场。逐步建立农地流转服务平台，完善县、乡、村三级服务和管理网络，实时、动态监测农地流转情况，为流转双方提供信息发布、政策咨询等服务。健全纠纷处置机制，妥善化解农地承包经营流转纠纷。三是探索由地方财政出资建立农村"两权"抵押贷款风险缓释机制。包括风险资金池、代偿补偿机制、成立政策性担保公司等，确保"两权"抵押贷款模式能够真正发挥作用。

## 第四节　提高金融普惠程度

普惠金融与中低收入群体密切相关。在促进共同富裕过程中，应当针对普惠金融发展中面临的主要体制机制障碍，精准发力，不断提高金融发展普惠程度。

第一，加强财政与金融手段的协同。应当根据普惠金融需求的性质确定金融供给的方式。对于基本上不产生收益、依靠项目本身难以实现商业可持续的纯公益类项目，应当以财政资金投入为主；对于可以产生一定收入、依靠项目本身短期内很难实现商业可持续的项目，应当以政策性资金为主，商业性资金为辅；对于依靠自身收益能够在一定程度上实现商业可持续的项目，应当以商业性资金为主。

第二，进一步发挥政策性金融的作用。一是完善政策性保险体系和政策性担保体系。发挥政策性金融在普惠金融风险分担领域中的作用。二是优化政策性金融资金的投向。集中优势资金投向普惠金融中的关键领域，优化布局，补齐短板，提高金融支持的精准性。

三是引导商业性金融机构与政策性金融机构建立有效的协同机制，实现优势互补。具体地，在普惠金融领域，政策性金融机构可以发挥自身在资金成本上的优势，作为批发资金的提供者向商业性金融机构提供资金；而商业性金融机构可以发挥自身在人力、网点渠道等方面的优势，更有效地触达客户。

第三，提高中小金融机构普惠金融服务能力。一是引导大银行与中小银行实现错位竞争。进一步明确中小金融机构支农支小、立足普惠的发展定位，通过差异化监管政策等手段引导中小金融机构开展普惠金融业务；对大行开展普惠金融业务设立差异化的考核标准，如将规模较大的企业纳入大行的普惠金融服务对象，使得大行与中小金融机构在普惠金融服务对象上形成错位。二是优化中小金融机构网点布局。允许中小金融机构根据需要撤并乡镇网点。监管部门应当结合实际情况，对于客户数量和业务量低于一定门槛、运营成本过高、实际发挥作用有限的乡镇网点，允许金融机构对网点进行撤并，优化资源配置，降低金融机构运营成本。引导中小金融机构对物理网点实施智能化改造，为中小金融机构物理网点改造提供指引，降低网点人力和运营成本；引导和鼓励中小金融机构实现线上渠道与线下渠道的融合发展，更好地发挥物理网点的作用。三是提高中小金融机构公司治理水平。良好的公司治理有助于优化金融机构的资产或收入结构、降低风险水平、提高运行效率，进而使得金融机构能够以更低的成本提供金融服务。首先，要对照《银行保险机构公司治理准则》的要求，进一步完善中小金融机构公司治理，推动中小金融机构公司治理从"形似"转变为"神似"。其次，加快推进省联社改革。未来一个时期，要在浙江省联社等前期试点改革基础上，把推动省联社改革作为新一轮农村金融改革的突破口，改善农村中小金融机构治理水平。一方面，要因地制宜推动省联社改革。省联社改革涉及的利益主体较多，涵盖地方政府、中央政府不同部门权责划分，需要由国务院、中央全面深化改革委员会等机构牵头制定总体改革方案，协调各部门利益并推动方案落实，破除部门和地方利益藩篱。另一方面，要淡化省联社行政管理职能。按照"政企分开"原则将省联社行政管理职能交由省级金融监督管理局负责；将省联社的人事权下放给各县市级农金机构，减少在人事、薪酬等方面对农金机构的干预。

第四，更好地发挥金融科技的应用。一是鼓励金融机构利用科技手段对金融产品和服务模式、业务流程等进行改造。对金融机构的科技研发投入给予一定的税收优惠；引导和规范大型金融机构或外部科技公司对中小金融机构的科技输出，借助于外部科技力量对中小金融机构开展普惠金融业务进行赋能。二是引导金融机构发挥金融科技在金融生态中的链接作用。近年来，金融业务发展呈现出生态化特征。以信贷融资为例，其流程上可以被分解为获客、风控、增信和资金等节点，不同类型机构在不同节点形成了各自的比较优势，并通过金融科技手段进行连接和聚合，形成生态化、平台化的金融展业模式。要引导不同类型金融机构依托金融科技手段打造金融生态，鼓励和规范不同类型机构之间的合作，实现优势互补。三是重视金融科技的双刃剑效应，推进金融科技向善。金融科技推进金融包容性的同时，也出现了"数字鸿沟"、风险外溢和数据治理等方面的挑战。因此，需要重视金融科技的双刃剑效应，推进金融科技向善。首先是要弥补"数字鸿沟"。包括加大农村、西部等地区数字基础设施建设投入，强化互联互通，弥合城乡、地区间的数字化建设鸿沟；以及聚焦老年、少数民族、残障等人群日常生活中的高频金融场景，打造适老化、民族版、关怀式移动金融产品，运用智能移动设备延伸金融服务触角，破解群体间数字化应用鸿沟。其次是要规范金融科技。坚持规范金融科技监管和促进发展并重，把握好公平、效率、风险三者间的平衡，保持金融科技在私人收益率与社会收益率方面的基本一致。最后要完善数据治理。在数据隐私保护与开放共享之间取得平衡，最大限度发挥数据要素的潜在价值。特别是在数据产权界定、隐私安全保护、开放共享和反垄断等问题上取得突破，保证数据资产收益分配上的公平合理。

## 第五节　促进房地产业健康发展

房地产业既是国民经济的支柱性产业，也是关系到财富积累和分配的关键性产业，保持房地产业健康发展在促进共同富裕中发挥着举足轻重的作用。从金融角度看，一方面，要坚持房住不炒的原则，优化房地产金融调控政策，避免资金过度流向房地产业催生房地产价格泡沫，防止因房价大幅波动而导致财富差距扩大和金融风险增加；另一方面，要支持满足房地产企业以及购房者合理资金需求，特别是加强对保障性住房的金融支持。

第一，优化房地产金融调控政策。一是房地产金融调控政策应当转向以价格型工具为主、数量型工具为辅。随着中国房地产行业进入下行期，通过贷款额度限制等数量型工具防止资金涌入房地产市场的必要性逐渐下降，反而可能造成市场供求关系的扭曲。在这种情况下，房地产金融调控应当更多地采用利率等价格型工具而非数量型工具，通过价格机制调节市场供求关系，避免数量型工具过于刚性对市场主体带来的冲击。二是更好地发挥数量型工具的调控作用。数量型工具在防止房地产市场过热方面仍可以发挥重要作用，未来需要进一步提高数量型工具的弹性。首先，探索对银行房地产业贷款投放设置逆周期调节因子。根据房地产市场的发展状况设置不同的比例要求。在房地产行业过热时，下调银行房地产贷款的比例限制；在房地产行业下行时，上调银行房地产贷款的比例限制。其次，对不同银行设置差异化的房地产贷款数量标准。对于不同银行，根据其盈利能力、风险状况、区域房地产市场发展状况等因素设置差异化的房地产贷款比例限制，支持有能力、有意愿、风险较低的银行向房地产行业投入更多资金，避免"一刀切"，提高银行房地产信贷投放的灵活性。

第二，探索设立房地产平准基金。房地产平准基金是指政府通过特定的机构以法定方式设立的基金，这种基金可以通过对房地产市场的逆向操作，在房地产市场恐慌、投资价值凸显时买进，在房地产泡沫明显、市场投机气氛狂热时卖出，以此来熨平房地产市场非理性波动，达到稳定房地产市场的目的。从未来情况看，随着中国房地产行业风险的上升和房地产市场波动的加大，探索设立房地产平准基金的重要性日益凸显。设立房地产平准基金的目的在于将民间信用转化为国家信用，防范化解房地产行业风险，促进房地产行业健康发展。设立房地产平准基金的在作用主要体现在三个方面：首先，通过设立大规模基金，改变当前市场并购力量不足的局面，从而能够更好地盘活存量资产，提高房地产风险处置效率；其次，通过采取先处置资产的方式，为房地产风险处置中复杂债务关系的处理预留了空间；最后，设立房地产平准基金为房地产调控提供了逆周期调节工具，有助于熨平房地产市场的波动。在当前中国房地产市场总体进入下行周期的背景下，这一工具对于促进房地产市场长远健康发展具有重要意义。

第三，加强对保障性住房建设的金融支持。保障性住房与中低收入群体直接相关，要把支持保障性住房建设作为健全房地产市场发展长效机制、促进共同富裕的重要抓手。一是加强政策引导。对于金融机构在保障性住房领域的资金投放给予相应政策支持，包括支持发行金融债券、提供再贷款、降低风险容忍度、设置差异化考核标准等，提高金融机构支持保障性住房建设的积极性。二是完善风险分担机制。在保障性住房融资项目中加强融资担保机构与金融机构的合作，发挥政策性融资担保机构的增信作用，降低金融机构的风险。三是完善PPP、REITs等融资模式制度设计。通过PPP模式引入更多社会资本进入保障性住房建设领域，整合社会资源；推动保障性租赁住房REITs项目落地，完善税收、二级市场建设等相关配套政策。四是更好地发挥政策性银行的作用。加强政策性银行与商业性金融机构之间的协同，发挥政策性资金的带动作用，引导更多商业银行资金和社会资本进入保障性住房领域。

## 第六节　支持教育薄弱环节

党的二十大报告提出，要"加快建设教育强国",[①] 弥补教育领域的薄弱环节对于建设教育强国意义重大。未来，要结合现阶段教育领域的主要薄弱环节，提供有针对性的金融支持。一是乡村教育。与乡村振兴战略相结合，引导金融机构发挥资金和技术优势，支持乡村教育基础设施建设和数字化改造。特别是，党的二十大报告提出，要"推进教育数字化，建设全民终身学习的学习型社会、学习型大国"。[②] 乡村教育在数字化方面存在着巨大短板，面临大量金融需求。此外，还应当推动金融素养纳入义务教育体系，不断提高居民金融素养。二是新市民群体教育。"解决好农业转移人口随迁子女教育等问题"是扩大中等收入群体规模的一项重要内容。[③] 要结合新市民群体的教育特点，引导金融机构开发有针对性的金融产品。加强金融机构与政府的合作，优化金融产品和服务，探索通过地方政府补贴贷款利息等方式，为新市民群体职业技术教育、技能培训等提供金融支持；鼓励金融机构为家庭经济困难的新市民子女就学提供金融服务；引导金融机构按照政策要求，做好对新市民群体聚集区域托育机构的金融服务。三是职业教育。引导金融机构和社会资本加大职业教育投入，对社会资本投资职业教育给予资金支持，对符合条件的职业教育学生提供助学贷款服务。结合"双减"政策实

---

[①] 习近平：《高举中国特色社会主义伟大旗帜　为全面建设社会主义现代化国家而团结奋斗——在中国共产党第二十次全国代表大会上的报告》，人民出版社2022年版，第33页。

[②] 习近平：《高举中国特色社会主义伟大旗帜　为全面建设社会主义现代化国家而团结奋斗——在中国共产党第二十次全国代表大会上的报告》，人民出版社2022年版，第34页。

[③] 习近平：《扎实推动共同富裕》，《求是》2021年第20期。

施后各类培训机构的转型需求，发挥金融的资源配置功能，支持其利用自身人才和技术等方面优势，加强与职业院校等合作，针对不同人群开发有针对性的培训课程。

## 第七节 大力发展慈善金融

随着居民财富的积累，中国企业家群体不断壮大，高净值人群众多，为慈善金融事业的发展提供了充足的供给，慈善金融发展空间巨大，可以在减少收入分配差距、促进共同富裕等方面发挥重要作用。根据美国施惠基金会发布的《2020 美国慈善捐赠报告》，2019年美国个人、遗产捐赠、基金会和公司的慈善捐赠达 4496 亿美元，除去捐赠给宗教的 1282 亿美元，可比中国的其他用途捐赠总额（包括教育、艺术、文化、国际事务、人文、环境和动物保护等）达3215 亿美元，占美国同期 GDP 的 1.5%。据此测算，如果中国第三次分配要达到美国同等水平，年度捐赠总额将应达 1.5 万亿元。[①]

第一，健全慈善金融制度体系。一是优化慈善信托税收优惠政策。由金融主管部门联合民政、税务等部门，对慈善信托税收优惠政策进行调整和优化，简化委托人设立慈善信托时享受税收优惠的条件和流程。在股权慈善信托方面，对委托人以股权形式设立慈善信托给予税收优惠待遇，通过税收优惠政策推动股权慈善信托发展。二是完善信托财产登记制度。信托财产登记制度有助于准确界定信托财产范围，区分委托人、受托人、受益人的固有财产，赋予信托财产独立性，是开展慈善信托业务的一项基础性制度。未来，建立统一的信托财产登记制度势在必行。

第二，优化慈善金融业务模式。一是提高金融机构专业化服务能力。引导金融机构建立慈善咨询专业队伍，加强产品与业务模式创

---

① 高皓：《慈善金融：第三次分配的重要制度创新与关键能力建设》，《清华金融评论》2022 年第 3 期。

新，丰富慈善金融产品体系，提高服务高净值客户慈善金融需求的能力。二是拓展慈善信托资金来源。除了资金信托，鼓励信托公司加强业务创新，打造专业受托定制服务，拓展股权、动产、不动产、知识产权等其他形式的财产作为慈善信托财产来源。三是探索"资管+慈善"业务模式。引导金融机构将资产管理业务与慈善组织相对接，由金融机构与慈善组织联合开发资产管理产品，将资产管理业务吸收的资金或收益用于慈善项目。四是将家族信托与慈善信托相结合。随着企业家等高净值人群数量的增加，以家族财富传承为主要目的的家族信托业务发展空间巨大。将慈善信托嵌入到家族信托结构，能够使得高净值人群家族财富得以传承的同时，实现其社会责任，促进共同富裕。五是创新"慈善信托+"业务模式。以慈善信托为载体，引导慈善资金对接共同富裕、生态保护、乡村振兴、文化传承等重点领域，充分体现慈善资金的社会价值。

# 参考文献

## 一 中文文献

### (一) 著作

习近平:《高举中国特色社会主义伟大旗帜　为全面建设社会主义现代化国家而团结奋斗——在中国共产党第二十次全国代表大会上的报告》,人民出版社2022年版。

《习近平关于社会主义社会建设论述摘编》,中央文献出版社2017年版。

[美]迈克尔·谢若登:《资产与穷人:一项新的美国福利政策》,高鉴国译,商务印书馆2005年版。

张晓晶主编:《中国金融报告2021:稳字当头擘画金融发展》,中国社会科学出版社2021年版。

赵人伟:《经济转型与民生》,商务印书馆2021年版。

### (二) 期刊

习近平:《扎实推动共同富裕》,《求是》2021年第20期。

安同良、千慧雄:《中国居民收入差距变化对企业产品创新的影响机制研究》,《经济研究》2014年第9期。

白雪梅:《教育与收入不平等:中国的经验研究》,《管理世界》2004年第6期。

董敏、袁云峰:《区域金融结构对经济效率影响的实证研究——基于浙江面板数据的分析》，《中央财经大学学报》2012年第1期。

甘宇、徐芳：《信贷排斥的城乡差异——来自2629个家庭的经验证据》，《财经科学》2018年第2期。

高皓：《慈善金融：第三次分配的重要制度创新与关键能力建设》，《清华金融评论》2022年第3期。

郭峰、王靖一、王芳等：《测度中国数字普惠金融发展：指数编制与空间特征》，《经济学（季刊）》2020年第4期。

郭峰、熊云军：《中国数字普惠金融的测度及其影响研究：一个文献综述》，《金融评论》2021年第6期。

郭新明：《政府在普惠金融中的作用》，《中国金融》2015年第16期。

郭燕、李家家、杜志雄：《城乡居民收入差距的演变趋势：国际经验及其对中国的启示》，《世界农业》2022年第6期。

何兴强、史卫、周开国：《背景风险与居民风险金融资产投资》，《经济研究》2009年第12期。

贺莎莎：《农户借贷行为及其影响因素分析——以湖南省花岩溪村为例》，《中国农村观察》2008年第1期。

黄益平、黄卓：《中国的数字金融发展：现在与未来》，《经济学（季刊）》2018年第4期。

黎翠梅、陈巧玲：《传统农区农户借贷行为影响因素的实证分析——基于湖南省华容县和安乡县农户借贷行为的调查》，《农业技术经济》2007年第5期。

李广子、熊德华、刘力：《中小银行发展如何影响中小企业融资？——兼析产生影响的多重中介效应》，《金融研究》2016年第12期。

李建军、韩珣：《普惠金融、收入分配和贫困减缓——推进效率和公平的政策框架选择》，《金融研究》2019年第3期。

李实：《共同富裕的目标和实现路径选择》，《经济研究》2021年第

11 期。

梁双陆、刘培培：《数字普惠金融与城乡收入差距》，《首都经济贸易大学学报》2019 年第 1 期。

梁爽、张海洋、平新乔等：《财富、社会资本与农户的融资能力》，《金融研究》2014 年第 4 期。

林淑君、郭凯明、龚六堂：《产业结构调整、要素收入分配与共同富裕》，《经济研究》2022 年第 7 期。

吕勇斌、邓薇、颜洁：《金融包容视角下我国区域金融排斥测度与影响因素的空间分析》，《宏观经济研究》2015 年第 12 期。

罗楚亮、陈国强：《富豪榜与居民财产不平等估算修正》，《经济学（季刊）》2021 年第 1 期。

唐纳德·托马斯科维奇-迪维、林庚厚、刘沆：《收入不平等、经济租金和美国经济的金融化》，《政治经济学报》2015 年第 2 期。

王宏伟、李平：《深化科技体制改革与创新驱动发展》，《求是学刊》2015 年第 5 期。

王静、吴海霞、霍学喜：《信贷约束、农户融资困境及金融排斥影响因素分析》，《西北农林科技大学学报》（社会科学版）2014 年第 3 期。

王云清、朱启贵、谈正达：《中国房地产市场波动研究——基于贝叶斯估计的两部门 DSGE 模型》，《金融研究》2013 年第 3 期。

吴卫星、齐天翔：《流动性、生命周期与投资组合相异性——中国投资者行为调查实证分析》，《经济研究》2007 年第 2 期。

许月丽、张忠根、战明华：《社会资本视角下的利率市场化与农村正规金融的经济绩效》，《世界经济》2013 年第 5 期。

杨娟、赖德胜、邱牧远：《如何通过教育缓解收入不平等？》，《经济研究》2015 年第 9 期。

杨卫军、王燕楠：《习近平总书记关于共同富裕的重要论述探析》，《求知》2022 年第 7 期。

杨怡、陶文清、王亚飞：《数字普惠金融对城乡居民收入差距的影响》，《改革》2022 年第 5 期。

叶志强、陈习定、张顺明：《金融发展能减少城乡收入差距吗？——来自中国的证据》，《金融研究》2011 年第 2 期。

张龙耀、江春：《中国农村金融市场中非价格信贷配给的理论和实证分析》，《金融研究》2011 年第 7 期。

张晓晶：《金融发展与共同富裕：一个研究框架》，《经济学动态》2021 年第 12 期。

张晓晶、李成、李育：《扭曲、赶超与可持续增长——对政府与市场关系的重新审视》，《经济研究》2018 年第 1 期。

张勋、万广华、张佳佳等：《数字经济、普惠金融与包容性增长》，《经济研究》2019 年第 8 期。

张宇、赵敏：《农村普惠金融发展水平与影响因素研究——基于西部六省的实证分析》，《华东经济管理》2017 年第 3 期。

赵振宗：《正规金融、非正规金融对家户福利的影响——来自中国农村的证据》，《经济评论》2011 年第 4 期。

周利、冯大威、易行健：《数字普惠金融与城乡收入差距："数字红利"还是"数字鸿沟"》，《经济学家》2020 年第 5 期。

周洋、任柯蓁、刘雪瑾：《家庭财富水平与金融排斥——基于 CFPS 数据的实证分析》，《金融经济学研究》2018 年第 2 期。

朱效民：《科技体制改革的"体"与"用"——兼谈科技体制改革的一点思路》，《自然辩证法研究》2012 年第 7 期。

## 二 外文文献

Acemoglu, D., "Why do New Technologies Complement Skills? Directed Technical Change and Wage Inequality", *Quarterly Journal of Economics*, 1998, 113 (4), 1055 1089.

Aghion, P., and P. Bolton, "A Theory of Trickle-Down Growth and Development", *Review of Economic Studies*, 1997, 64 (2), 151-172.

Aghion, P., U. Akcigit, and A. Bergeaud, "Innovation and Top Income Inequality", *Review of Economic Studies*, 2019, 86 (1), 1-45.

Autor, D., D. Dorn, L. Katz, et al., "The Fall of the Labor Share and the Rise of Superstar Firms", *Quarterly Journal of Economics*, 2020, 135 (2), 645-709.

Baker, A., G. Epstein, and J. Montecino, "The UK's Finance Curse? Costs and Processes", Sheffield Political Economy Research Institute, 2018.

Biggart, N., and R. Castanias, "Collateralized Social Relations: The Social in Economic Calculation", *American Journal of Economics and Sociology*, 2001, 60 (2), 471-500.

Burgess, R., and R. Pande, "Do Rural Banks Matter? Evidence from the Indian Social Banking Experiment", *American Economic Review*, 2005, 95 (3), 780-795.

Čihák, M., and R. Sahay, "Finance and Inequality", IMF Discussion Note, 2020, SDN/20/01.

De Gregorio, J., "Borrowing Constraints, Human Capital Accumulation and Growth", *Journal of Monetary Economics*, 1996, 37 (1), 49-71.

Demir, A., V. Pesque-Cela, Y. Altunbas, et al., "Fintech, Financial Inclusion and Income Inequality: A Quantile Regression Approach", *European Journal of Finance*, 2022, 28 (1), 86-107.

Demirguc-Kunt, A., and R. Levine, "Finance and Inequality: Theory and Evidence", World Bank Policy Research Working Paper 4967, 2009.

Epstein, G. A., "Introduction: Financialization and the World Economy", In *Financialization and the World Economy*, the US: Edward

Elgar Publishing, 2015.

Financial Stability Board (FSB), "Global Monitoring Report on Non-Bank Financial Intermediation", 16 December, 2021.

Galor, O., and O. Moav, "From Physical to Human Capital Accumulation: Inequality and the Process of Development", *Review of Economic Studies*, 2004, 71 (4), 1001–1026.

Greenwood, J., and B. Jovanovich, "Financial Development, Growth, and the Distribution of Income", *Journal of Political Economy*, 1990, 98 (5), 1076–1107.

Haan, J., and J. Sturm, "Finance and Income Inequality: A Review and New Evidence", *European Journal of Political Economy*, 2017, 50, 171–195.

Haveman, R., and E. Wolff, "The Concept and Measurement of Asset Poverty: Levels, Trends and Composition for the U.S., 1983–2001", *Journal of Economic Inequality*, 2004, 2, 145–169.

Imai, K., T. Arun, and S. Annim, "Microfinance and Household Poverty Reduction: New Evidence from India", *World Development*, 2010, 38 (12), 1760–1774.

Kaldor, N., "Capital Accumulation and Economic Growth", in Lutz, F. A., and D. C. Hague, eds., *The Theory of Capital*, St. Martins Press, 1961.

Kochar, A., "An Empirical Investigation of Rationing Constraints in Rural Credit Markets in India", *Journal of Development Economics*, 1997, 53 (2), 339–371.

Krugman, P., "A Model of Innovation, Technology Transfer, and the World Distribution of Income", *Journal of Political Economy*, 1979, 87 (2): 253–266.

Lagakos, D., "Urban-Rural Gaps in the Developing World: Does Internal Migration Offer Opportunities?", *Journal of Economic Perspectives*, 2020, 34 (3), 174-192.

Levine, D. K., "Finance, Inequality and the Poor", *Journal of Economic Growth*, 2007, 12, 27-49.

Mian, A., and A. Sufi, "The Consequences of Mortgage Credit Expansion: Evidence from the US Mortgage Default Crisis", *Quarterly Journal of Economics*, 2009, 124 (4), 1449-1496.

Oliver, M, and T. Shapiro, *Black Wealth/White Wealth*, New York: Routledge Press, 1997.

Philippon, T., and A. Reshef, "Wages and Human Capital in the U. S. Finance Industry: 1909 – 2006", *Quarterly Journal of Economics*, 2012, 127 (4), 1551-1609.

Power, D., G. Epstein, and M. Abrena, "Trends in the Rentier Income Share in OECD Countries, 1960-2000", Political Economy Research Insititute, Working Paper Series Number 58a, 2003.

Reinhart, C. M., V. R. Reinhart, and K. S. Rogoff, "Public Debt Overhangs: Advanced-Economy Episodes Since 1800", *Journal of Economic Perspectives*, 2012, 26 (3), 69-86.

Summers, L. H., "Demand Side Secular Stagnation", *American Economic Review*, 2015, 105 (5), 60-65.

Tan, H., and S. Law, "Nonlinear Dynamics of the Finance – Inequality Nexus in Developing Countries", *Journal of Economic Inequality*, 2012, 10, 551-563.

Tomaskovic-Devey, D., and K. Lin, "Financialization and U. S. Income Inequality 1970-2008", *American Journal of Sociology*, 2013, 118 (5), 1284-1329.

Wan, G., C. Wang, and Y. Wu, "What Drove Housing Wealth Inequality in China?", *China & World Economy*, 2021, 29 (1), 32-60.

Zhang, R. , and S. Naceur, "Financial Development, Inequality, and Poverty: Some International Evidence", *International Review of Economics & Finance*, 2019, 61, 1-16.

# 后　　记

　　本书是集体智慧的结晶。张晓晶负责总体框架设计和全书统稿。各章撰写分工如下：第一章，张晓晶；第二章，张晓晶、张珩；第三章，李广子；第四章，李广子、张珩；第五章，张珩；第六章，张珩；第七章，李广子；第八章，张晓晶、李广子。

　　本书是中国社会科学院省院合作课题"浙江省高质量发展建设共同富裕示范区研究"的子课题"浙江省普惠金融与共同富裕研究"研究成果之一。该项研究得到了中国社会科学院党组的高度重视以及浙江省委、省政府的大力支持。为获取开展研究所需的一手资料，课题组先后赴杭州、丽水等地实地调研。在此过程中，得到了当地政府与相关部门以及中国社会科学院科研局和浙江省委政策研究室的热情帮助，在此一并表示感谢！

课题组

2024 年 5 月